デジタル起点の金融経営変革

デロイト トーマツ コンサルティング
監修

武元 亮・梅津翔太
編著

中央経済社

はじめに

　2010年代初頭からのフィンテック企業の台頭や，GAFA（Google, Amazon, Facebook, Apple）や中国BATH（Baidu, Alibaba, Tencent, Huawei）を中心とするジャイアントテック／プラットフォーマーの攻勢により，金融機関を取り巻く競争環境はますます激化，複雑化し，全ての金融機関にとって，従来の競争戦略だけでなく，さまざまなプレーヤーとの協業・連携を含めて真の顧客志向を実現するための新たな金融ビジネスモデルの構築が喫緊の課題となっている。

　このような話は，金融ビジネスに関与する者にとっては何の驚きもなく，いわれるまでもなく，直近の中期経営計画や年度事業計画の中で「デジタル化」や「イノベーション創出」という言葉で触れられている。

　一方，2020年初頭から新型コロナウイルス感染症（COVID-19）が世界的に拡大，2021年2月時点で未だ収束の目途は立っていない。

　多くの金融機関が，中期経営計画や年度事業計画の中で「デジタル化」や「イノベーション創出」という言葉で触れていた経営テーマに対して，それらの効果を確実に刈り取るための施策の具体化を「喫緊の課題」として真剣に取り組むようになったのは，COVID-19問題が深刻化し，政府による緊急事態宣言が発出された2020年5月以降であったように思われる。奇しくもCOVID-19問題がデジタル化の流れを促進する起爆剤となったともいえる。

　ただし，「デジタル化」や「イノベーション創出」を推進すること自体がポイントではなく，激変する競争環境をいかに生き残り，どのように勝ち抜くかという点において議論を尽くし，戦略として昇華し，戦術として具体化することがポイントであることはいうまでもない。巷でバズワードとなりつつあるデジタルトランスフォーメーション（DX：Digital Transformation）は，目的ではなくあくまで手段であること，この前提を正しく理解し，目指すべきゴールと取り組むべき施策を具体化することが重要である。

　本書は，『デジタル起点の金融経営変革』と題し，ますます不確実性が高ま

る金融機関経営環境の中で，従来型事業モデルをいかに進化させ，あるいは脱却し，新たな事業モデルを構築するための具体的な処方箋を示すことを目的に，デロイト トーマツ コンサルティングの金融機関向けコンサルティング部隊の知見と知恵を集約する形で執筆している。われわれコンサルタントが日々の業務でクライアントである金融機関とともに対峙するさまざまな変革テーマはもちろん，デロイトがグローバルでThought Leadershipとして提唱する変革テーマも織り交ぜながら，金融機関が取り組むべき方向性のオプションや示唆を示すことも本書の目的としている。

　第1章では，DXの波が与える金融業界全体の構造転換に触れたうえで，銀行，証券，ペイメントセクターで起こりうる将来像とシナリオについて，セクターごとに踏み込んで検証する。業界ならびにセクターごとのトレンドを俯瞰したうえで，自社の活動に落とし込む前の頭の整理をすることが本章の狙いである。

　続く第2章では，不確実な時代に対峙するうえでの戦略策定について，デロイト ネットワークのシンクタンクであるDeloitte Center for the Edgeがシリコンバレーに拠点を置くIT先進企業の研究を通じて提唱する経営モデルのあり方について紹介するとともに，新たな収益源を築くための新規事業創出アプローチや実際の新規事業事例について触れる。また，コスト効率化と生産性向上を具現化し金融機関としての体力・体幹を強化するためのコスト構造改革についても，当社コンサルタントが実際のプロジェクトを通じて培ったノウハウや推進上の要諦を取りまとめている。これらを通じて読者に「経営改革の処方箋」を手にしていただくことを期待している。

　最終章となる第3章は，「DXの処方箋」として，変革に向けた手段としてのDXを実際の業務にどのように活用するか，さらには組織全体として取り組むために必要な機能や人材（財）のあり方について切り込んでいく。変革に対するモメンタムを一過性のものとしない，そして実行局面においてもくじけずに乗り切るための仕組みや仕掛けがいかに重要か，多くの事例や示唆を通じて提言していきたい。

　本書は，金融機関経営層はもちろん，現場で変革の当事者となる全ての金融ビジネス従事者にとっての実践本となることを目的としている。特に，現場レベルをリードする管理層やプロジェクト推進者に対して，決して概念論や単なる問題提起にとどまらず，これからの新たな金融業界における変革に立ち向かい，生き抜き，そして勝ち残るための処方箋となることを願っている。

　2021年2月

　　　　　　　　デロイト トーマツ コンサルティング合同会社
　　　　　　　　金融インダストリー部門　執行役員　パートナー
　　　　　　　　　　　　　　　　　　　武元　亮

Contents

はじめに

第3章 DX（デジタルトランスフォーメーション）の処方箋

デジタルは金融業界を
どう変えるか

第1節　金融ビジネスの構造的転換

（1）金融エコシステムに変革をもたらす8つの要因

　フィンテック（Fintech）という言葉が日本でも浸透し，今ではフィンテック企業が提供するデジタル技術を活用し，自社の組織やオペレーションを効率化するデジタルトランスフォーメーション（DX）に本格的に取り組む企業がほとんどである。金融機関のDX推進を後押しする外部要因がこれら技術革新である一方，もう1つ大きな要因として挙げられるのが，金融機関経営を取り巻く規制緩和である。2016年9月の改正銀行法では，それまで「午前9時から午後3時まで」としていた窓口営業時間を実質自由化し，地域の実情，顧客ニーズに合わせて柔軟に設定することが可能になった。また，2017年4月には，事前認可を前提にフィンテック企業等の議決権に関し，銀行5％，銀行持株会社15％の基準議決権を超えて取得することが可能になり，さらには2020年にはこれらを事前認可ではなく，一定の条件を満たせば届出だけで制限なく出資できるようになっている。

　このように金融機関経営の自由度が高まる中で，従来型の伝統的金融商品・サービスの提供にとどまらず，異業種を含む他社との連携も視野に入れた新たな価値提供が求められている。では，何からどのように検討すべきなのか。デロイトは2014年から世界経済フォーラム（WEF：World Economic Forum）の戦略パートナーを担っており，金融業界のディスラプティブなイノベーションに関する調査を通じて，金融エコシステムの勢力図に変革をもたらす8つの要因について明らかにしている。

　ここではデロイトの提言した8つの要因について，日本の金融機関への示唆を加えた形で個別に触れることにする（**図表1-1-1参照**）。

①　Cost Commoditization：コストのコモディティ化

　ミドルオフィス・バックオフィスのオートメーションやアウトソーシングにより，金融サービスの提供価値はコモディティ化し，金融機関には差別化を図

図表 1-1-1　金融エコシステムに変革をもたらす8つの要因

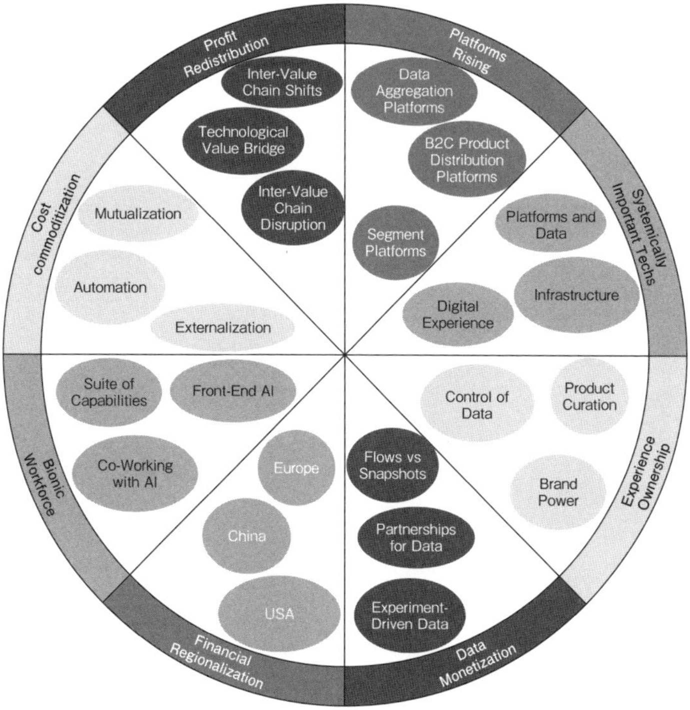

Profit Redistribution
・バリューチェーンが分断
・仲介事業者／中小事業者は苦しくなる

Cost Commoditization
・コストのコモディティ化
・顧客接点での差別化が重要

Bionic Workforce
・人的資本の役割が根本的に変化
・労働力を持つことの意義の再考を迫られる

Financial Regionalization
・GAFAのようなプレーヤーが世界各地で
　新たな経済圏を作る中で，どう戦うか

Platform Rising
・全ての金融サービスがプラットフォームで提供
　されるようになる

Systemically Important Techs
・国内のアーキテクチャ整備は立ち遅れてきた
・デジタル時代の新しいプレーヤーとどう組むか

Experience Ownership
・CXの支配者にパワーバランスがシフト

Data Monetization
・データ所有・支配の覇権を競う時代へ

るための新たな基盤の整備が求められる。言い換えれば，今後は新たなテクノロジーを模索し，競合企業・新規参入企業を問わず提携することで運用コストのコモディティ化を実現し，これにより金融機関はコストを削減，利幅を確保するとともに，新たな戦略策定に注力することができる。例えば，KYC（Know Your Customer）やAML（Anti-Money Laundering：アンチマネーロンダリング）などのコンプライアンス領域は不可欠であるものの，差別化により競争優位性が確立できるものではなく，かつ膨大なコストが発生する。こういった領域に対してeKYCユーティリティ事業者を活用することで業務の効率化と高度化を図ることが可能になる。

② Profit Redistribution：利益の移転・再配分

　新興金融サービスの台頭により，既存の金融サービス，仲介業者から利益の移転・再分配が推進されるという流れが今後ますます高まっていくだろう。海外送金についてはTransferWise社を代表とする資金移動業者がすでに安価なサービスを提供している一方，国内送金についても消費者の振込手数料負担低減とキャッシュレス化推進を目的に，キャッシュレス事業者への全銀システム開放に関する議論が本格化している。また，有望な先端テクノロジーが牽引役となり，伝統的な金融バリューチェーンから脱却した新たな収益源となりうる周辺・新規領域での競争が激化することも予想される。ミドルオフィス・バックオフィス領域で生産性向上・効率化を通じて捻出された余力をいかにトップライン向上施策に再配置するのか。最近の動向を顧みると，既存の金融機関においては新規参入者の脅威を排除するというよりは，いかに協業し新たな収益源を創出するかという観点で新商品・サービス，ビジネスモデルを検討しているケースが多いように思われる。

③ Experience Ownership：カスタマーエクスペリエンスをめぐる争い

　カスタマーエクスペリエンス領域において，金融機関は大手流通業や製造業に比して立ち遅れてきた。若年層に対するカードローン推進，ミドル層に対する住宅ローンあるいは運用商品の提供，シニア層に対する相続関連サービス提言など，ライフイベントに着目したセールス活動が主であり，データドリブン

のマーケティングにおいてもなおプロダクトアウト型が踏襲されているのが事実である。一方，AppleやAmazonなどカスタマーエクスペリエンス領域の先駆者は，洗練されたユーザーインターフェースと圧倒的な顧客利便性を追求し，確固たる顧客基盤を構築している。彼らは自社製品・サービスを提供するだけでなく，他社商品を提供するプラットフォーマーとしてあくまで「顧客志向」に徹してきた点を改めて金融機関は学ぶ必要がある。

　インド大手金融機関HDFCグループ配下の生命保険会社であるHDFC Lifeは，保険による備えや投資・運用の教育を兼ねたリアルライフシミュレーションゲーム（人生ゲーム）アプリを提供し，他のプレーヤーとスコアを競いながら楽しんで学べる場を提供している。これは，18歳から60歳までの4つのフェーズにおいて用意されているイベント（給料日，結婚，出産などのライフイベント）を通して，保険や資産形成に関するナーチャリング（育成）と見込顧客の獲得につなげることを狙いとしている。潜在顧客に対して，顧客自身の気づかぬうちに自社の土俵に引き寄せ，金融教育を通じて顕在顧客へと昇華させるという一連の流れがこの事例に見ることができるであろう。顧客情報や顧客基盤の奪い合いを超え，カスタマーエクスペリエンスの覇権を争う時代が来ているのかもしれない。

④　Platform Rising：高まるプラットフォームの重要性

　顧客の多様化する金融商品・サービスへの要望に対応するために，金融機関は他社と連携することができるプラットフォームの利用を検討し始めている。近い将来には，このようなプラットフォームを通じて多様な金融サービスが提供されることになるだろう。リアルな世界においては，すでに銀行窓販を通じて保険商品や投資信託が購入できるが，これがネット上のプラットフォームを通じて商品・サービスの選択から契約締結，アフターサービスまで受けられるまさに金融商品・サービスのワンストップポータルが高い確率で出現することが予想される。金融機関にとっては，これまで以上に差別化された商品・サービス提供が求められるようになり，差別化に成功した金融機関は多くの顧客から支持され，規模の経済性により高い収益を確保することができる。一方，プラットフォームを所有・提供する企業（金融機関を含む）は，顧客と金融サー

ビス提供者双方のニーズに応えることにより，プラットフォーム利用者（顧客と金融サービス提供者）に関する多くのデータを取得することとなり，それらのデータを利用者に還元することにより市場に対して強い影響力を手に入れることになるだろう。金融機関は，自社金融商品・サービスの提供者としてプラットフォーマーとの協業を図るのか（マニュファクチャラー型），あるいは自身がプラットフォーマーとなり，GAFA（Google, Amazon, Facebook, Apple）やBATH（中国の大手IT企業であるBaidu, Alibaba, Tencent, Huawei）をはじめとする大手テクノロジー企業と競合するのか，戦略上の大きな岐路に立たされることになる（**図表1-1-2**参照）。

⑤　Data Monetization：データの収益化

　金融機関は顧客について膨大なデータを保有しており，それらを活用することで収益向上を図ることに長年取り組んできた。しかしながら，対象となるデータはあくまで既存顧客の属性データや取引データが中心であり，購買情報や位置情報，ウェブサイト閲覧履歴といった多様なデータ活用による収益化に関しては大手流通業者やテクノロジー企業が先行してきた。金融機関においては，従来のマーケティング活動をより高度化し，既存顧客のデータに加えサードパーティが提供するデータを活用しいかに収益向上に寄与させるかという課題に加え，自社が保有する顧客データそのものを収益化することの実現性について模索している。そのような中で昨今話題となっているのが，情報銀行（情報利用信用銀行）の誕生である。ITの業界団体である日本IT団体連盟は，2019年6月に三井住友信託銀行とフェリカポケットマーケティングの2社を初の情報銀行として認定した。情報銀行とは，総務省が2018年5月に発表した「情報信託機能の認定に係る指針ver1.0」において次のように定義されている。

　　『個人とのデータ活用に関する契約書に基づき，PDS（筆者注：Personal Data Store, パーソナルデータストア）等のシステムを活用して個人のデータを管理するとともに，個人の指示又は予め指定した条件に基づき個人に代わり妥当性を判断の上，データを第三者（他の事業者）に提供する事業』

　つまり，情報銀行は同意を得た利用者の属性情報などの静的データや購買情報などの動的データを第三者へ提供し，情報を得た第三者は自社のマーケティ

図表1-1-2　フルバンク型銀行の将来像

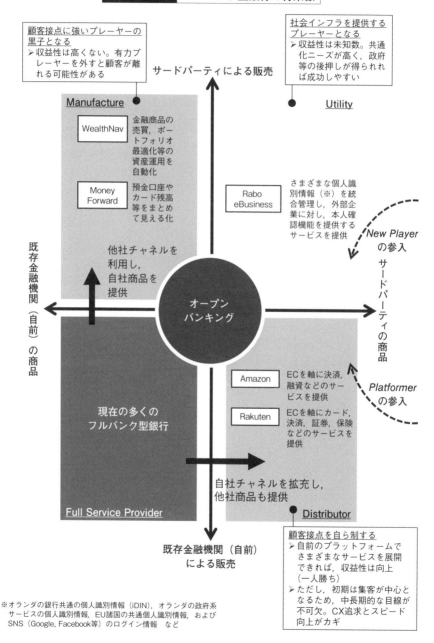

ング活動やR&D活動に活用するというものである。

　そもそも日本は，アメリカや中国に比べ，パーソナルデータの流通に慎重で警戒心が強かった。しかしながら，2017年5月の改正個人情報保護法の施行により，個人情報を加工し特定不可能な状態にすれば本人の同意がなくとも外部に提供することができるようになったことを受け，情報・データの利活用に向けたうねりが生まれた。さらに，情報銀行が誕生したことで，データの収益化に関する競争が今後ますます激化することが予想される。

⑥　Bionic Workforce：新たな労働力の台頭

　人工知能（AI）関連技術の実用化により，機械が人間の行動を次々と代替できるようになるにつれ，金融機関は人手と人工的労働力とのバランスを取り，両者の共存を前提とした従業員育成を実現することが求められる。

　導入レベル・規模において取組み状況の差異はあるものの，多くの金融機関が自社の定型業務をRPA（Robotic Process Automation：ロボティック・プロセス・オートメーション）導入を通じて自動化している。いわゆる機械が人間の行動を模倣しているステージである。次のステージでは，機械学習や音声認識，画像認識といった技術要素が人間の知能を強化することを支援している。具体的には，機械が判断・意思決定に必要な代替案を提示したり，一定時間内であれば自動実行の拒否権限が人間に付与されるというものである。最終的には，機械が人間の知能を模倣する，つまり機械が全てを判断し自動的に行動するため人間の介在が不要となるステージが見据えられる。すでに自動車の自動運転システムが実用化されているが，金融サービスにたとえれば，顧客の思考・志向を模倣したAIエージェントにより金融取引（決済，ローン，資産産用）が自動化されるモデルがセルフドライビング・ファイナンス（金融の自律的な運用）として実用化される日も遠くないと思われる（図表1-1-3参照）。

　このように，AI関連技術により従来人間が担ってきた業務が機械に置き換わることで，本来人間が担うべき業務やポジションの再定義が必要となることはもちろん，採用から異動に係るスキル教育のあり方も，人間ならではのスキルとは何かという問いに対する答えを模索しながらのチャレンジとなる。IQ（知能指数：Intelligence Quotient）は機械で補完・代替されることを前提に，

図表1-1-3　デジタルテクノロジーの進捗と活用による自動化レベルの向上

意思決定と行動選択に対する自動化レベル

高レベル	10	機械が全てを判断し自律的に行動するため人間の介在が不要となる
	9	機械が必要と判断した場合のみ人的判断を仰ぐ
	8	人間が必要と判断した場合のみ人的判断を仰ぐ
	7	自動実行の一定時間を経て人的判断を仰ぐ
	6	一定時間内であれば自動実行の拒否権限が人間に付与される
低レベル	5	人的承認に応じて実行される
	4	最適な代替案を出す
	3	選択肢を数個に絞り込む
	2	判断や行動を仰ぐために全ての代替案を出す
	1	機械の支援は行われず全て人的判断や行動に依存する

・機械学習
（※ニューラルネットを含む）
・自然言語処理
・遺伝アルゴリズム
・エキスパートシステム
・音声認識
・画像認識
・感性処理
・ゲームプログラム
・情報検索

人間の知能を模倣

人間の知能を強化

人間の行動を模倣
（RPA*）

従来のシステム

AI関連技術

・推論
・探索
・知識表現
・データマイニング
・ヒューマンインタフェース
・プランニング
・マルチエージェント
・ロボット工学　他

時間

出所：Deloitte University Press｜Dupress.comをもとにデロイト トーマツ コンサルティング作成
＊：Robotic Process Automation

EQ（感情指数：Emotional Intelligence Quotient）やAQ（逆境指数：Adversity Quotient）に着目した職務定義も検討の観点になるかもしれない。

⑦　Systemically Important Techs：大手テクノロジー企業の位置づけ

　金融機関は，勘定系を含め基幹システムのクラウドインフラへの移行を模索している。2017年に三菱UFJグループがクラウド移行を表明して以降，他のメガバンクも追随すべく検討を開始し，加えてネット銀行や一部の地方銀行についても勘定系を含めたクラウドインフラの構築を本格化させている。こうした取組みは，金融機関を支えるIT基盤の柔軟性と拡張性にとって多くのメリットをもたらす一方で，2つのリスクを招くと推測される。1つは，大手テクノロジー企業への依存度が高まるリスクであり，もう1つは，競合他社に対して

後れをとるリスクである。いずれのリスクを回避するためにも，金融機関は提供価値を失わずにテクノロジー企業と連携する方法を模索するとともに，コストとデータの統制力が多少弱まることを許容する必要がある。また，人材確保をめぐって大手テクノロジー企業と競う必要性も生じ，自社の人材モデルを刷新することが求められる。

　一方，フィンテック企業は，大手テクノロジー企業による金融市場への参入を支援できること，金融機関に対してテクノロジー人材を提供することで，今後は中心的な役割を担うことになるかもしれない。そうした中で，監督当局においても，各プレーヤーがWin-Winの共存関係を築くための法的整備を進める必要がある。

⑧　Financial Regionalization：金融のリージョナライゼーション（地域最適化）

　2000年代初頭以来，国境を越えた資金移動が活発化し金融のグローバル化が加速してきた。しかしながら近年はそれが逆転し，地域情勢に応じた金融サービスモデルのカスタム化（個別最適化）が進んでいる。例えば欧州では，データの透明性確保や消費者保護を促進する規制がエコシステムプラットフォームの構築を後押しし，既存有力金融機関への圧力となっている。中国では，既存金融機関の必ずしも顧客重視とはいえない商品・サービス提供に課題があった中，モバイルソリューションの人気を背景に，イノベーションに好意的な監督当局の存在も相まって，大手テクノロジー企業が大きな市場シェアを獲得している。一方，米国では規制政策の方向性が不透明なことに加え，金融サービスが成熟しているため，変化は漸進的なものになると予想される。

　こうした状況の中，各地域にフィンテックの拠点が形成され，特定地域向けにサービスを提供する企業の成長を促進する環境が整う可能性がある。こうした変化は地域に根差した企業に有利に働き，国際的な事業拡大を目指す企業には不利に働くことが考えられる。一方，多国籍企業がビジネスアイディアを幅広い地域で採用する前に，特定地域で試行するアプローチが浸透することも考えられる。

　グローバル企業を含めた既存有力企業にとって，金融の地域特化の流れは現

地での競争優位をもたらし，現地経済との統合を促進する。規模拡大と新市場参入の機会を模索するフィンテック企業は提携先を模索する中，テクノロジーの発展により参入障壁は低下するが，フィンテック企業にとって複数領域での事業確立は困難なものになるだろう。大手の既存有力金融機関がグローバルな規制の統一化を求めるのに対して，中小の金融機関は地域に即した規制を要望するため，監督当局は両面を意識した法整備を求められることになるだろう。

　ここまで金融エコシステムの勢力図に変革をもたらす8つの要因について考察してきた。これらはいずれも従来の金融機関経営に構造的転換をもたらす変革のドライバーであることは間違いないが，各々の要因にはいくつか因果関係を見出すことができる。これまで自助努力で追求してきた利益確保やコスト削減の戦い方は，Cost CommoditizationとProfit Redistributionにより通用しなくなり，今後はよりオープンに他社と連携しながら，地域のニーズに沿った形で顧客体験の向上を追求し新たな価値を創造することが求められる（Platform Rising, Experience Ownership, Financial Regionalization）。このような新たなビジネスモデルを構築するうえで，経営資源（ヒト：Bionic Workforce，モノ：IT基盤としてのSystemically Important Techs，情報：Data Monetization）の最適配分を行うことが金融機関経営の要諦となっていく。

（2）AIがもたらす金融エコシステムのトランスフォーメーション

　デロイトは世界経済フォーラムの戦略パートナーとして，10か月以上にわたり世界各国で6回以上のワークショップと200回以上の専門家へのインタビューを通じて，2018年に「AIによって作り変えられる金融」と題したレポートを発刊している（https://www2.deloitte.com/global/en/pages/financial-services/articles/artificial-intelligence-transforming-financial-ecosystem-deloitte-fsi.html）。

　今まで金融機関で成功するために必要だった要素を考えてみよう。大規模な資産が規模の経済を生み，立地や商品の標準化がコスト効率の高い収益成長を生み，顧客との排他的な関係（囲い込み）が他社との競争を制してきた。取引

金融機関の変更が困難なため，顧客は同じ金融機関の取引を続ける傾向にあった。また，業務の効率化は労働力とスキルによってもたらされていた。

　この成功要素の全てが，いずれはAIによって代替されることが予想される。テクノロジーによってオペレーションの効率化が進むと，資産規模は重要ではあるものの，それだけでは事業の成功を担保するものではなくなり，その結果としてコスト優位性を維持するためにはデータ流通の規模を獲得する競争がより重要になってくることが予想される。

　一方で，AIによって個別のニーズに合った商品や個人に特化した対応が可能となり，従来の標準化された商品に代わって新たな収益源となる。加えて，顧客との排他的な関係は差別化要因ではなくなる。デジタル化された世界においては，顧客と「愛着を持った関係」を作れるかどうかで優劣が決まる。つまり，顧客は金融機関の変更が厳しいという理由からではなく，他社にはない利点があるからという理由で特定の金融機関との取引を継続するのである。また，プロセスの効率化は，AIと人間の融合による相互作用からもたらされることになる（**図表1-1-4**参照）。

　このような新しい成功要素から，従来の成功要素が通用しなくなり，新たな環境が再構築され，次のようなことが起きる。

図表1-1-4 AIが起こす成功要素の変化

今まで		これから
資産規模 *Scale of assets*	→	データの規模 *Scale of data*
排他的な関係 *Exclusive of relationships*	→	パーソナライゼーションや 顧客経験価値 *Tailored experiences*
大量生産 *Mass production*	→	最適化とマッチング *Optimization and matching*
高い切替コスト *High switching costs*	→	取引継続により得られる高い利益 *High retention benefits*
人間の能力への依存 *Dependence on human ingenuity*	→	AIと人間の融合によって得られる価値 *Value of augmented performance*

① **今までにない顧客経験価値（顧客体験）**。商品・サービスにおけるイノベーションによって，金融サービスを受けられる人が増え，より円滑で個別のニーズに即した顧客体験が可能となる。

② **従来のオペレーティングモデルの変革**。金融機関のスリム化，クラウド化，アウトソーシング活用が進み，大手テクノロジー企業への依存度が高まる。

③ **競争原理が激変する**。「データの共有」が競争を勝ち抜くカギとなる。大規模プレーヤーとニッチプレーヤーの二極化が進む市場においては，最初に動いたプレーヤーと大規模なプレーヤーが有利となる。

④ **公共政策が未知の領域に入る**。AIの登場によって政府や社会のあり方が問い直され，人を守り，機械を制し，金融インフラを作り変える新しい規範の必要性が高まる。

　競争を勝ち抜くための能力，人的資源，顧客関係，将来シナリオが大きく変わっていく中で，過去の成功要因が断ち切られ予想もせぬ方法で新しいサクセスストーリーが作られる。経営の優先順位が変わり，ステークホルダーの選択次第で新たな経営の優先事項が決まることになる。

（3）不確実性への対応

　これらに加えて考察しなければならない大きな問題がある。2020年初旬に世界的パンデミックに発展したCOVID-19問題である。

　本書執筆中である2021年時点でCOVID-19問題は収束しておらず，また終息の見込みも立っていない。ウィズ（with）COVID-19が常態化する中で，政治・経済，社会構造，生活者のライフスタイルといったあらゆるレベルで世界は一変しており，一部の変化はポストCOVID-19問題の世界においても定着する不可逆的なものになると考える（**図表1-1-5**参照）。

　DXの加速要因としてすでに触れた技術革新と規制緩和に加え，COVID-19

図表 1-1-5 不可逆的な変化の概要

項 目	不 可 逆 的 な 変 化
米中二極構造の鮮明化	米中貿易摩擦によって世界経済に大きなインパクトを与えた両国の対立・二極化構造は，COVID-19禍を経てより鮮明になる。
脱中国一極集中	中国依存の生産体制の見直しを迫られており，効率を追求した集中型の生産体制から，リスク管理を重視した分散型のサプライチェーンモデルに変容していく。
監視・管理社会化	危機対応力を高めるため，国民の行動を監視するシステムが発展する。危機下において必要な物資を最適に配分するために，きめ細かいトレーサビリティ・在庫可視化が業界標準で導入される。
生活のボーダーレス化	個人レベルでの衛生管理が世界的に標準化したことや，生活インフラとしてオンラインサービスの利用が進んだことで，生活の均質化が進む結果，グローバルレベルで人材の流動性が高まることも考えられる。
行政から民間・個人へのパワーシフト	非常時における行政の稚拙な対応に，国家への不信感がより高まり，自立した個としての意思決定・行動をより重視するようになる。民間企業の役割が大きくなることも想定される。
逆都市化	リモート／オンラインベースのライフスタイルの定着による都市部居住のメリット低下や，在宅をより快適な空間にするために広い居住スペースを嗜好すること，衛生意識の高まりによる密集の回避などから，地方への移住が進む。
根源的・内的価値観の重視	予期しえぬ未曾有の危機に直面したことが人生観の見直しを促し，キャリア形成などの外的承認より，大切な人との時間やプライベートの充実など本質的に大事と感じるものに時間を使うようになる。
健康・衛生意識	健康リスクを実体験したことで，健康意識の高まりが加速・定着する。ベースの身体機能や免疫力を高めるために，規則正しい生活の確保，サプリメントやデジタルツールなどの健康消費，禁煙・禁酒が進む。
公共・環境意識	個人では対処しきれないリスクを地域・国全体が協調し乗り切る経験を得ることで，社会の構成員としての意識が醸成され，公共全体への貢献意識が高まる。
安全志向	COVID-19禍によって健康面だけでなく経済的にも厳しい生活を経験したことで，不測の事態に備えるために安定志向が高まり，資産は預貯金，国債，金などの安全資産に流れ，職業選択においては大企業や公務員などの人気が上がる。
リモート／オンラインベースのライフスタイル	"ステイホーム"をきっかけにサービスインが加速し，利便性や時間・コスト面の生産性の高さからCOVID-19終息後も定着する。
シニアによるデジタルエントリー	遠隔医療やECなど代替の利かない生活インフラとしての活用も加速・定着すると思われる。結果，平時においては一生涯において想定されなかった層のデジタルエントリー・定着が想定される。

問題に端を発した不可逆的な変化がもたらすインパクトは，これまでの金融史上でも最大級のものであり，顧客，企業，政府のあらゆるレベルにわたる。

　不確実性に対する組織・業界としての適応能力の高度化は，金融機関にとって今後ますます重大な経営課題となっていくだろう。

第2節　銀行業界の状況と今後のシナリオ

　第1節で金融ビジネスの構造的転換を述べたが，銀行もまさにこの大波への対応を求められている。足元の事業環境をベースにした検討では不十分で，10年後の事業環境を見据えたうえでの検討が必要とされているのである。そのような中で，最近，"Bank of 2030"等という言葉がよく聞かれるようになった。つまり，10年後ということだが，2030年の銀行はどのような世界観になっているのであろうか。アメリカの大手金融機関のサービスが全てフィンテック企業やスタートアップのサービスに置き換えられるとか（"Anyone can build a bank!"），銀行不要論についても巷でいわれている。

　果たして，2030年の世の中において必要とされる銀行はどのようなものなのか。本節では，今後のキーとなるオープンバンキングという潮流はどのように訪れ，その中でどのように生き残っていくべきなのか，その考え方について解説する。

　加えて，その中でも地域金融機関は現在オーバーバンキングともいわれているが，地域金融機関はどのようにすれば生き残れるのか，地域経済を支えることと自行の収益性を保つことの両輪をどのようにすれば実現できるのか，その考え方についても解説する。

（1）2030年の銀行とは

①　オープンバンキングの世界観

　2030年の銀行について，筆者らは，オープンバンキングというものが1つの解であると考えている。

　オープンバンキングとは，従来銀行が担っていたサービスやチャネルについて，企業間で情報を相互に利用し合い，より利便性の高いサービスを提供する動き（分散型のビジネスモデル）のことを指す。わかりやすくいうと，企業間がつながることで，銀行のサービスを銀行以外の企業のチャネルから受けることができ，銀行のチャネルから銀行以外の企業のサービスが受けられる世界に

なる，ということである。一方，現在の銀行（クローズドバンキング）は，銀行のサービスを銀行のチャネルで顧客に提供する（自前型のビジネスモデル）に留まっている。

　具体的には，どのような世界になるのだろうか。大きく，「顧客接点」「手続き」「提供サービス」の3つの観点で世界が変わると考えている。

　まず，「顧客接点が変わる」については，例えば，声により銀行取引ができるようになる。ボイステクノロジーは，私たちの身の回りにある機器へ搭載され始めており，家電や電子機器メーカーなどと銀行がつながることにより，より快適な銀行取引ができるようになる。

　次に，「手続きが変わる」についてだが，例えば画像による本人確認ができるようになる。コグニティブテクノロジー（画像認識）も，さまざまな産業で実用化され始めており，企業横断の本人確認情報の一元化も進み始めていることも踏まえると，これらの機関と銀行がつながることにより，煩わしい手続きがなくなり，画像のみで瞬時に本人確認ができるようになる。

　最後に，「サービスが変わる」について，例えば交通・旅行・飲食などの非金融サービスを銀行が提供できるようになる。企業もしくは業界内で閉じていた情報を集約し，アナリティクス／AIを駆使し，個人の趣味嗜好に合わせたレコメンドを提示するネット企業がさまざまな業界で登場し，既存企業を脅かしている。銀行もさまざまな産業の企業とつながることにより，"お金"に関するサービスだけでなく，"生活"に関するサービスを包括的に提供できるようになる（**図表1-2-1**参照）。

　オープンバンキングが実現した世界では，銀行にとって，大きなゲームチェンジが起こるだろう。"食べる"，"買う"といった生活行為は，「顧客の生活に密着」した「賢い」（＝AI搭載）エンドポイントデバイス群に支配され，銀行が提供するチャネルを経由する取引はあまり必要のない世界になる。すなわち，銀行はエンドポイントデバイスが提供するサービスの1つの要素にすぎなくなってしまうのである。

　もし，他産業とつながり，"お金"に関するサービス（＝伝統的な銀行サービス）だけでなく，"生活"に関するサービスを包括的に提供する一員になることができないと，銀行は「役割を失っていく」可能性がある。具体的には，

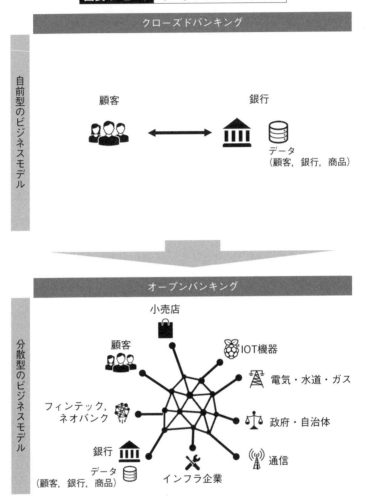

図表 1-2-1　オープンバンキングとは

クローズドバンキング

自前型のビジネスモデル

顧客　銀行

データ
（顧客，銀行，商品）

オープンバンキング

分散型のビジネスモデル

小売店

顧客　IOT機器

電気・水道・ガス

フィンテック，
ネオバンク

政府・自治体

銀行

通信

データ
（顧客，銀行，商品）

インフラ企業

"食べる"，"買う" といった生活行為の中で発生する銀行サービスを提供する競合が多い中，必要とされない存在になっていってしまうのである。また，「顧客が見えなくなる」可能性もある。"食べる"，"買う" といった生活行為から，最適なタイミングと最適なレコメンドで銀行サービスを提供する競合が多い中，選ばれない存在になっていくのである。オープンバンキングが実現した

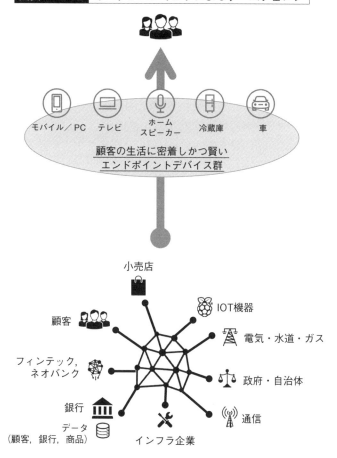

図表1-2-2　オープンバンキングによるゲームチェンジ

世界では，現状のビジネスにおいてどのように儲けるかという議論ではなく，ゲームチェンジにどのように適合していくかという議論が重要になってくるのである（**図表1-2-2**参照）。

②　オープンバンキングの起こりうるシナリオ

　では，オープンバンキングの世界観はどのような規模感で訪れるのか，リアルチャネルはどの程度残るのか，2030年の世界として考えられるシナリオにつ

いていくつか紹介する。

「オープンバンキングの世界観が全国レベルで起こるのか／地域レベルで起こるのか」，「銀行にとってのリアルチャネルが重要なものとして残るのか／デジタルチャネル以外残らないのか」の2軸で4パターンのシナリオが考えられる（**図表1-2-3**参照）。ちなみに，「オープンバンキングの世界観が全国レベルで起こるのか／地域レベルで起こるのか」とは，全国規模で1つもしくは2つのオープンバンキングの世界観ができ，全国民がその世界の中で生活していく（例えば，Amazon，楽天の中で銀行取引を含めた生活が完結する世界観である）か，地域ごとにオープンバンキングの世界観ができ，地域住民は各地域のオープンバンキングの世界の中で生活していくかということを示している。

図表1-2-3 考えられるオープンバンキングの4つのシナリオ

		顧客へのサービス提供方法	
		デジタルとリアルの併存	デジタル中心
オープンバンキングの構築単位	全国一律	**全国デジタル・リアル融合シナリオ** ■デジタルとリアルでのサービス提供が併存 ■デジタルにおいては，全国規模のオープンバンキングの世界での異業種プレーヤーも含めた商品提供者としての競争環境 ■リアルにおいては，地域銀行が顧客のタッチポイントを保有	**全国デジタル特化シナリオ** ■デジタルでのサービス提供が中心 ■全国規模のオープンバンキングの世界での異業種プレーヤーも含めた商品提供者としての競争環境
	地域ごと	**地域ごとデジタル・リアル融合シナリオ** ■デジタルとリアルでのサービス提供が併存 ■デジタルにおいては，地域におけるオープンバンキングの世界の構築が重要 ■リアルにおいて地域銀行が顧客のタッチポイントを保有	**地域ごとデジタル特化シナリオ** ■デジタルでのサービス提供が中心 ■デジタルにおいては，地域におけるオープンバンキングの世界の構築が重要

　1つ目が，全国規模でオープンバンキングの世界観ができ，現状と同様，リアルチャネルの重要性がある程度高い「全国デジタル・リアル融合シナリオ」である。この世界では，デジタルとリアルでのサービス提供が併存する。デジタルにおいては，銀行は全国規模のオープンバンキングの世界での異業種プレーヤーも含めた商品を提供する1プレーヤーとしての競争を強いられる。リアルにおいては，地域銀行が顧客のタッチポイントを保有し続けるので，そのタッチポイントを活用して高齢者・富裕層等を中心にいかに囲い込むか，が重要になる。

　2つ目は，全国規模でオープンバンキングの世界観ができ，銀行はほとんどデジタルチャネル以外の顧客接点を持たなくなる「全国デジタル特化シナリオ」である。この世界では，デジタルでのサービス提供が中心となる。銀行は商品提供者のみが基本的な生き残る道となる。

　3つ目は，地域ごとにオープンバンキングの世界観ができ，現状と同様，リアルチャネルの重要性がある程度高い「地域ごとデジタル・リアル融合シナリオ」である。この世界では，デジタルとリアルでのサービス提供が併存する。デジタルにおいては，地域におけるオープンバンキングのプラットフォーマーとなれるかどうか，が重要となる。また，1つ目と同様，リアルにおいて地域銀行が顧客のタッチポイントを保有する。

　4つ目は，地域ごとにオープンバンキングの世界観ができ，銀行はほとんどデジタルチャネル以外の顧客接点を持たなくなる「地域ごとデジタル特化シナリオ」である。この世界では，デジタルでのサービス提供が中心となる。地域におけるオープンバンキングのプラットフォーマーとなれるか，デジタルを通じて顧客をいかに囲い込むか，が重要となる。

　もちろん，上記以外にオープンバンキングの世界観が全国版と地域版の両方でできる等のシナリオも考えられるが，ベースとしては上記の4シナリオのどれかになると考えられる。そのような中，オープンバンキングの世界における戦い方のヒントについて，次に解説したいと思う。

③　オープンバンキングの世界での戦い方

　オープンバンキングの世界での戦い方について，現在の金融機関の戦い方が，

自前の商品を自前のチャネルにて販売するモデルとした時に，戦い方の方向性が2つあると考えられる（**図表1-2-4**参照）。

1つは，プラットフォーマーと競合し，金融機関自身がエンドポイントを握る方法である。これは，全国レベルで見れば，Amazon，楽天と競合することとなる。ただ，地域レベルで見て，地域住民の圧倒的支持を得るエンドポイン

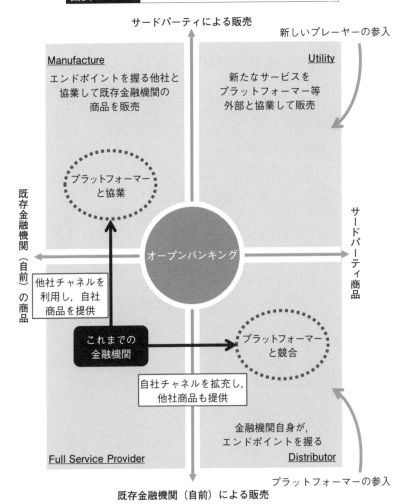

図表1-2-4　オープンバンキングの世界での戦い方

トを目指すということを考えれば，不可能ではないのかもしれない。

　もう1つは，プラットフォーマー等のエンドポイントを握る他社と協業して商品提供のプロバイダーを目指す方法である。デジタル化に成功した金融機関として高い評価を得ている，シンガポールを拠点とするDBS銀行による"Making banking invisible"（生活の中に入り込んで，銀行を見えない存在にする）という戦略は，まさにこれを体現しているといえよう。

（2）2030年の地域銀行とは

①　2030年の地域銀行の世界観

　ご覧になられたことのある方も多いと思うが，2019年4月の日本銀行の金融システムレポートに興味深い記述がある。2028年度までに地域銀行の約6割で当期純利益が赤字化する，とシミュレーションされている。その前提としては，資金需要が現在と同様のペースで減少し，資金利益の減少，信用コストの上昇，有価証券関係益の減少により，地域銀行の当期純利益や自己資本比率は逓減するとのことである。一方で経費率（OHR: Over Head Ratio，以下「OHR」という）の改善は悪化圧力を押し返せずとも数値の改善には寄与し，収益性の向上には重要である，としている。

　もう少し具体的に記載すると，まず，資金利益の減少については，3つの前提がある。1つ目は，貸出を牽引してきた不動産融資の鈍化であり，主な融資先としていた個人や中小企業において，貸家市場への警戒心の高まりに伴い需要の減退が見込まれる。2つ目は，貸出金利の低下であり，中小企業向け融資や住宅ローンでは引き続き貸出金利の低下が見込まれる。3つ目は，有価証券利回りの低下であり，低水準の長期金利による利回りの低下が見込まれる。次に，信用コストの上昇については，業績改善が進まず，格付けがランクダウンする企業が増加し，それに伴い引当金が増加することが見込まれている。最後に，有価証券関係益の減少については，政策保有株の残高の減少に伴い売却益の枯渇が見込まれている（**図表1-2-5**参照）。

　本レポートにおける日本銀行の見解について，筆者らとしても大きな違和感はないと捉えている。2020年3月単体の数値を見ても当期純利益において赤字

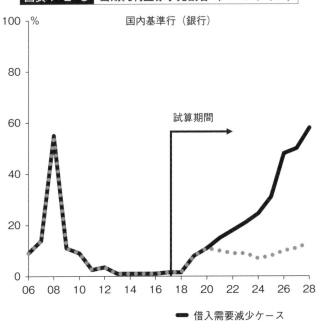

図表1-2-5　当期純利益赤字先割合（ベースライン）

（出所：日本銀行「金融システムレポート（2019年4月）」図表Ⅵ-2-9より引用）

が7行に増加したうえ，有価証券関係益についても34行が損失を計上している
という状況である。COVID-19の影響により取引先の業績悪化が見込まれるこ
とも踏まえると，「2028年度までに地域銀行の約6割で当期純利益が赤字化す
る」というのは単なるホラーストーリーではなく，現実路線であると考えられ，
むしろコンサバティブなシナリオかもしれない。

　上記の考え方をベースに地域銀行の2028年度の当期純利益について試算する
と，全108行のうち62行が赤字となるだけでなく，地域銀行全体の当期純利益
総額が2018年度の7,810億円から，2028年度には782億円と約10分の1に縮小す
る可能性がある（**図表1-2-6**参照）。

②　地域銀行の勝ち負けはどうなっているのか

　2019年3月単体の数値をベースに各地域銀行の収益性を比較し，どのような

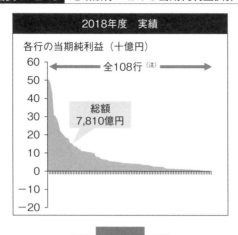

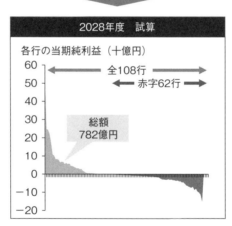

図表1-2-6　地域銀行における当期純利益試算

注：スルガ銀行は著しい業績悪化が見込まれるため，また，きらぼし銀行は2018年合併で
　　比較ができないため，試算対象から除外した。
（出所：全国銀行協会）

銀行が勝っているのか（高収益なのか）について，分析してみた。ここではメ
ガバンク以外の銀行を対象に分析した。
　地域銀行はアセットビジネスの色合いが濃いので，資産全体を使ってどれだ
け効率的に利益を生み出しているかを示す総資産利益率（ROA）と，総資産

の２軸で地域銀行をプロットした。ここでは，当期純利益を重要な指標として考えているので，ROAは，当期純利益を総資産で割って算出した（銀行の本業の儲けを示すコア業務純益（投資信託解約損益を除く）を総資産で割ってROAを算出することもある）。

その結果，３つのタイプに分かれることがわかった。「規模が大きく総じて高収益」のゾーン，「事業特化で高収益」のゾーン，「勝ち負け混在」のゾーンである。具体的には，資産規模８兆円以上の銀行は概してROAが高く「規模が大きく総じて高収益」なゾーンとなる。一方で，資産規模８兆円未満の銀行については，セブン銀行，オリックス銀行，あおぞら銀行といった領域特化型かつ店舗を基本的に持たない銀行については「事業特化で高収益」ではあるが，それ以外の銀行については差がついているという状況である（**図表１-２-７**参照）。

以下では，具体的に地域銀行を経営し，収益化するうえで重要な３つのポイ

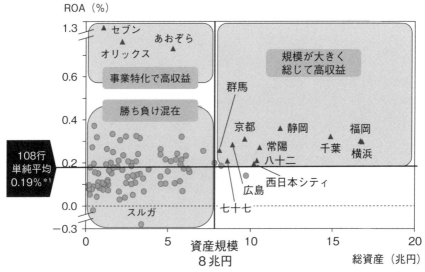

図表１-２-７ 地域銀行の収益性の分類

*１：平均値の計算には全国銀行協会の非会員銀行も加えた108行で算出
　　（スルガ銀行ときらぼし銀行は除外）
（出所：全国銀行協会，各行決算資料，東京商工リサーチ）

ントについて簡単に説明する。OHRをどのように下げるか，どの事業領域に選択と集中するか，新たな収益の源泉をどのように作るか，である。

③　地域銀行はどのレベルのOHRを目指すべきか

(a)　50％が目安

地域銀行の勝ち負けが決まってくる1つのヒントは，OHRにある。実はOHRとROAの相関は非常に高い。ROAとOHRを2つの軸で各地域銀行をプロットしてみると，綺麗に相関関係が見られる。具体的には，OHRが低い銀行ほどROAが高く，OHRが高い銀行ほどROAが低くなっている。それゆえ，高収益を目指すにはOHRの改善が非常に重要なドライバーであるといえる（**図表1-2-8**参照）。

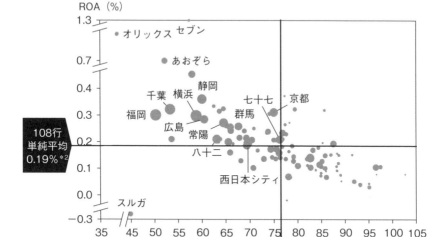

図表1-2-8　地域銀行のROAとOHR

＊1：円の大きさは2018年度時点の総資産を反映
＊2：平均値の計算には全国銀行協会の非会員銀行も加えた108行で算出
　　　（スルガ銀行ときらぼし銀行は除外）
（出所：週刊エコノミストOnline，全国銀行協会，各行決算資料）

　各地域銀行はOHRをどの程度改善させるべきか。結論からいえば，50％台が１つの目安であると考える。現在の地域銀行108行のOHRの単純平均は76.4％だ。もし，10年後の事業環境のもと，地域銀行の稼ぐ力が変わらずに現在と同水準のROAを保とうとした場合，108行のOHRの単純平均が64.6％である必要がある。その際のOHRの上位54行の単純平均は55.7％。これを考えると，55％から60％程度のOHRは目指さなければならない。

　上記のOHRは，10年後に稼ぐ力が今と変わらず，事業環境だけが悪化する場合，現在と同様のROA（要するに現在と同様の当期純利益）を維持するには，経費をどの程度下げなければならないかを試算しているものだ。具体的には，将来資金利益等の予想減少額を各行個別で算出し，今期業務粗利益から差し引くことで予想業務粗利益を算出している。そして，予想業務粗利益から経費や税金等を差し引き，今期と同じ当期純利益になるよう逆算したものである。ただ，特損や税金等は同額と仮定している（**図表１-２-９**参照）。

　では，各地域銀行がOHRを10ポイント程度改善し，50％台のOHRを目指すにあたって，どのような施策が考えられるだろうか。現時点で先進的な銀行が行っている／行い始めている施策（RPAの全行導入，本部人員の抜本的削減，店舗統廃合など）は，確実に実施していくことが大前提である。ただ，それだけでは到底OHRの10ポイント改善には至らないので，今まで聖域であった領域に対して抜本的な打ち手を打っていく必要がある。OHRを人件費，物件費に分けて考察してみよう。

(b)　人件費への打ち手

　まず，人件費についてだが，マストで実施すべきは，徹底的な業務改革である。ポイントは業務「改善」ではなく業務「改革」であることである。そのためには，過去の常識にとらわれず，業務の必要性とあるべき姿を定義し，逆算的にフロー設計することが重要だ。また，RPAやAI-OCR等のテクノロジーを活用し，End to Endで極力デジタル化したフローを策定することも併せて検討する。実施する際には，現場主導ではなくトップマネジメントが強力にコミットしたうえで実施し，KPI管理で必達意識を強化していくことも成功のための重要な要素になる。

図表1-2-9 地域銀行が目指すべきOHRの水準

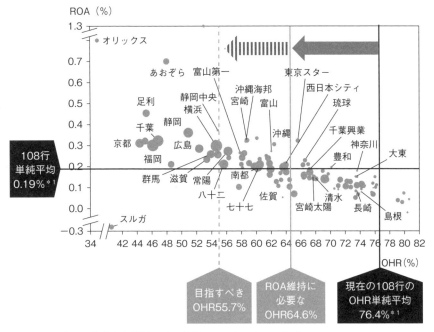

OHR試算の前提	**10年後に地銀が稼ぐ力が変わらずに現在と同水準のROAを保つ前提** ■将来資金利益等の予想減少額を各行個別で算出し，今期業粗から差し引くことで予想業粗を算出 ■予想業粗から経費や税金等を差し引き，今期と同じ当期純利益になるよう逆算 ■なお，特損や税金等は同額と仮定（ROAは一定と仮定するもの）

※ROAは現在の総資産と当期純利益が維持されるものとして仮定
※円の大きさは2018年度時点の総資産を反映
＊1：平均値の計算には全国銀行協会の非会員銀行も加えた108行で算出
（出所：週刊エコノミストOnline，全国銀行協会，各行決算資料）

　メガバンクでは，三菱UFJ銀行は2023年までに8,000人分の事務を削減する予定で，三井住友銀行は2019年9月までにRPAにて290万時間を削減済み，2022年までには銀行本部の人員を4割程度削減する予定としている。地域銀行では，横浜銀行が2023年までにRPAを活用し800人分の事務を削減予定，八十二銀行は2018年度にプロジェクトチームを立ち上げて業務改革を推進し，

本部だけで18万時間分を削減済みとしている。

　こうした徹底的な業務改革をしたうえでさらに人件費を削減するにはどのようにすべきであろうか。1つのアイディアとしてありうるのが，抜本的人事制度改革の実施である。例えば，給与の高止まりしている40代以上の本部シニア行員にメスを入れる。40代以上の本部シニア行員は，30代の若手行員と同様の業務のみを遂行しているにもかかわらず，若手の倍近い給料を受け取っているという現状があり，ここは今まで聖域となってきた部分だ。そこで，シニア行員を本部や事務センターに滞留させず，営業に配置転換したうえで，成功報酬型を導入するのである。もちろん，営業等の研修制度の充実も併せて実施する必要がある。それにより，成果を出せるシニア行員には今まで以上の給料を，成果を出せないシニア行員には若手並み，もしくは若手以下の給料とすることにより，人件費を下げる，もしくは1行員当たりの収益性を高めることが可能となる。

(c)　物件費への打ち手

　次に，物件費についてだが，確実に実施すべきは，店舗の統廃合だ。M&Aによる重複店舗削減や顧客セグメント別のチャネル戦略再構築による店舗のあり方を見直すべきである。例えば，店舗は大・中堅企業と富裕層個人向けと定義し，デジタルを活用して非注力顧客向け営業・事務を省力化することを徹底的に推進することが必要だ。メガバンクを見ると，三菱UFJ銀行は2023年までに支店を300店舗まで削減，三井住友銀行も2022年までに支店の7割を個人運用専門店へ形を変えるなど軽量化を志向している。

　店舗統廃合に加えて，"店舗無しで回す"営業体制構築についても検討していく必要がある。そのキーワードは「共同化」である。例えば，近隣他行と店舗を共同化し，ハイカウンターの行員は共通化，個人・法人営業の行員は各行ごと，オペレーションは基本的に事務センターに集約する体制を構築するのである。また，他行・他社とシステムインフラを共通化していくことも非常に重要である。SBIホールディングスが地銀連合内において，異なるシステムを有する銀行がクラウドにより勘定システムを共用化しようとしている取組みが，まさにそれに当たると考えられる。

　その先には，地域銀行の統廃合も視野に入ってくる。資産規模を大きくして規模の経済を働かせることは，OHRを下げる重要なファクターだ。統廃合を通じて資金量や支店網でメガバンク・大手地域銀行に匹敵する銀行を構築し，システムの統廃合を実施することで，コストメリットを享受することができると考えられる。

④　地域銀行はどこで儲けるべきか

　現在の各地域銀行のビジネスモデルから見て，稼ぐ力のある銀行はどのように収益を稼いでいるのであろうか。各銀行における経費率を一律とした際のROAを稼ぐ力と定義し，その上位20行を分析した。その結果，大きく4つにグループが分かれることがわかった。

　4つのグループは，まずフルバンク型と領域特定型に分かれる。フルバンク型とは，貸金や役務取引，有価証券運用等地域へ幅広いサービスを提供し，地域を代表する銀行である。一方で，領域特定型とは，特定の領域へのサービスに偏重したタイプの地域銀行である（**図表1-2-10参照**）。

　フルバンク型は，銀行本業型，役務取引・有価証券運用注力型の2つに分かれる。銀行本業型は，利鞘の取れる貸出金利が維持できている，もしくは貸金のニーズが高く，法人への事業性融資や個人への住宅ローン等，貸金全般で収益を確保できている銀行である。具体的には，首都圏，もしくは沖縄等特定のマーケットのみで実現できるモデルとなる。一方で，役務取引・有価証券運用注力型は，貸金だけでは収益の維持ができないため，投信販売による手数料や，国内債券や株式を中心とした運用益で収益を確保している銀行となる。フルバンク型の地域銀行の目指す1つの形である。

　領域特定型は，特定貸金注力型と有価証券運用注力型の2つに分かれる。特定貸金注力型は，特定業界やニッチな需要へ対応し，不動産系ローンやストラクチャードファイナンス等の対象を絞った貸金で収益を確保するモデルとなる。有価証券運用注力型は，資金業務での収益獲得が困難であり，主に国内外の債券運用にて収益を確保するモデルとなる。また，役務収益を獲得するためには，ある程度フロントに人員を張り，顧客の幅広いニーズに対して応えていく必要があるため，領域特定型銀行では成り立たないモデルとなると考える。

図表1-2-10 稼ぐ力のある地域銀行のタイプ

区分	勝ちパターン

フルバンク型

貸金や役務取引，有価証券運用等，地域へ幅広いサービスを提供し，地域を代表する銀行

①銀行本業型

- 利鞘の取れる貸出金利が維持できている
- 法人への事業性融資や個人への住宅ローン等，貸金全般で収益を確保

②役務取引・有価証券運用注力型

- 貸金だけでは収益の維持ができない
- 投信販売による手数料や，国内債券や株式を中心とした運用益で収益確保

領域特定型

特定の領域へのサービスに偏重したタイプの地域銀行

③特定貸金注力型

- 特定業界やニッチな需要へ対応
- 不動産系ローンやストラクチャードファイナンス等の対象を絞った貸金で収益を確保

④有価証券運用注力型

- 資金業務での収益獲得が困難
- 主に国内外の債券運用にて収益を確保

　上記を踏まえると，現状のビジネスを前提として収益性を高めようとする場合，重要なのはビジネスの選択と集中となってくる。集中していく先の領域について，いくつか例を紹介したい。

　貸金であれば，コンシューマーファイナンスにはまだ伸びしろがあると考えている。個人投資家や消費性個人に対する与信事業を強化する際には，手続のオンライン化等によりローコスト業務体制をいかに構築するかが重要になってくる。

　役務収益であれば，法人向けのダブルフロントと呼ばれる領域だ。例えば，従前の事業承継目的のみに留まらず，地域経済の強靱化に向けた業界再編／救済等を視野に入れたM&A支援等の高度なサービスを提供することで収益の獲得はできる。また，COVID-19の影響もあり業績の芳しくない企業に対するバリューアップに貢献し，成功報酬を得るというのも新たな形になるかもしれない。一方で，個人向けであれば富裕層の終末期関連業務については，収益化が見込める可能性がある。例えば，富裕層を中心とした遺言信託を核として，財産管理・終活支援・死後対応支援等のサービスを実施／マッチングしていくのも１つのアイディアである。

　有価証券益において，一定の収益を狙っていくというのも１つのアイディアとしては考えられる。ただ，アフターCOVID-19の世界での運用という観点では，より高度な運用・リスク管理能力を持ちつつ持続的に有価証券益を獲得していくことが重要となってくる。そのためには，運用態勢，組織・人，システムインフラの整備が必要となる。運用態勢でいえば，リスク管理委員会を立ち上げ，リスクアペタイトフレームワーク，アセットアロケーションモデル，運用方針・モデル（長期モデル・短期モデル），リスク管理モデル等を踏まえた運営が必要となる。組織・人材でいえば，フロント（ファンドマネージャー，トレーダー等），ミドル（リスク管理等），バック（決済，法定帳簿等）に有力な担当者を配置する必要がある。システムインフラについても，フロント（ポートフォリオ管理，取引執行，マーケットデータ，リサーチ等），ミドル（BPV，VaR等），バック（決済，レポーティング等）それぞれについて整備する必要がある。このような態勢を自前で構築するのは半ば不可能に近いので，他行・他社との連携により強化していく必要がある。例えば，人材・システムを地銀同士で共同化することも１つである。また，運用態勢，組織・人材，システムインフラが整備されている運用会社へ運用を一任するのもまた１つの手である。具体的に，SBIホールディングスが地銀37行の運用を担い，2019年に運用残高は1,500億円まで拡大していたり，日本資産運用基盤グループがみずほ信託と提携し，地銀へ運用助言するほか，事務作業を受託する予定といった流れもある。

　上記に加えて，エクイティ投資を増やしていくという可能性もある。具体的

には，プライベートエクイティ／ベンチャーキャピタル運営，債券／不動産投資等が考えられる。

⑤　地域銀行が目指す新たな収益モデル

　2030年の世界観を見据えた時に，地域銀行としてOHRを極限まで引き下げ，既存ビジネスの選択と集中を行う一方で，新たな収益モデルを構築することが肝要となる。地域に根差している地域銀行は，地域経済の活性化という重責を担いながら，銀行としても収益の上がるモデルを構築する必要がある。地域経済を支える中心としての銀行の位置付けは，今後も変わらず残り続けるであろう。

　では，地域経済を担っている地域企業の課題はどこにあるのであろうか。まず，少子高齢化・人口減少，地域内のデジタル等高度人材の不足に加え，COVID-19禍による需要蒸発などにより地域経済は衰退している。一方で，銀行が地域企業に対して十分サポートできているかというと，そうでもない。例えば，顧客企業に対して形式的な事業性評価はしているものの，経営に踏み込んでのコンサルティングはできていないのではないか。また，顧客のデジタル化への支援もビジネスマッチングに留まり，十分にできているとは言いがたい状況であると認識している。その結果，地域企業は，ビジネス構造改革が停滞し，デジタル変革が遅れ，後継者不足に対して有効な手を打てておらず，収益が伸び悩んでいるという状況に陥っており，それがCOVID-19禍でより顕在化してきているというのが現実である。

　こうした課題に対して，どのような打ち手が必要であろうか。現状を踏まえると，地域企業の市場を拡大する仕組みを構築すること，地域企業の悩みを解決する"連合軍"を組成することの2つが重要となると考える。例えば，地域銀行が地域商社を設立し，上記2つを担うというのはどうだろうか。その場合，地域商社の役割は，地域経済の循環と商圏拡大を目的とした「マーケットプレイス」，中小企業の「経営改革プラットフォーム」の2つを構築・運営することとなる。

　マーケットプレイスとは，オープンバンキングの世界観を銀行×地域商社で主導していくことにほかならない。個人顧客は銀行で金融以外に通信等の他企

業のサービスや商品へアクセスすることが可能となり，法人顧客は地元商店等で金融サービスや商品へのアクセスが可能となることで，域内循環を活性化する。さらに，地域商社を中心に他地域・他国への販路拡大を模索し，地域企業にとってのマーケット拡大を促進していく（**図表1-2-11**参照）。

　また，経営改革プラットフォームとは，協業先のノウハウを活用して，地域企業の経営変革を丸ごとサポートできるプラットフォームのことである。例えば，プラットフォーム上には，バリューアップ，デジタルトランスフォーメーション，後継者支援等といったソリューションが乗ることとなる。地域商社では，従来から銀行が実施しているビジネスマッチングに留まらず，スタートアップからソリューションを引き受けたうえでソリューションの導入支援を実施する，もしくは協業先とコラボレーションしつつコンサルティングをしていく等により，今まで以上に企業の変革をハンズオンで支援する形になっていくと考えている（**図表1-2-12**参照）。

（3）COVID-19の銀行に与える影響と今後検討すべき論点

　10年後の銀行業界は「デジタル」をキーワードに大きく変容していくと考えられるが，足元のCOVID-19によっても銀行のあり方は大きく変わると筆者らは考えている。そこで，COVID-19が銀行に与える10の変化をまとめてみた。大きく顧客の変化，政府の変化，銀行自体の変化の3つに分かれている（**図表1-2-13**参照）。

　COVID-19が銀行に与える10の変化を踏まえると，銀行の経営陣はさまざまな対応を迫られることとなる。新たなことに対応する必要が発生したというより，10年後に起こりうる世界観を見据えて対応すべきことを前倒しで対応する必要が出てきたという印象だ。COVID-19を通じて，今まで経営陣・現場が薄々気付いていた問題・課題が顕在化されたに過ぎないのである。

　例えば，経営戦略に関しては，そもそもの現在のビジネスモデルの見直し，社会の中の位置付けの再検討が求められている。営業に関しては，真に意味のある事業性評価のやり方，非対面チャネルであるコンタクトセンターの活かし方が論点になるであろう。一方で，オペレーションに関しては，今まで以上の

図表 1-2-11 マーケットプレイス

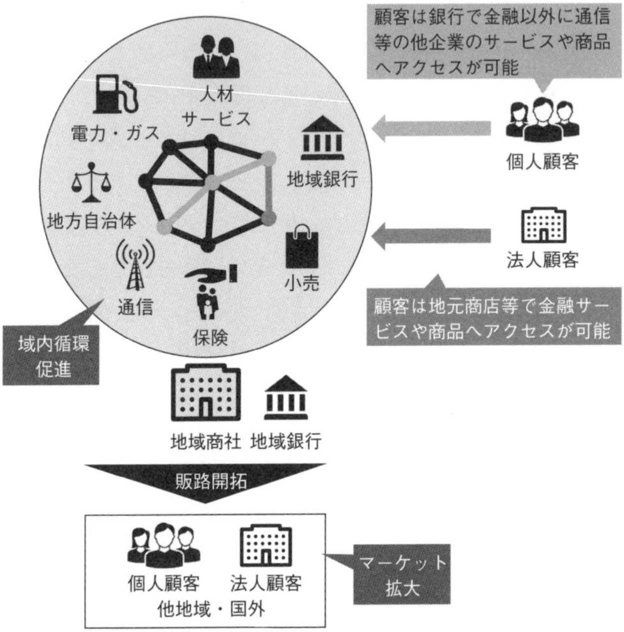

顧客は銀行で金融以外に通信等の他企業のサービスや商品へアクセスが可能

人材サービス

電力・ガス

地方自治体

地域銀行

通信

保険

小売

個人顧客

法人顧客

顧客は地元商店等で金融サービスや商品へアクセスが可能

域内循環促進

地域商社　地域銀行

販路開拓

個人顧客　法人顧客
他地域・国外

マーケット拡大

図表 1-2-12 経営改革プラットフォーム

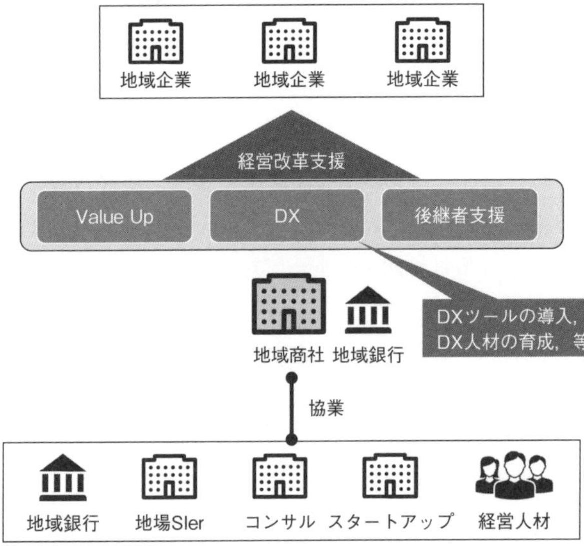

地域企業　地域企業　地域企業

経営改革支援

Value Up　DX　後継者支援

地域商社　地域銀行

DXツールの導入，DX人材の育成，等

協業

地域銀行　地場Sler　コンサル　スタートアップ　経営人材

図表1-2-13 COVID-19が銀行に与える10の変化

項　目	不　可　逆　的　な　変　化
1.【顧客】所有や貯蓄に関する価値観の変化	顧客は，借入を利用した主要資産（不動産・自動車等）の購入に慎重になり，貯蓄意欲を高める。
2.【政府】銀行との協調強化	今回のクライシスの初期に見られた銀行と政府の協調は，経済の再開に伴い，さらに強まる。
3.【政府】銀行への新たな監督方針	危機対応やデジタル化対応といった新たな金融監督の形態が生じ，銀行は，新たな社会的責任を果たすことが求められる。
4.【政府】システム安定化とインフラ近代化の加速	政府は，将来の回復力を強化するため，システムの安定化とインフラの近代化を加速させる。
5.【銀行】社会的役割の高まり	銀行が株主還元に留まらない社会的役割を果たしていくことへの期待が高まる。
6.【銀行】コスト削減の推進	クライシスは，以前は過剰であると考えられた銀行のコスト削減の実行を後押しする。
7.【銀行】デジタルのさらなる活用	銀行は，COVID-19禍を受けたデジタル活用による顧客接点強化の必要性の高まりにより，デジタルの採用を加速させる。
8.【銀行】短期的なROI目線での投資	銀行の投資期間は短期化し，投資の優先度は，より確実なリターンが望める投資，オペレーションの復旧とコスト削減において高まる。
9.【銀行】貸出の考え方の見直し	銀行の中期的な貸出余力の低下により，特定セグメントへの貸出を確保するために政府の介入や信用リスクの計量方法を見直すことが必要になる。
10.【銀行】リモートワークのさらなる推進	リモートワークモデルは加速度的に進化し，企業と従業員双方に，利益とストレスをもたらす。

効率化・デジタル化，効率性とリモートワークが両立するオペレーションの構築が求められている。また，IT・人事に関しては，リモートワークを実現するインフラ構築，リモートワークを前提とした新たな働き方の整備が求められる。

第3節　証券業界の状況と今後のシナリオ

　80年代まで国内の法人・個人投資家との商いでビジネスが成立していた証券会社も，昨今のフィンテック企業による新たなサービスの登場はもちろんのこと，この40年間における国内外の資金のフローの変化，昨今の売買委託手数料の無料化によるビジネスモデルの転換のプレッシャーにより，証券会社のビジネスの構造改革は喫緊の課題である。現在の日本の証券会社の置かれた事業環境やトレンドを踏まえ2030年の証券会社がどういう形になっているか，またそのためにはどのような施策を進めていく必要があるのか解説する。

（1）事業環境の現状

　事業環境の現状については，証券会社の2つの主要ビジネス，ホールセール事業とリテール事業の事業環境の大きな変化や課題，また証券会社の内部課題について触れる。

① ホールセール事業

⒜ 資金の流れ（2つのグローバルの流れ）

⒤ 海外への投資機会の拡大（日本からグローバルへの投資／アウトバウンド）

　証券会社の使命が，直接金融を通じて余剰資金を適切な投資先に分配し投資先のビジネスを成長させ，そのリターンを投資家に還元することと考えた場合，今後の投資先また投資すべき地域，産業や企業の見通しは証券会社に重要なテーマである。

　振り返るとわが国には昭和の高度経済成長期，日本国内また日本企業には多くの成長機会がありGDPは伸び，世界からも「ジャパン・アズ・ナンバーワン」と評された。ただ，その後90年代前半のバブル崩壊後の「失われた20年」，日本の経済規模や企業の成長が鈍化したのはいうまでもない。1989年と現在の世界企業の時価総額ランキングを比較しても，1989年時トップ20社のうち14社が日本企業だったものが，現在日本企業は1社もない（**図表1-3-1**参照）。

| 図表 1-3-1 | 世界企業時価総額の変遷 |

ランキング	1989年		2020年（10月現在）	
	企業名	国	企業名	国
1	NTT	日本	アップル	アメリカ
2	日本興業銀行	日本	サウジ・アラビアン・オイル	サウジアラビア
3	住友銀行	日本	マイクロソフト	アメリカ
4	富士銀行	日本	アマゾン	アメリカ
5	第一勧業銀行	日本	アルファベット	アメリカ
6	IBM	アメリカ	アリババ	中国
7	三菱銀行	日本	フェイスブック	アメリカ
8	エクソン	アメリカ	テンセント	中国
9	東京電力	日本	バークシャー・ハサウェイ	アメリカ
10	ロイヤル・ダッチ・シェル	オランダ	ビザ	アメリカ
11	トヨタ	日本	台湾セミコンダクターマニュファクチャリング	台湾
12	GE	アメリカ	ウォルマート	アメリカ
13	三和銀行	日本	テスラ	アメリカ
14	野村證券	日本	ジョンソン・エンド・ジョンソン	アメリカ
15	新日本製鉄	日本	サムスン電子	米国
16	AT&T	アメリカ	P&G	アメリカ
17	日立製作所	日本	エヌビディア	アメリカ
18	松下電器	日本	マスターカード	アメリカ
19	フィリップ・モリス	アメリカ	ネスレ	スイス
20	東芝	日本	貴州茅台酒	中国

（出所：The Business Week Global 1989（1989年）や各種データをもとにデロイト トーマツ コンサルティング作成）

　今後の世界の成長国は，アメリカ，中国，インド，また東南アジア等が中心と予測されており，日本の余剰資金は日本国内に留まるのではなく，より成長が期待される海外に向いている。現に2020年は個人投資家の国内投資から海外投資へのシフトの傾向が見られる（**図表１-３-２**参照）。

(ii)　**国内金融市場のグローバル化（グローバルから日本への投資／インバウンド）**

　また日本の金融市場，特に株式市場については，この40年間でプレーヤーが様変わりした。1980年代までは海外投資家の取引マーケットシェアはわずか10％であったが，現在は60％以上のシェアを占める。一方で，かつては10％から20％のマーケットシェアを維持していた銀行や事業法人は，持合い株の解消等を経て，現在はわずか数％のシェアとなっている。上場企業の株式の保有比率で見ても，1980年代５％だった海外投資家が今や30％を保有し，一方で当時10〜15％を保有していた銀行や保険会社は今や数％しか保有していない。日本の投資家が中心であった日本の金融市場は，その中心が海外投資家へと様変わりしたのである（**図表１-３-３**参照）。

(b)　**日本企業の資金調達：間接金融に偏った大型企業の資金調達**

　株式や債券による直接金融が一般的な欧米では，コロナ禍で外資系証券会社での投資銀行部門が大きく躍進したものの，過去のメインバンク制，銀行主導の産業再生，金利の低さゆえに銀行からの借入といった間接金融がより一般的な日本では，証券会社の資金調達の支援機能（投資銀行部門）は厳しい状況だ。2020年６月９日の東京商工リサーチによる上場企業資金調達状況調査においても，コロナ禍における大型企業の資金調達は銀行からの借入や融資が中心である（**図表１-３-４**参照）。

　５月にJR西日本の大型の普通社債発行，また昨今の報道によればANAホールディングスの大型公募増資やJR東日本の社債発行の話もあるものの，スカイマークの再上場や各社のIPO等は，軒並み延期を発表しており，目下，日本の上場企業の株式や債券による資金調達の需要は著しく落ち込んでいる。今後徐々に大型の資金調達も再開されると予測されるが，仮に2020年の上場企業によるエクイティによる資金調達が，年始から８月末日までのペースが今後も継

図表１-３-２ マーケットシェアの推移

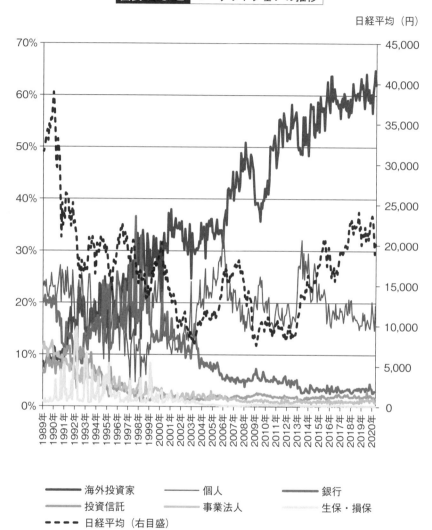

日経平均（円）

（出所：東京証券取引所「投資部門別売買動向」）

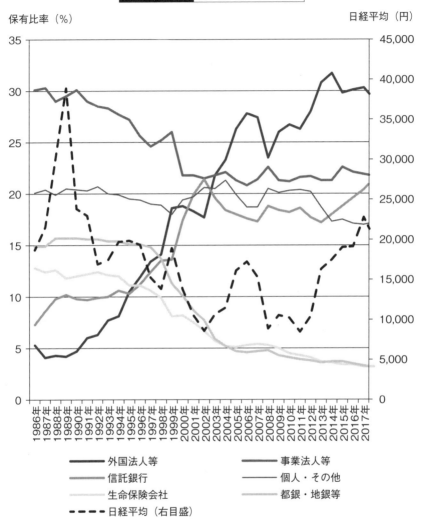

図表1-3-3 株式保有比率の推移

保有比率（％）　　　　　　　　　　　　　　　日経平均（円）

凡例：
― 外国法人等　　　　　― 事業法人等
― 信託銀行　　　　　― 個人・その他
― 生命保険会社　　　　― 都銀・地銀等
- - - 日経平均（右目盛）

（出所：東京証券取引所「株式保有比率」）

図表1-3-4　資金調達金額上位の会社

上場区分	業種	企　　業	調達金額 （百万円）	主な資金調達方法
東証1部	製造業	トヨタ自動車	1,250,000	銀行借入
東証1部	運輸業	ANAホールディングス	950,000	銀行借入, コミットメントライン
東証1部	製造業	日産自動車	712,577	銀行借入
東証1部	製造業	JFEホールディングス	700,000	コミットメントライン
東証1部	製造業	日本製鉄	600,000	コミットメントライン
東証1部	サービス業	リクルートホールディングス	399,900	コミットメントライン
東証1部	製造業	マツダ	300,000	銀行借入
東証1部	製造業	コニカミノルタ	285,000	銀行借入, コミットメントライン
東証1部	運輸業	JR西日本	230,000	CP, コミットメントライン
東証1部	製造業	日本ペイントホールディングス	230,000	コミットメントライン, 銀行借入

（出所：東京商工リサーチ）

続した場合，2020年通年のエクイティによる資金調達額はわずか6,000億円という計算になり，これは過去20年間で最低レベルということになる（**図表1-3-5**参照）。

②　リテール領域
⒜　ネット証券からの市場への参加

　1999年の株式委託手数料の自由化とネット証券の登場から20年余り，今や個人投資家の日本株の取引の8割以上が5大ネット証券を経由している。多くの個人投資家が人のアドバイスに頼らず，ネットの情報等をベースに自己判断で金融商品を購入する時代になった。また，コロナの影響も追い風となり，2020年の証券会社各社の口座数の伸びで見ると，ネット証券数社の口座数の伸びは目覚ましい（**図表1-3-6**参照）。

　一方で2001年に政府が打ち出した「貯蓄から投資へ」のスローガン，日銀が定期的に発表する資金循環統計を遡って見ると，「貯蓄から投資へ」は進んで

図表1-3-5 募集売出総額の推移

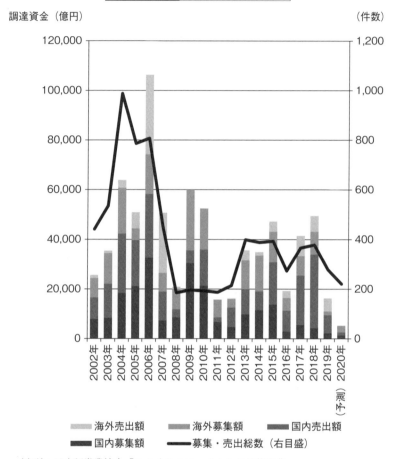

調達資金（億円）　　　　　　　　　　　　　　　　　　　　（件数）

■ 海外売出額　　■ 海外募集額　　■ 国内売出額
■ 国内募集額　　━━ 募集・売出総数（右目盛）

（出所：日本証券業協会「エクイティファイナンスの状況」）

いるようには見えない。依然として日本の家計の5割以上が現金や預金，3割
が保険・年金準備金で，株式，債券，投信の割合は増えていない。ネット証券
の登場により，個人投資家の証券市場への参加は飛躍的に増加したものの，中
長期的な金融商品の保有には結びついていない（**図表1-3-7**参照）。

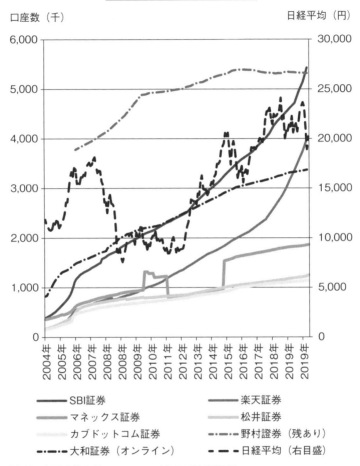

図表1-3-6　口座数の推移

口座数（千）　　　　　　　　　　　　　　　　　日経平均（円）

（凡例）
―――SBI証券　　　　　　　　―――楽天証券
―――マネックス証券　　　　　―――松井証券
―――カブドットコム証券　　　―・―野村證券（残あり）
―・―大和証券（オンライン）　――日経平均（右目盛）

（出所：証券会社各社ホームページおよび決算資料）

(b)　個人顧客の高年齢化（大手証券）／個人顧客の投資規模の小口化（ネット・スマホ証券）

　大手証券会社については顧客層の高齢化が顕著になっている。2020年7月3日に公表された金融庁「投資信託等の販売会社による顧客本位の業務運営のモニタリング結果について」の「リスク性金融商品の年齢別保有割合」によれば，大手証券では70％以上の顧客が60代以上の高齢者に偏っている。また，投資信

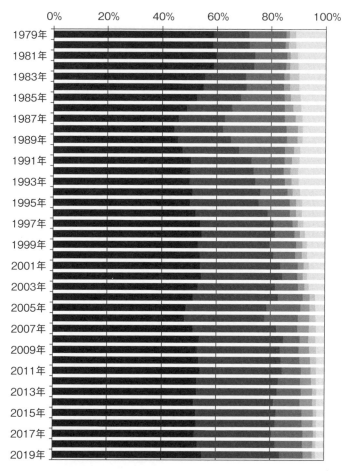

図表1-3-7 資金循環の推移

■現金・預金 ■保険・年金準備金 ■株式等 ■投資信託 ■債券 ■その他

（出所：日本銀行「資金循環統計」）

託の保有顧客数の推移を見ても，大手証券の投資信託保有顧客数が減少していることもわかる。

一方で，約60％以上が30〜50代の資産形成層であるネット証券については，親しみやすいスタイリッシュなインターフェースや小売業との連携によるポイ

ント付与等のエコシステム化による顧客誘導で資産形成層の取り込みが進んでいる。ただし，その一方で投資初心者の比率が上がり，投資額の小口化が進んでいる（**図表1-3-8～1-3-10参照**）。

(c)　委託手数料の無料化

　1999年の株式委託手数料の自由化とネット証券の登場から20年余り，インターネットでより安価な手数料で株式や投信の取引ができるという強みで，ネット証券は個人投資家の金融取引の基盤を担ってきた。しかし，2019年の米国ネット証券最大手チャールズ・シュワブによる手数料の無料化を発端に，日本も手数料は無料に近い段階になり，ネット証券を中心に証券会社のビジネスモデルの根幹を揺るがす問題となっている。現在，日本のネット証券も営業収益の約3割から6割を委託手数料が占めている中で，手数料の引下げ競争は激化している。また，米国では2019年，チャールズ・シュワブによるネット証券大手TDアメリトレードの買収，また2020年に入って米国証券大手モルガン・スタンレーによるネット証券大手のEトレードの買収，また国内ではSBI証券によるライブスター証券の買収等，早くも合従連衡が起きている。

③　証券会社の内部課題
(a)　バックオフィスやITコストのスリム化

　事務処理が人海戦術で行われていた過去はバックオフィスの人員規模の大きさがビジネスの規模を象徴してきたが，今やその人員規模はコストの象徴だ。2009年の株券電子化，各種顧客・社内手続きのペーパーレス化等による情報のデジタル化，また足元のコロナによる在宅勤務への対応も追い風となり，これまで人間が行ってきた各種照合や帳票作成等の事務処理の自動化や効率化が急速に加速している。特に，小回りの利かない基幹系やレガシーシステムの周辺の事務処理周りにRPA等の導入が多く見られる。また，その効率化の波は組織にもインパクトを与え始めており，一部の証券会社では，いわゆるオペレーションという部署を解体し，ミドルは収益部門へ，バックはファイナンス部門へ統合し，組織をよりシンプルにする動きもみられる。

　一方で，証券会社の勘定系を含めたシステムコストの圧縮も喫緊の課題に

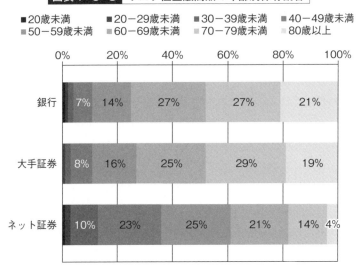

図表1-3-8 リスク性金融商品の年齢別保有割合

■20歳未満　■20－29歳未満　■30－39歳未満　■40－49歳未満
■50－59歳未満　■60－69歳未満　■70－79歳未満　■80歳以上

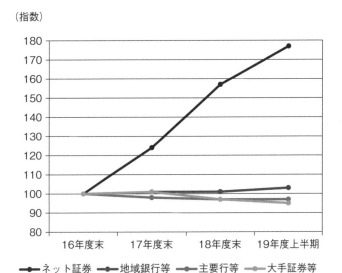

図表1-3-9 投資信託保有顧客数の推移

（指数）

━●━ネット証券　━●━地域銀行等　━●━主要行等　━●━大手証券等

（出所：金融庁「投資信託等の販売会社による顧客本位の業務運営のモニタリング結果について」（令和2年7月3日））

図表1-3-10 各証券会社の小売りポイントとの連携

証券会社名	利用できるポイント
野村證券（LINE証券）	LINEポイント
大和証券（コネクト）	Pontaポイント
SMBC日興証券（フロッギー）	dポイント
SBI証券／SBIネオモバイル証券	Tポイント
楽天証券	楽天ポイント

なっている。特に，レガシーシステムに関わる運用・保守コストの増大や，開発生産性の課題は大きい。これまでの開発方法論をウォーターフォールからアジャイルに切り替えたり，インフラをオンプレからクラウドに変える等，各証券会社動いているものの，勘定系に強い依存のある業務領域については，勘定系側のウォーターフォールに合わせる必要があったり，クラウド化についても，必ずしもコスト効果が出ていないことも見受けられる。

(b) 従業員のコンダクトリスク

　証券会社の不祥事は，2019年も大手による情報の漏えい事案が発生するなど尽きることがない。証券会社はコードオブコンダクト（行動規範）を策定・刷新したり，トレーニングの数や頻度を増やしたり，人事評価にコンプライアンス関連の視点を入れるなど対応をしているものの，営業成績重視の企業文化等，事業そのもののあり方といったより本質的な問題としても捉えられる。

　また，コロナを発端に利用が拡大した在宅勤務では，トレーディングフロア従業員の（携帯）電話の通話の録音・監視，従業員のメールやチャットの監視といったことはすでに行われているものの，個人の行動レベルの監視はより困難になり，個人の携帯や個人メールの利用の制限や，会社の画面の写真撮影を監視・防止することは難しい。無論，社内でも100％防ぐことはできないが，在宅勤務によりそのリスクは高まる。そういった意味においては，在宅勤務のコンプライアンスは個々の従業員のコンダクトにより依存している状況にある。

（2）未来の姿

　日本の証券業のビジネスモデル，現在の市場や顧客のトレンドやテクノロジーによる新たなビジネスの構築の可能性を踏まえると，日本の証券会社が2030年に目指す姿は大きく2つある（**図表1-3-11参照**）。

①　ホールセールドリブン・プライベートバンク化

　1つは，北米や欧州からの日本へのインバウンドの資金フローにも，日本から海外へのアウトバウンド資金フローにも強い，グローバルホールセール事業（投資銀行業務と市場業務）を強みとしたホールセール型証券会社である。証券市場や資金調達など，日本の証券会社が関わるトランザクションはさらにグローバル化される中で，戦略，業務プロセス，組織，システムともにグローバルなオペレーティングモデルをデザイン・構築し，顧客の資金調達からトレーディングまでグローバルに対応できる証券会社を目指す。この場合に競合他社として強く意識する必要があるのは，国内の証券会社でなく，外資系証券会社になる。個人ビジネスについては，薄利多売のマスリテールは追わず，ホールセールビジネスで接点のある事業主や超富裕層に対して，事業継承，相続やグローバルな金融商品・サービスを含めたプライベートバンキングを提供する。

②　オープンバンキング化

　もう1つは，前の銀行業の節で述べたオープンバンキングのコンセプトに基づいた銀行・異業種との連携を強みとした，リテール中心のビジネスモデルを目指す。リテール証券事業については，「貯蓄から投資へ」が進まないわが国の実態を踏まえると，顧客の預金やお金の使い方を把握する立場にいる銀行業，クレジットカード業や小売業との連携が成功のカギを握る。マス層について，金融商品・サービスはコモディティ化・取引手数料は無料化され，圧倒的な利便性，デジタルツールの活用とコストリーダーシップが最重要となる。顧客を常に満足させるだけのテクノロジーを駆使したサービスへの投資を継続的に実施できる証券会社だけが生き残る。また富裕層については，証券会社の営業員やIFAによるアドバイザリービジネスを提供する。

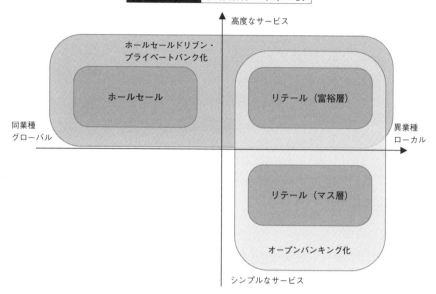

図表1-3-11　証券業界の未来の姿

⒜　オープンアーキテクチャ化・エコシステム化

　未来のリテール証券業のサクセスファクターは，いかに他の金融ビジネスや異業種との提携を前提に，新たな価値をそのビジネスモデルの中で顧客に提供できるかにある。現在でも，すでにグループ企業を巻き込んだグループ全体としての顧客への価値の提供の仕組み，いわゆる「エコシステム」を強みにした証券会社が数社存在するが，そういった考え方やビジネスモデルが主流になっていくだろう。証券投資の際のグループ銀行の銀行口座との資金のスイープ機能や，証券口座開設時のグループ銀行の預金に対する優遇金利，また証券口座開設や取引における各種小売業のポイントの付与等，提携をしている他の金融ビジネスや異業種の商品・サービスを経由した顧客への付加価値や利便性が提供される。

⒝　顧客チャネルの変貌

　未来のリテール証券業の姿としては，AIやロボアドバイザーが顧客との接点として大きな役割を持つ。現在のような，いくつかのプリセットされている

モデルポートフォリオを前提に汎用的なアドバイスを行うロボアドバイザーではなく，各個人の趣向に応じてパーソナライズされた投資アドバイスやリサーチが提供できるようになる。また，前述のオープンアーキテクチャにより，アナリティクスやAIの分析対象はこれまでの証券口座や取引情報だけでなく，オープン化でつながったその他の金融サービスや異業種における顧客の行動や購買情報にも及ぶだろう。そこから個人に対して適切な金融商品のアドバイスをするといった，パーソナライズされたアドバイスが提供される（**図表1-3-12参照**）。

（3）今後取り組むべきこと

今後取り組むべきことは，その目指す未来の姿によって異なる部分があるため，異なる部分は「ホールセールドリブン・プライベートバンク化」，「オープンバンキング化」でそれぞれ説明し，また最後に「共通の取組み」も説明する。

① ホールセールドリブン・プライベートバンク化
ⓐ グローバル人材とガバナンスの強化

まずはグローバル組織の運営に付随するグローバルガバナンス，グローバルに戦略，業務プロセス，組織，システム等を俯瞰でき，かつ異文化リソースも含めて組織をリードできる人材の育成や獲得を急ぐ必要がある。また，人事や評価制度のグローバル統一や人材のモビリティといったグローバル企業としてのプラクティスの整備も必要になるだろう。レポーティングラインについても，海外現地法人の役員が日本の本社にレポートするというだけでなく，海外の各業務組織の長やスタッフが，日本の本社の各組織の長にレポートするような仕組み，それも「ご報告」という形式的なことだけでなく，評価や処遇も本社が管理できるような仕組みを構築する必要がある。これは，一般的には外資系証券会社では実施していることである。80年代以前と異なり，日本の資本市場のプレーヤーが日本の投資家や金融機関に限られていた金融鎖国時代は終わっている。外資にも開放された日本の資本市場で外資系証券会社と戦っていくには，グローバルに展開される組織の管理やそれを支えるガバナンスや人材の強化は

図表1-3-12　金融・資産運用機能の考え方

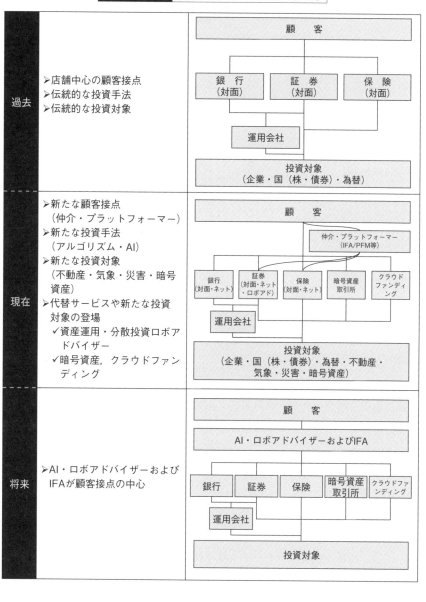

図表 1-3-13 証券業界が今後取り組むべきこと

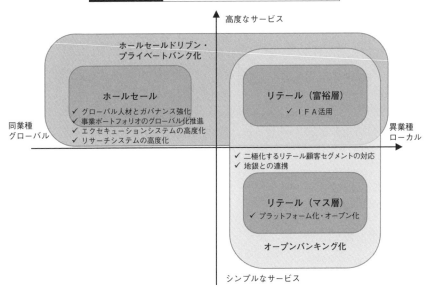

最重要課題である。また，日本の証券会社の取締役や執行委員，部長レベルに
外国人が入ることも当たり前になる。

(b) 事業ポートフォリオのグローバル化推進

　証券市場や顧客の投資・資金調達ニーズのグローバル化に対応し，証券会社
は今まで以上に事業のグローバル化を進めていく必要がある。欧米の海外機関
投資家によるインバウンドのフローを取り込むという意味では欧米の拠点，ま
た日本からのアウトバウンドのフローを取り込むという意味ではアジアの拠点
は，証券会社の生業として必須になる。インバウンドについては，日本の産業
や企業に対するカバレッジ，リサーチ力そして情報発信力が重要だ。アウトバ
ウンドについては，海外現地の経済，産業，企業の状況，企業の資金調達の
ニーズ等，海外の投資機会をタイムリーに把握できる仕組みが重要になる。こ
のあたりの仕組みは，現地国の企業とのM&A，JVや提携もあるだろう。
　また，市場部門については，各国独自のシステムではなく，グローバルでプ
ラットフォームを統一し，グローバルポートフォリオに対するトレーディング

やリスク管理能力を高める必要があるだろうし，そのオペレーションも"Follow the Sun"モデルになるだろう。

(c)　エクセキューションシステムの高度化

　2020年10月1日に，東京証券取引所がシステム障害により終日売買を停止するという前代未聞の事件が発生した。これを機に，私設取引所（Proprietary trading system（PTS））の役割やその利用を推奨するディスカッションが始まっている。現在日本で利用できるPTSは，SBIジャパンネクスト証券の運営するジャパンネクストPTSと欧州PTS最大手のチャイエックス・ジャパンが運営するチャイエックスPTSの2つだけであるが，今後の法整備の状況にもよるが，海外のようにPTSが日本でも存在感を増す可能性は高い。また，ダークプール等の証券会社内でのクロッシングも多様化するだろう。SOR（スマートオーダールーティング）のように複数市場を監視しながら最良な価格で取引を執行できる仕組みや，各種マーケット間や現物・デリバティブとのアービトラージ等，テクノロジーによるリアルタイムの市場価格の計算による取引執行判断の仕組み，またインターネットやSNSの情報をクローリングすることによる情報の先取りによる株価へのインパクトの推測の仕組み等，トレーディングビジネスの競争優位性の源泉となる。そのためには，既存のアルゴリズム取引や高速取引といったコンピューターによるエクセキューションシステムの継続的な改良や高度化は必須である。

(d)　リサーチシステムの高度化

　上記のリスク管理能力やエクセキューション能力に加えて，証券会社の顧客が証券会社から求めるものは，質の高い情報である。2030年に向けては，その質とともにリサーチのデリバリーの形態も大きく変わる。すでに外資系証券会社では行われているが，これまで紙やPDFで見ていたリサーチは，スマホアプリになり，読まなくても理解のしやすい画像や音声が使われるものが必要だ。また，投資家が興味を持つであろうリサーチテーマ，金融商品・サービス等については，その取引パターンやスマホアプリの閲覧や活動履歴からAIが分析して，適切な相場タイミングで投資家に情報が届けられるような仕組みも必要

である。

　また，フィンテックをはじめとした新たな新興企業が次々と現れる今日，これまでの大手企業を中心としたリサーチカバレッジではなく，これから大きく成長すると考えられる新興企業のカバーも重要になる。それも，これまでの人海戦術をベースにしたものでなく，膨大な企業データを，有料の企業情報や各社のホームページからテクノロジーで収集・分析し，資金需要の有無や企業のマッチング等の候補をテクノロジーが示すだろう。

②　オープンバンキング化

ⓐ　二極化するリテール顧客セグメントの対応

　これまでのように全面包囲的な戦略ではなく，各顧客セグメントごとに，その収益力を前提として優先度や潜在顧客に対するアプローチ，オンボーディング戦略，商品・サービス戦略を組み立てることが重要である。その区分は大きく富裕層とマス層の２つに分かれる。人的リソースの豊富な大手の証券会社は，まずは高度な金融ソリューションを必要としており，かつ人的アプローチが有効で，付加価値に対して対価を払う事業主，富裕層に経営資源は集中する。ネット証券もIFAとの連携により，富裕層にリーチするための仕組みにフォーカスする。

　一方，マス層については，すでに個人投資家の８割の株取引はネット証券に流れている事実や委託手数料の無料化の進行を踏まえると，オンラインのコスト効率性のよいシステムにより，価格競争力をベースにマーケットシェアを取ることが求められる。それには，より斬新で効率的なネット証券事業基盤の整備やネット証券事業のM&A等を検討する。

ⓑ　プラットフォーム化・オープン化

　まず集客力の観点では，新たな新規顧客の流入の仕組みの構築は必須だ。それは，より大きな顧客基盤を持った事業体との提携やアライアンスが中心になるだろう。従来のように証券事業だけでビジネスモデルを考えるのではなく，オープンで接続するという思想で，積極的に異業種との連携が進むと考える。システムでは，APIといった外部との情報連携に向けた仕組みの整備が急務で

ある。

　また，今後個人投資家の金融投資を取り込む手段としては，証券口座の情報だけでなく，その個人の持つその他の金融サービス，銀行口座やクレジットカードに関わる活動情報から，その個人に対して適切な金融商品のアドバイスをするといったパーソナライズされたアドバイスがキーとなると考える。特に日本の個人の場合，家計における預金の比率が依然として５割を超え高い水準にあるので，「貯蓄から投資へ」を推進するには，投資以外の金融活動，その個人が持つ銀行口座やクレジットカード，スマホ等の非金融の活動から，的確な投資アドバイスを導き出すのが正攻法と考える。そのためには，証券会社は，よりオープンプラットフォーム的な発想を軸に，他の金融業態や他業種との連携を急速に進める必要がある。

(c)　IFAなど人による投資アドバイスや投資教育

　マスリテール領域のオープンアーキテクチャ化・エコシステム化や，デジタルアドバイスの加速が進む中，事業主や富裕層に対するより複雑な金融ソリューションや投資アドバイス，また若年資産形成層に対する投資啓蒙の役割に関わる人間の価値は高まる。すでにいくつかのネット証券が取り組んでいる，IFA（Independent Financial Advisor）との提携による富裕層事業や相続事業がその一端だ。マスリテール向けのサービスのコモディティ化，委託手数料の無料化が進む中，より大きなライフプランニング，それを実現させるための国際分散投資，節税，相続等のアドバイスは，事業主や富裕層にとってその価値は依然重要であり，金融機関としての収益源としての位置づけは一層上がる。

　また，「貯蓄から投資へ」が進まないわが国としては，投資教育も大きなカギとなる。その部分については，IFAを中心とした投資アドバイスを行える専門家が大きな役割を持つ。現在の大手証券会社の「本社＋営業店（営業員）」のビジネスモデルが厳しくなっている中で，ネット証券の「本社＋IFA」というビジネスモデルが急速に拡大しているのは，その始まりと捉えられる。

(d)　地方銀行との連携

　証券会社と地銀の連携は３つの側面で強化が必要だ。１つ目が地方での個人

向けの投資商品の販売，2つ目が地銀の有価証券の運用支援，3つ目が，地方再生に関わる事業支援である。

　個人向け投資証券の販売については，現在地方銀行との共同店舗等の事例が見られるが，資産形成の余剰資金は首都圏に集中している現実，地方における資産運用ニーズの限られた規模を踏まえると，物理的店舗の拡大は限定的で，最終的にはネットとコールセンターを中心にしたビジネスモデルを組み立てる。

　地銀の有価証券の運用については地銀にそのノウハウを求めることは難しく，それを事業の生業としている証券会社が全面的に受託する形になるだろう。個々の地銀が個々の証券会社に委託する形式ではなく，地銀グループもしくは証券グループごとに共同運用会社を設立する等，何らかのグループ単位での運用になる。

　地方再生については，投資銀行部門のノウハウを生かして地方の企業に対する幅広いコンサルティング，また証券会社が自ら投資を行うことにより地方の産業成長のサポートをするケースは増加する。

③　共通の取組み

　「ホールセールドリブン・プライベートバンク化」，「オープンバンキング化」どちらにおいても以下の取組みは重要となる。

ⓐ　合理的な業務・基幹システム

　金融サービスは商品・サービスの模倣がされやすく，顧客への価格競争はやむことはない。継続的な投資・改善による合理的な業務・システムによる価格競争力のあるサービスの提供が重要になる。旧態依然の業務プロセスにこだわらず，口座開設，取引プロセス，各種モニタリング等から人の介在を可能な限り排除することが必要だ。例えば個人の証券口座の開設は，もはやスマホでの即時開設が当たり前になるだろう。法人取引においては，取引受注，取引執行，照合から決済までSTP化され，人の介在はほとんどなくならなければならない。

　システムの観点からも，よりコスト競争力を持たせるために，証券業の勘定系も含めた多くの業務アプリケーションはクラウド化を進め，各証券会社がより効率的に共同利用できる形を模索する。また業務アプリケーションについて

は，これまでの各業務モジュールが密結合であったアーキテクチャーから，各業務モジュールを疎結合・マイクロサービス化し，開発に対する柔軟性やスピード，保守性の向上を目指す必要がある。

⒝　コンプライアンス

　インサイダーや情報漏洩，不公正取引の防止のため，トレーディングフロアの従業員の通話の録音・監視，従業員のメールやチャットの監視といったことは，証券会社ではすでに一般的に行われているものの，昨今の在宅勤務の傾向を踏まえて，どこまで従業員の活動のモニタリングをするかは各社で検討する必要がある。例えば，従業員の画面操作を監視することは技術的には可能であり，また自宅のPCにカメラを付けて従業員の行動を監視するということも技術的には可能だ。どこまで性悪説に基づいた在宅勤務の監視を行うかは，プライバシーの観点も踏まえ検討すべきである。

⒞　システム開発のスピードや生産性の取組み

　依然として証券会社のテクノロジーの大きな課題は，レガシーシステムに関わる開発スピード，生産性およびその保守の負担だ。ある統計によれば大企業のソフトウェアコストの半分以上は自社アプリケーションの運用保守である。また，そもそも現在，システム開発者は市場に枯渇しており，開発者を雇うことも難しい。

　そのような中，ノーコード・ローコードプラットフォームが海外の証券会社で広がりつつある。旧来のプログラマーによるコーディングでのビジネスロジックの実装でなく，ビジネスアナリストにより，ワークフローツールのようなインターフェース上でドラッグアンドドロップでビジネスフローやプロセスを描き，エクセルのようなテーブルの操作で計算ロジック等を定義，実装できるものである。もちろん，API等のプロトコルを通じた既存システムとのデータ連携は可能である。

　証券会社においては，法人の口座開設や取引照合等の領域で，こういった技術が使われ始めており，開発生産性を上げる仕組みとして検討すべきである。

⒟ データガバナンスの強化

　アナリティクス，AIといったテクノロジーを活用するには，データの整備が不可欠であるが，それは日本の証券会社にとっても喫緊の課題だ。そもそも多くの場合，ホールセール，リテールの基幹系システムが2系統存在したり，各組織固有のサイロなシステム構築による部分最適化されたシステム，顧客・商品マスタ，いわゆるリファレンスデータも統一できていないところも多い。金融ビジネスが今後よりデータドリブンにシフトしていく中，データアーキテクチャの整備が今後のビジネスの行方を左右する大きなポイントになる。一部の証券会社に見られるCDO（Chief Data Officer）といった役職や，データ企画，データ戦略といったような部署の設置はその一例と考えるが，今後はそのガバナンスや計画に基づいたトランスフォーメーションのタイムリーな実行が鍵となる。

第4節　ペイメント業界の状況と今後のシナリオ

　政府は「キャッシュレス化」を金融デジタル政策の1丁目1番地に位置づけ，ユーザーに向けたポイント還元施策の実施や加盟店に向けた「キャッシュレス決済事業者の中小店舗向け開示ガイドライン」の策定等を強力に推進している。

　また，スマートフォンの普及をきっかけに電子マネーやQRコード決済といったさまざまな決済手段の登場と，各事業者による大規模なキャンペーンの効果も相まって，2019年のキャッシュレス比率は26.8％と，2016年の20％より6.8ポイント上昇しており，政府が定める2025年40％の目標値に対し順調に推移しているといえる。

　しかし，キャッシュレス化が急速に進む一方で，これまでの手数料競争による収益率の悪化，新たな決済プレーヤーの参入等の影響により決済事業者の経営環境は概して厳しい状況にあるといえ，構造赤字となりつつある既存のビジネスモデルの転換が求められている。

　従来の金融機関だけでなく，さまざまなプレーヤーがそれぞれに狙いをもって決済事業に取り組む中で，どのように差別化を図り生き残っていくべきなのか，決済を取り巻く環境変化と今後の展望について考察する。

(1) 市場動向

　国内のペイメントの潮流を捉えるにあたっては，政府主導で官民が一体感を持って推進しているキャッシュレス化の全体像を踏まえ，各事業者の動向，狙いについて把握していきたい。

①　顧客動向

　日本のキャッシュレス化は諸外国に比べて後れをとっているが，その原因として，現金信仰が根強いことが長年挙げられてきた。具体的には，①高齢者の人口が多く，保有する資産も多く，消費の中核を担っているが，その層が現金決済を好む傾向があること，②銀行のATM網が全国津々浦々に普及しており，

誰もが容易に現金を引き出すことができること，③間接費（決済ネットワーク，ブランド手数料）やPOS端末の費用が高く，店舗のキャッシュレス導入に伴う金銭的負担が大きいこと，が長年の大きな課題となってきた。

　しかし，近年のあらゆるサービスのデジタル化や新たな生活様式の普及といった大きな変化は，キャッシュレス化を大きく推し進める要因となっており，今後もその傾向は継続していくことは間違いない。動向を大きく捉えると次の4点である。

⒜ （政治）2025年キャッシュレス比率40%

　経済産業省「キャッシュレス・ビジョン」において，2025年時点での国内消費におけるキャッシュレス比率の目標を40％と掲げて取り組むことを宣言しており，銀行間送金の手数料等の既得権を疑問視する一方で，新たな事業展開を後押ししている（具体的な政府の取組みは後述）。

⒝ （経済）キャッシュレスの経済効果10兆円

　みずほフィナンシャルグループの試算（2018年6月）によると，ATMや現金管理等のコスト削減が4兆円，新たなイノベーション／観光客等の売上増加が6兆円といった経済効果が見込まれる。また，COVID-19に伴う影響で，足元の資金調達ニーズが量・質（デジタル）ともに増加していくことも想定される。

⒞ （社会）若者層（20代）のスマホ利用率9割以上

　スマートフォン世代が労働人口に占める割合が高くなり，キャッシュレスを後押ししている。また，企業も働き方改革やDX（デジタルトランスフォーメーション）に取り組む必要性を求められており，副次的にキャッシュレスサービスの利用を引き上げる要因になっていく。

⒟ （技術）ブロックチェーン潜在市場規模67兆円

　経済産業省の「ブロックチェーン技術を利用したサービスに関する国内外動向調査（2016年）」によると，キャッシュレスとの親和性が高いブロックチェーンが与える国内市場規模は67兆円と試算されており，安価でセキュアな情報基盤が今後普及し，既存・新規の決済事業者が順次活用を検討していくことが予想される。また。生体認証やIoT（センサー技術等），AIの発展に伴い，データ収集・分析の技術が高度化されていき，いかにしてデータを活用していくか

が，ペイメント事業者の主戦場になっていくことに疑いはない。

②　政府の動向

　政府はキャッシュレス化に向けた政策を積極推進しており，産学民が一体となって取り組んでいる。

　「日本再興戦略（改訂2014年）」にて，2020年（後にCOVID-19により2021年に延期）のオリンピック・パラリンピックに向けた決済の利便性・効率性の向上を目指すことを宣言したことを皮切りに，「キャッシュレス・ビジョン（2018年4月）」ではその方向性として，次の2点を掲げている。

> ⅰ．実店舗におけるキャッシュレス支払いのボトルネック解消：
>   　現状のコスト負担がキャッシュレス導入の足枷（決済手数料，インフラ（端末，設置スペース，回線）等の負担大）。
> ⅱ．消費者に対する利便性向上と試す機会の拡大：
>   　現状のキャッシュレス非対応の存在や支払いにまつわる各種不安が利用を阻害。

　また，未来投資戦略（2017〜2019年，成長戦略フォローアップ（2020年6月））では，2025年6月までにキャッシュレス決済比率を倍増し，4割程度まで引き上げることを目指すことが掲げられた。具体的には，ITの進展による「新規事業者の参入」や「金融機能を個別に提供する（Banking-as-a-Service）の動き」が拡大すること，「取引データの利活用やブロックチェーン等の先進技術の実装が新たな付加価値の源泉になること」も述べられている。

　さらには，経産省は，その推進母体として，2018年7月には「キャッシュレス推進協議会」を発足し，QR決済の普及への対応（標準化への取組み）や消費者・事業者向けのキャッシュレス啓発等の活動を行っている。

　2020年6月の経済産業省キャッシュレス推進室の発表によると，2019年のキャッシュレス決済比率は26.8％（直近10年間で13.5ポイント上昇）となっており，ペイメント市場の顕著な成長を示すと同時に，その傾向は当面継続していくものとみられる。

　なお，日本のキャッシュレス決済比率を議論する際に比較対象となる諸外国では，韓国の97.7％を筆頭に，中国（70.2％（参考値）），カナダ（62.1％），オーストラリア（59.9％），イギリス（56.1％），シンガポール（53.3％），スウェーデン（47.4％），アメリカ（45.5％）と，単純に数値だけをみると，日本は倍以上の差をつけられているようにみえる。だが，前述のとおり，ATM設置数の多さ（10万台以上），口座保有率の高さ（成人のほぼ100％が保有），諸外国と比較して偽札が少ないこと（現金支払いが安全）等の日本固有の事情があることを前提に評価すべきである（各国の比率は世界銀行のレポート（「Household final consumption expenditure（2017年（2019/12/19版））」および「Statistics on payment, clearing and settlement systems in the CPM countries-Figures for 2017」の非現金手段による年間支払金額）から算出。中国比率に関しては，Euromonitor international のデータに基づき参考値として記載）。

③　QR決済事業者の動向

　これまでの決済サービスの認証は，クレジットカードに代表される「プラスチックカードの磁気ストライプ・IC」とSuica, nanaco, WAON, 楽天Edy, iD, QuickPay等の電子マネーに使われる「非接触IC」が主流であり，対応する加盟店端末の導入コストが高いことが導入の足枷になっていた。しかし，近年急激に拡大した「QRコード」により，決済は比較的安価に加盟店が導入することが可能となり，それをきっかけにPayPay, 楽天Pay, LINE Pay, d払い, au Payなどの新たなQR決済サービスが立て続けに市場に登場している。

　これらのQR決済事業者に共通するのは，「すでに成熟したコア事業と顧客基盤を保有していること」と「決済サービスを自前化し，独自で加盟店開拓を担っていること」が挙げられる。

　また，各事業者のQR決済サービス参入の狙いにも共通点があることが推察される。

i．自社サービスの強化・拡充

　従来，キャッシュレスと親和性が高いのは高額決済とされてきたが，QR決済事業者は日常生活のメイン決済アプリとして利用される立ち位置をとり，顧客接点を最大化し，消費者の生活に深く浸透したサービスの提供を目指している。

ii．データ収集によるマーケティング活用

　高頻度かつ自社以外を含めた決済データを収集し，自社サービスへの囲い込みに向けた，優れた顧客エクスペリエンスにつなげようとしている（自社のエコシステムの強化）。

iii．決済サービス自前化によるコスト削減

　既存の決済事業者やネットワーク，国際ブランドを極力介さない仕組みとすることで，自社の決済手数料と加盟店側のコストを抑制，また同時に，自由度の高い決済サービスを展開することを可能としている。

　これらの共通項を踏まえ，主なQR決済事業者の動向・参入の狙いを確認していきたい。

⒜　PayPay

　Zホールディングスグループで掲げる，100以上の自社サービスを具体的な利用シーンをもって結び付けて利用を促す「シナリオ金融」の構想に基づき，銀行，証券，保険等の金融サービスよりも安易に利用されやすい決済サービス「PayPay」の拡充に集中投資を行い，利用者を急激に拡大してきた。2020年秋以降は，各金融サービス（クレジットカード，銀行，証券，保険，FX・外国為替・資産運用）の社名を，幅広く知名度を得た「PayPayブランド」に変更し，ユーザーへのわかりやすさを演出しながら，サービス間の相乗効果の最大化を狙っている。

(b) 楽天Pay

長年の課題であった実店舗での加盟店拡大にさらに注力している。70種類以上の事業で構成される楽天経済圏において，日常決済をカバーするサービスとして位置づけられている。サービスアプリには，楽天Edyや楽天ポイントが統合されており，各々の決済関連サービスの利用を1つのアプリで完結することを可能とし，ユーザーエクスペリエンスを高めている。

楽天経済圏への囲い込みに不可欠な楽天ポイントでの支払いにも対応しており，他の各事業との親和性のあるサービス設計となっている。

(c) LINE Pay

SNSサービスは，金融サービスとの親和性の低さからメイン決済サービスになりにくい側面があったが，他のQR決済サービスの隆盛や国内最大のSNSユーザー数（8,400万人，2020年3月時点）を武器とし，割り勘機能や送金機能も徐々に幅広く浸透し始めており，若年層を中心に利用者を拡大している。収益性の高いサービス（LINEポケットマネー（融資）等）にいかにして誘導できるかが，金融サービスの勝ち筋と捉えているとみられる。

(d) d払い，au PAY

自社キャリアユーザーの囲い込み（他キャリアへのユーザー流出防止）に加え，携帯事業以外のドメイン拡大に向けた取組みとして位置づけている。両社とも共通ポイント（dポイント，Pontaポイント）の基本機能（使う・貯める）と紐づいたサービスとなっており，ポイントと連携した利用動機の創出や携帯代金との合算払い等により差別化を図っている。また，キャリアの強みである位置情報や5Gを活用して消費者への価値提供につなげられるかどうかも，今後の重要論点となってくる。

(e) メルペイ

他のQR決済事業者とは異なり，加盟店獲得は限定的に行い，既存の決済サービス（iD，Mastercard）を活用して効率よく利用加盟店を確保している。母体である「メルカリ」の取引や購買データといった利用実績をもとに独自の

新たな信用モデルを構築し，「メルペイスマート払い（2019年12月リリース）」等の利用を増やしていくことは収益に直結するため，このサービスを消費者にどのように浸透させていくかが，今後の金融事業拡大のポイントになる。

（2）決済業界におけるビジネスモデルの課題

　決済業界のビジネスモデルにおける課題としては，多重構造によるコスト構造がその1つといえる。例えば，QRや非接触決済のウォレットサービスにクレジットカードを紐づけている場合，会員と加盟店の間にはウォレット事業者，クレジットカード会社（イシュア），ネットワーク事業者（CAFIS，国際ブランド等），クレジットカード会社（アクワイアラ），決済代行事業者といった5つのレイヤーが異なる事業者が存在しており，限りある加盟店手数料を分け合う構図となっている。

　また，加盟店への入金に際しても必ず銀行を介した振込みが必要な状況となっており，固定的な銀行間手数料による振込手数料が高止まりしている。顧客の消費行動が「所有」から「利用」へと変化し決済が少額高頻度となる中で，決済事業者の収益圧迫，ひいては新規決済事業者の参入障壁となっている。2020年4月，公正取引委員会により初めてこのような構造に関する問題提起がなされたものの強制力はないことから，低コストで利便性の高い決済を実現するための抜本的な解決に向けては，伝統的金融システムや規制にメスを入れ，決済業界の共通課題として取り組むことが必要である（図表1-4-1参照）。

　一方で，解決策として以下の2案の検討が進められており，各決済事業者は今後の動向を注視しながら対応を検討していく必要がある。

①　全銀システムへの決済事業者の直接接続

　現在決済事業者については，全銀システムへの接続における加盟資格がない状態であり，必ず銀行を中継する必要があり，コストを下げにくい原因の1つとなっている。全銀システムへの直接接続を可能とすることでコストの低下が可能となる。なお，英国や豪州においては，決済事業者が直接接続可能な少額送金インフラが整備されており，日本でも日銀を中心に同様の議論が進められ

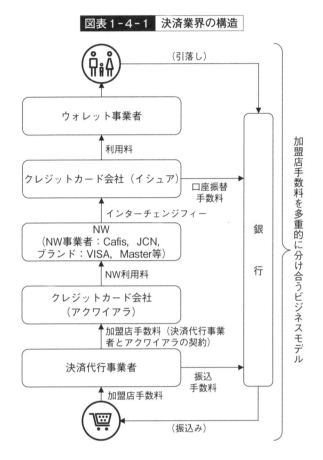

図表1-4-1　決済業界の構造

ている（**図表1-4-2**参照）。

② 中央銀行デジタルマネー（リテール）の発行

　デジタルマネーを発行し，ウォレット間でのデータ授受等によって価値を移転することで，銀行による中継を不要とするとともに，決済システムの簡素化による決済コストの低減を実現する（**図表1-4-3**参照）。

図表１-４-２　NPPシステムの概要

NPPシステム概要
目的
✓　銀行間資金決済リアル
✓　24時間365日利用可能
✓　簡易な決済手段の提供
構成
✓　目的別にノードを分けて構成 　・銀行接続・集約／スイッチング 　　→NPP 　・決済情報の高速処理 　　（50ms/件）→FSS ✓　銀行－NPP－FSS間はSWIFT 　NWを利用
特徴
✓　PayID
✓　オーバーレイサービス

運用開始後の状況について

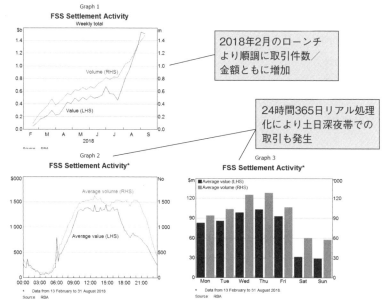

2018年2月のローンチより順調に取引件数／金額ともに増加

24時間365日リアル処理化により土日深夜帯での取引も発生

図表1-4-3 デジタル通貨のメリット

Facebook Libraや中央銀行デジタルマネーなど，便利でシームレスな決済

――――――――― 一般的なキャッシュレス決済 ―――――――――

■決済手数料・支払いサイトの長期化による加盟店負荷
■日本の決済サービスの海外利用が不可（クレジットのみ）
■Suica，PayPay，Line Payなど決済事業者が乱立／分断

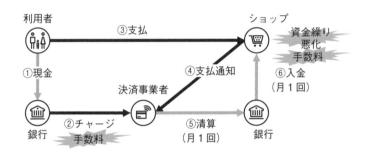

――――――――― デジタル通貨決済 ―――――――――

■支払い→口座着金まで即時的かつ低コストで実現
■海外利用も可能
■Facebookや国・地域等，特定の経済圏で転々流通

（3）競争環境の変化を捉えた今後の戦い方

① 新たな競争環境における競争軸

　このような環境下，これまで「コストリーダーシップ戦略」や「ブランド力」により成り立っていた既存事業者においては，サービス・コストのコモ

ディティ化やより顧客に近い事業者の参入による競争の激化により，従来どおりのやり方による「利益確保や差別化の手法」が通用しなくなっている。そのような新たな競争環境における競争軸とは何であろうか。金融エコシステムの勢力図に影響を与える注目すべき8つの変革要因については第1節にて説明済みであるが，その中でも特に以下2つの要因が解ではないかと考えている。「Experience Ownership」と「Platform Rising」である。

　デジタル化の進展により，消費者は限られたプラットフォームとしか接点を持たなくなるといわれており，2020年以降にはその数が平均2～3プラットフォームといわれている。例えば，普段からモノやサービスを買うときにAmazonや楽天を利用している場合，両社が利便性の高い決済や送金サービスを提供してくれるならば，その両社のサービスを活用しない理由はない。楽天カードが日本のクレジットカード会社の中で取扱高1位となった理由も，ここにあるといえる。プラットフォームの台頭により，あらゆるモノ・サービスをあらゆるチャネルで販売する世界観で勝ち残るには，いかに「マインドシェア」を占められるかが勝負となる。だからこそ，顧客情報・顧客基盤の奪い合いを超えて「顧客体験（エクスピリエンス）」の覇権を争う「Experience Ownership」時代が来ると予見しており，あらゆる企業サービスをつなぎ，カスタマーエクスペリエンスを高められるかが勝負となる（**図表1-4-4**参照）。

　当然，その戦いでは，いわゆるプラットフォーマー／デジタルネイティブのプレーヤーたちが有利であり，顧客の要望が多様化し多くのサービスに容易にアクセス可能なプラットフォームを求める声が高まる中，企業は自社のチャネルではなく，ワンストップ・プラットフォーム上での自社の商品の差別化による競争を強いられる。これが「Platform Rising」であり，既存の決済事業者が今のまま，例えばカード会社がカード会社としてカードのみを売る…という戦い方では通用しなくなってくるような競争を想定しつつある（**図表1-4-5**参照）。

　これを端的に表しているのが，第2節にて解説済みのオープンバンキング（企業間がつながることで，銀行のサービスを銀行以外の企業のチャネルから受けることができ，銀行のチャネルから銀行以外の企業のサービスが受けられる世界）という攻め筋であり，決済においても同様のことがいえる。そして最

図表１-４-４　Experience Ownership

顧客情報・顧客基盤の奪い合いを超えて「顧客体験（エクスペリエンス）」の覇権を争う時代へ

原因	■従来の自社で開発した商品を自社のみで販売するスタイルが崩れていく ■他社のチャネルでも販売されることにより，**販売チャネルが多様化する**

結果	■チャネル増加により，**使いやすさ等のカスタマーエクスペリエンスが重視される** ■カスタマーエクスペリエンスを制する者がマーケットを支配し，パワーバランスがシフト

示唆	■**カスタマーエクスペリエンスを制する者がチャネルを制する** ■一方，チャネルを制せない場合は，**商品力を高めることに特化する**

典型例

製品キュレーション
例：AppleのApp Storeでは，一連の基準を満たすほとんどすべてのアプリが承認されているが，１日当たり1,600を超えるアプリが公開されているため，フロントページを厳重に管理して見やすくしている。

データコントロール
例：マスターカードは小売業者を対象に，同等クラスの小売業者から収集されたデータから得られたベンチマークと推奨事項を提供するアドバイザリーサービスを展開している。

も象徴的にそこでの戦い方を表現しているのが，こちらも第２節にて解説したDBS銀行による"Making banking invisible"（生活の中に入り込んで銀行を見えない存在にする）という戦略である。金融機関は黒子・裏方となり，顧客の"食べる"，"買う"といった生活行為の裏側で，サービスをシームレスに使ってもらう中で収益を得ていくようなビジネスである。このようなサービスにおいては，既存の加盟店手数料による利用金額ベースの収益だけではなく，トランザクションベースの利鞘，APIコール数ベースの課金，サブスクリプション

図表1-4-5 | Platform Rising

多様な金融機関と連携可能なプラットフォームが支配的なチャネルに…

原因	■モバイル端末やインターネットの普及により，大量の情報・サービスが流通する時代に ■顧客の要望が多様化し，多くのサービスに容易にアクセス可能なプラットフォームを求める声が高まる

結果	■金融機関は多様化する顧客要望に応えるため，サービスをワンストップ・プラットフォームに集約して提供する ■物理的な制約のないデジタル・プラットフォームが増加していく

示唆	■企業は自社のチャネルではなく，ワンストップ・プラットフォーム上での自社の商品の差別化による競争を強いられる ■顧客にとってベストな商品を提供する企業がプラットフォームに残っていく

典型例

B2C製品流通プラットフォーム

例：TencentのWeBankのプラットフォームは，店舗機能を果たし，リテール顧客は複数のクレジットマネジメント，アセットマネジメントサービスの競合会社から，商品を購入することが可能である。

セグメント対応プラットフォーム

例：Tradeshiftは，出荷とインボイス処理のグローバルなプラットフォームで，HSBC等のサードパーティーが何十万ものビジネスに対して金融プロダクト（例，貿易金融）を提供するのを可能にしている。

セグメント対応プラットフォーム

例：ドイツの新規参入者の銀行N26は，プラットフォームになることに注力している。同行は，コアサービスを提供するが，フルの銀行エクスペリエンスを提供するために，その他のフィンテック企業と提携している。

型の定額制などビジネスモデルに照らし合わせた柔軟なプライシングが可能となり，新たな収益源となりうると考えられる。

　決済における究極のカスタマーエクスペリエンスは"意識しなくても自然に

決済ができている"状態になること。まさに"Making payments invisible"であると考えており，それは"情報を上手くつないで，価値に変える"力，いわば，情報活用力（＝デジタルテクノロジーを駆使して，価値を創出する力）が問われる時代といえるだろう。

② 新たな競争軸を踏まえた今後の攻め筋の考え方

それでは，新たな競争軸を踏まえてどのように今後の攻め筋を考えていけばよいだろうか。金融機関におけるデジタル化の先駆者として先進的な取組みにいくつも挑戦しているスペインのビルバオ・ビスカヤ・アルヘンタリア銀行（以降，BBVA）のCEOはそのホームページで，「BBVAは将来的にはsoftware companyとなり，デジタルの世界を競争領域としていく」との象徴的なメッセージを出している。BBVAは2006年より，他社に先駆けてデジタルプラットフォームの構築に向けた積極的な投資を開始し，フィンテックの隆盛と合わせて2014年以降は一層の変革を推進している。具体的には，新たなテクノロジーで顧客サービスを向上するために海外のオンラインバンクや決済事業者（アメリカのSimple，イギリスのAtomやフィンランドのHolvi等）を積極的に買収することにより，マーケット拡大と有用な技術の取り込みを図るとともに，API Marketを開放することでイノベーターによるサービス開発のすそ野を広げ，よりよいサービス提供の可能性を広げている。例えば，決済事業者と組み，小売業者から収集したPOSデータを用いた分析支援サービスを提供している（**図表1-4-6**参照）。

このように，競争環境の変化により外部サービスとデータでつながりエコシステムが構成される中，今までどおり顧客基盤を生かしたBtoC向けの直接サービスに力を入れ続けるのか，BtoBtoC向けの機能提供者（決済プラットフォーム等）となるのか，など，自社がどのレイヤーを主戦場とし，いかに有利なポジションを採る座組みを築けるのか，近視眼的にならずに「5年〜10年先の姿」を見据えたうえで，バックキャスティングによる攻め筋を立てることが必要だ。

そしてそれは，**図表1-4-7**にある3つの論点より検討するのが効果的と考えている。

図表1-4-6　BBVAの取組み事例

[参考] BBVAは，決済業者と組み，小売業者からPOSデータを収集。
POSデータを用いた分析支援サービスを提供

──────────────── エコノミー ────────────────

■本国スペインでは，小売業者と協業し，POS（購買）データを共有。
　中小企業向けのさまざまな市場分析アプリケーションを提供するプラットフォームを構築
　（Commerce 360）
■Amazonと提携（AWSを採用）し，大量のデータ蓄積・処理に耐えうるスケーラビリティ
　を確保

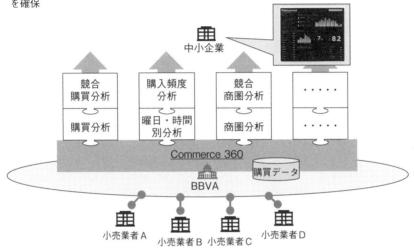

──────────── ビジネスモデルと成功要因 ────────────

ビジネスモデル	■小売業者のPOS（購買）データから得られる情報をもとに，市場分析サービスを提供
データ起点	■BBVAは，決済業者と組み，決済端末を無料配布 ■顧客（小売業者）は，決済端末を利用することにより，自動でPOSデータを「Commerce 360」に送る
サービス起点	■「Commerce360」で大量に蓄積したデータを用いて，中小小売業者に対し，POS（購買）データを用いた分析サービスを提供

（出所：BBVAのHP等各種公開情報をもとにデロイト トーマツ コンサルティングで作成）

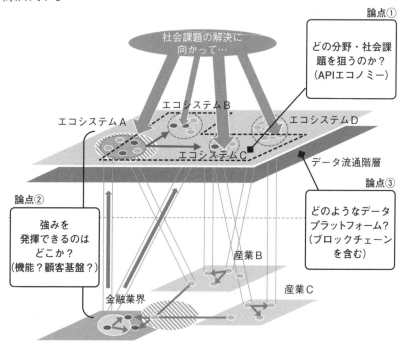

図表1-4-7 金融機関の攻め筋

生態系が構成されていく中で，いかに自社が有利なポジションを採る座組みを敷けるか否か
が問われている

既存金融機関（自前）による販売

　ここまで述べたとおり，決済領域はビジネスモデルの変革が大きく求められている。事実として，最大手のプレーヤーでもアクワイアリング事業単体では赤字となっている状況にあり，このような変革に対応するために過去の成功を手放し，新しい攻め筋の創出に向けて積極的な投資をできるか否かが決済事業者の生き残りを決めるといえる。

（4）BtoB決済について

①　中小企業におけるBtoB決済の現状

　個人向けの決済サービスが急速に発展する一方，BtoB決済については中小企業のデジタル化が進まない現状もあり，依然として窓口やATMでの振込が50％以上を占めている状況となっている。少子高齢化を踏まえた労働生産性向上の必要性を鑑みると，中小企業間の決済効率化は決済事業者にとって社会課題として取り組むべき領域と考えられる。まずは，政策的観点，社会的観点から中小企業のデジタル化の動向を見ていきたい。

　政策的観点においては，金融庁が2016年に「決済高度化官民推進会議」を立ち上げ，強力に決済インフラの改革や金融・ITイノベーションに向けた取組みを推進するとともに，経産省においても，中小企業の生産性向上政策として「共創型サービスIT連携支援事業」（20億円補助）を発表している。加えて，内閣府が発表した「Society 5.0」において，金融分野における目標の1つは，「金・商流連携などに向けたインフラの整備」と中小企業のデジタル化による労働生産性の向上となっていることからもわかるように，政府においてプライオリティが高い取組みとなっている。また，中小企業庁においても2017年より「中小企業・小規模事業者決済情報管理支援事業」をスタートし，商流EDIの業界間連動を通じた受発注から資金決済までの業務のSTP化を推進しており，消費税率の軽減税率制度の導入に伴い，2023年に導入される予定のインボイスの電子化も相まって，今後，中小企業のデジタル化に向けた取組みはさらに加速していくものと考えられる。

　社会的観点としては，近年，労働者の高齢化による人手不足が進行しており，中小企業において求人難は特に深刻な問題となっている（中小企業での就労者は，20年で120万人減少）。一方，働き方改革が社会的課題として重要視されており，労働生産性向上，長時間労働の是正などの対策が企業経営者にとって避けられない課題となっている。

　それでは，中小企業のデジタル化においてはどのような課題があるのだろうか。中小企業のビジネスの主な流れから具体的な課題を見ていきたい（**図表1-4-8**参照）。

78

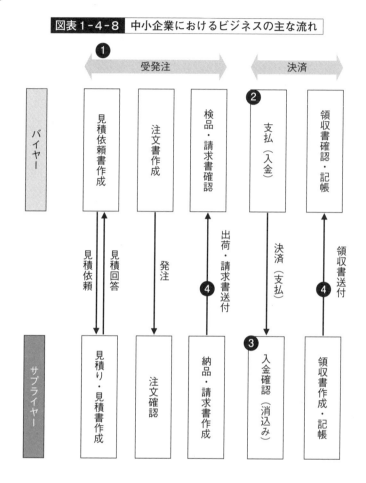

図表1-4-8　中小企業におけるビジネスの主な流れ

❶ 受発注　　　決済

バイヤー

見積依頼書作成　注文書作成　検品・請求書確認　❷支払（入金）　領収書確認・記帳

見積依頼　見積回答　発注　出荷・請求書送付❹　決済（支払）　❹領収書送付

サプライヤー

見積り・見積書作成　注文確認　納品・請求書作成　❸入金確認（消込み）　領収書作成・記帳

(a)　受発注の電子化対応の遅れ

　約半数が受発注の電子化に未対応であり，未だに紙やFAXでの受発注を行っている。また，受発注システムを導入しても活用できない企業も多い（**図表1-4-9**参照）。

(b)　アナログな支払手段

　決済手段は振込が主流であり，うち半数が窓口・ATMに出向いて処理をしており，手間がかかる（**図表1-4-10**参照）。

第1章　デジタルは金融業界をどう変えるか　79

図表1-4-9　受発注の電子化対応の遅れ

・約半数が受発注の電子化未対応
・導入しても活用できない企業も多い

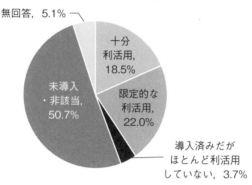

電子文書での商取引,
受発注情報管理（EDI等）の利活用状況

（出所：中小企業庁「2018年版中小企業白書」）

図表1-4-10　アナログな支払い手段

・決済手段は振込が主流
・うち半数が窓口・ATMを利用しており，手間がかかる

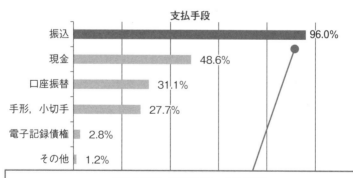

支払手段

振込	96.0%
現金	48.6%
口座振替	31.1%
手形，小切手	27.7%
電子記録債権	2.8%
その他	1.2%

振込の手段（複数回答，上位回答）
・窓口・ATM　53.8%
・ネットバンキング（画面入力）　51.0%
・ファームバンキング（オンライン伝送）　16.6%
・ネットバンキング（アップロード）　8.5%

（出所：帝国データバンク「決済事務の事務量に関する実態調査」調査報告書）

(c) 煩雑な入金確認（消込み）

　振込による支払をしているため，発生する消込作業に月間2～3人日の工数を割いている。また，マニュアル処理による大量の請求書の処理にあたり作業が煩雑化しており，事務ミスにつながる（**図表1-4-11**参照）。

(d) 請求書・領収書のペーパーレス化

　請求書・領収書を紙ベースで授受・保管する企業が9割超と圧倒的に多い（**図表1-4-12**参照）。

② 中小企業のBtoB決済高度化に向けた取組み

　中小企業のデジタル化における課題を述べてきたが，実はそれぞれの課題解決に向けてデジタル化を支援する既存サービスは多数存在している。では，なぜ中小企業のデジタル化が進まないのか。その理由としては，各々の業務ごとにサービス提供事業者が異なっており，受発注から決済・消込みと一気通貫につながるサービスを提供しているプレーヤーが存在していないことが挙げられる。

　前述にて"Making payments invisible"という概念を紹介したが，本領域についても同様に「決済」という単独のサービスを導入するのではなく，彼らのビジネスに対しシームレスに「決済」を染み込ませ，いかにデジタル化に寄与するかが重要であり，つまりは優れたカスタマーエクスペリエンスを提供できるかがポイントとなる。そのためには，大きく2つの攻め筋があると考えている。

　1つは，既存事業者のEDI事業者や電子請求書事業者とコンソーシアムを組み，総合的なサービスを提供する方法。もう1つは，自社で総合決済プラットフォームを構築する方法である。前者については飲食や衣料品といったすでにEDI事業者が一定のシェアを占めている業界に，後者については建設業等といった商習慣が複雑化しており，与信や支払サイトに独自性を持たす必要がある業種に合うといえる。どちらにせよ，加盟店手数料がボトルネックになるため，デジタル化の効果によりどれだけの工数の削減，労働生産性の向上につながるのかを明確に示す必要がある。

図表1-4-11 煩雑な入金確認（消込）

・消込に毎月多くの工数を割いている
・作業が煩雑化し，ミスにもつながる

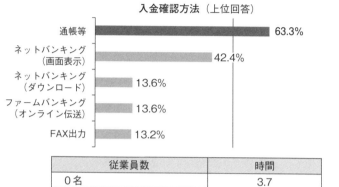

入金確認方法（上位回答）

通帳等	63.3%
ネットバンキング（画面表示）	42.4%
ネットバンキング（ダウンロード）	13.6%
ファームバンキング（オンライン伝送）	13.6%
FAX出力	13.2%

従業員数	時間
0名	3.7
1〜10名	9.9
11〜50名	17.4
51〜100名	20.6
101名〜300名	28.2

（51〜100名・101名〜300名：2〜3人日に相当）

（出所：帝国データバンク「決済事務の事務量に関する実態調査」調査報告書）

図表1-4-12 請求書・領収書のペーパーレス化

・請求書・領収書を紙ベースで授受・保管する企業が9割超と圧倒的に多い

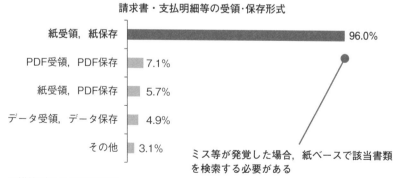

請求書・支払明細等の受領・保存形式

紙受領，紙保存	96.0%
PDF受領，PDF保存	7.1%
紙受領，PDF保存	5.7%
データ受領，データ保存	4.9%
その他	3.1%

ミス等が発覚した場合，紙ベースで該当書類を検索する必要がある

※横棒グラフは複数回答

（出所：帝国データバンク「決済事務の事務量に関する実態調査」調査報告書）

（5）COVID-19の決済領域に与える影響と今後検討すべき論点

　これまで，決済を取り巻く環境変化と今後の展望について述べてきたが，2020年に社会・経済に猛威を振るったCOVID-19は，決済業界の変化を加速させる大きな要素だと考えている。すなわち，決済事業者によりあと10年は持つであろうとなんとなく考えられていた既存のビジネスモデルの構造的課題・問題の顕在化が早まる形になったといえる。次の**図表1−4-13**は，COVID-19が，主にオペレーション，ビジネスモデル，規制といった面から，決済業界の環境変化に影響を与える7つの要素を整理したものである。

　まさに，デジタル化や新たな生活様式の中でどのような社会課題の解決に寄与し，社会に貢献していくのかが問われているといえる。

図表1-4-13 COVID-19が決済業界の環境変化に与える7つの要素

項　目	内　容
1．顧客の行動	顧客は裁量的支出を控える一方で，オンライン小売りでの支出は増加する。支出が生活必需品へと向かう中，資金調達手段やコストが重要な検討事項になる。
2．デジタルの採用	顧客が（現金や小切手，カードなどの）物理的な決済手段を選ばなくなっているため，決済プロバイダーや販売業者がオンラインやモバイルでの取引，非接触型取引への対応を進める。資金をより迅速に受領できるリアルタイム決済も（すでに主流となっているところ以外で）動きが加速する。
3．ビジネスモデル	決済プロバイダーは短期的にはレジリエンシーを重視する。その一方で，利益率に対する圧力に対処し，新たな収益源を確保し，顧客ニーズの変化に向き合うために，商品・サービスやビジネスモデルを強化して手薄なセグメントに進出するという選択肢を模索する。
4．グローバル決済取引	世界の取引量は，各国の貿易や旅行，観光，送金の急激な落ち込みと国家間の信頼急低下のあおりで減少する。一方，見直しを受けたサプライチェーンが，クロスボーダーのBtoB（企業間）決済フローを再構築し始める。
5．エコシステムの進化	決済エコシステムは，テクノロジーの革新やビジネスモデル，金融機関以外のプレーヤーによる果敢な事業拡大を背景にその姿を変える。規模の追求やバリュエーションの低下が，巨大フィンテック企業や財務基盤が堅固な既存金融機関が主導する再編を後押しする。
6．リスクの高まり	決済エコシステムに属するプレーヤーは，詐欺リスクの高まりに直面する。高度なデジタル本人確認とデジタル認証の枠組みは，差別化能力となる。信用リスク管理やモデリングは，新たな指標やデータを組み入れる形で進化する。
7．規制を通じた変革	電子商取引の急成長は脆弱性の高まりやサイバー攻撃の増加につながり，現状に応じて規制が見直されるべき領域が浮き彫りになる。国によっては，公的部門が変革（支払のスピードアップなど）を主導する。

第 2 章

経営改革の処方箋

第1節　不確実な時代の経営戦略とは

　金融業界は，30年以上にわたる少子高齢化と国内市場のマーケットの縮小や，リーマンショック後の低金利政策の長期化等の影響により市場環境が悪化してきている。加えて，テクノロジーの進化やスマートフォンの普及等を背景にフィンテック企業やGAFA等の「デジタル・ジャイアント」の金融分野への進出によるdisruption（創造的破壊）が認識されているのが現状である。

　金融機関にとって，かつては安定しているビジネス環境下でいかに確実に事業を継続していくかが重要だったが，現在がまさに業界が大きく変容する転換点となっているため，既存のビジネスモデルを再考せざるを得ないタイミングとなっている。

　このような環境下で業界をどのように捉え，今後勝ち抜くビジネスモデルをどのように構築していけばよいのか，その考え方について解説する。

（1）経営戦略・中期経営計画の捉え方

①　"未知"に立ち向かう経営とは〜Zoom out / Zoom in

　第1章でも触れたように，金融機関を取り巻くビジネス環境は激変の真っ只中にある。経営者は，かつては「"既知"あるいは知ることが可能な領域」においてビジネスを検討・展開していけばよかったものの，現在・今後は「"未知"あるいは"不可知"な領域」に立ち向かう経営の舵取りをすることが求められている。具体的には，「守りの投資から攻めの投資へ」，「リスクのマネジメントから不確実性のマネジメントへ」，「ビジネスモデルの深化から新たなビジネスモデルの探索へ」，「前例を踏襲した改善から拠り所のない決断へ」，「ベストプラクティスの模倣が得意な"賢者"の重用からアントレプレナーシップを持つ"勇者"の重用へ」等が今後の経営におけるキーワードとして考えられる。

　では，経営者が「"未知"あるいは"不可知"な領域」に立ち向かうためには，経営戦略をどのように考えていけばよいのであろうか。デロイトが提唱す

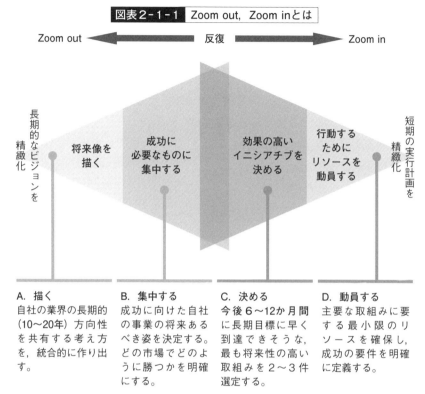

図表２-１-１　Zoom out, Zoom inとは

Zoom out ←――――― 反復 ―――――→ Zoom in

長期的なビジョンを精緻化

将来像を描く

成功に必要なものに集中する

効果の高いイニシアチブを決める

行動するためにリソースを動員する

短期の実行計画を精緻化

A. 描く
自社の業界の長期的（10～20年）方向性を共有する考え方を，統合的に作り出す。

B. 集中する
成功に向けた自社の事業の将来あるべき姿を決定する。どの市場でどのように勝つかを明確にする。

C. 決める
今後６～12か月間に長期目標に早く到達できそうな，最も将来性の高い取組みを２～３件選定する。

D. 動員する
主要な取組みに要する最小限のリソースを確保し，成功の要件を明確に定義する。

（出所：Deloitte Center for the Edge）

る「Zoom outとZoom inという２つの時間軸での戦略とマネジメント」という考え方がヒントになる。Zoom out（10年後の将来像を描く）とZoom in（足元の短期的施策を立案・実施する）という概念を反復させ続けるのである。要するに，長期的なビジョンを描きつつ，６か月から12か月単位の将来性の高い足元施策を実施するというサイクルを高回転させ，方向性を常に修正していくというものである。この２つの時間軸を常に意識し続けることこそが，まさにこの先５年から10年の金融業界という"未知"な領域での経営にとっては必要なことであると考えている（**図表２-１-１**参照）。

② 金融機関において中期経営計画は本当に必要か

上記のZoom out／Zoom inアプローチは，近年話題に上がる「中期経営計画不要論」とは何が違うのか。現在，ほとんどの各金融機関が策定している３年から５年スパンの中期経営計画は不要なのであろうか。

答えは否である。その理由は，金融業界は装置産業だからである。装置産業からIT産業への転換が必要だと叫ばれてはいるものの，一般消費者・一般企業の顧客を大量に有していることも考えると，大規模なシステム投資・IT投資は今後も避けられないと考えられる。それゆえ，６か月から12か月スパンの短期的な施策や投資中心に経営をしていくことは難しいため，３年から５年の中期経営計画という経営の「軸」を作る必要がある。

ただ，単に中期経営計画を策定すればよいというわけではなく，Zoom outの目線を持ったうえで策定すること，その結果次第では中期経営計画の修正も厭わないことが重要であると考える。要するに，10年先の世の中をシナリオプランニングで想定すること，その世の中に対してのビジョンをしっかり定義すること，それをベースに中期経営計画を策定していくことが肝要である。現場からの積み上げによるボトムアップ型の中期経営計画を策定する限りは，"未知"な世の中に対応できず，結果として今後の成長も見込みにくくなる可能性がある。

（2）「良い」中期経営計画とは

① 中期経営計画の構成要素

各金融機関では３年から５年に一度，中期経営計画が作成されており，その大半は「ビジョン（目指す姿）」「計数目標」「基本方針」「重点戦略」「ロードマップ」の５つの要素で構成されることが多い。例えば，三井住友フィナンシャルグループであれば，ビジョンが「最高の信頼を通じて，お客さま・社会とともに発展するグローバルソリューションプロバイダー」，計数目標として「ROCET1，経費，普通株式等Tier1比率（CET1比率）」，基本方針が「Transformation，Growth，Quality」，そして７つの重点戦略（割愛）が示されている（三井住友フィナンシャルグループのホームページより）。

　どの金融機関も一見，構成要素が似通っているものの，中計の実行段階になると，中計を達成する会社と達成しない会社，あるいは達成しても他社に置いていかれる会社，といった形で明暗が分かれてしまう。なぜこのようなことが生まれてしまうのだろうか？

②　「良い」中期経営計画とは

　「良い」中期経営計画，「そうではない」中期経営計画とは何だろうか。一言でいうと，戦略を実現すると目指す姿・計数に到達すること，戦略の実現性が担保されていることに尽きる。では，「良い」「そうではない」中期経営計画の中身を解き明かしてみよう。

　まずは，「そうではない」中期経営計画とはどのようなものであろうか。具体例を交えつつ説明していきたい。

　「ビジョン」については，ビジョンを軽視していたり，目先のことのみを考えたボトムアップ型のビジョンとなっていることが多い。例えば，事業ビジョンは記載されているものの，なぜその事業ビジョンを目指すのか理由がわからない，理念や概念的ワードが多く具体的に何をやるのかがわからない，事業ビジョンの達成を裏付ける根拠が弱く達成イメージが湧かない，等が見られる。

　「財務目標」については，数値計画の目標値が高すぎて到達できそうもない（と社員が感じてしまう），数値計画と具体的施策のつながりが弱く，数値計画を達成できる根拠が見えない，等が見られる。

　「基本方針」「重点戦略」「ロードマップ」については，事業計画の内容が数値計画中心でそもそも基本戦略・重点戦略がない，施策内容が抽象的で事業部門として具体的に何をすべきかわからない，強化する事業領域における勝ち筋が明確でなくなぜ勝てるのかわからない，戦略実行にあたり必要な組織能力・経営システム・体制もしくはその獲得方法が明確化されていない，等である。

　実際にクライアントから，現中期経営計画が数値目標中心でビジネスの中身に踏み込んだものではないため，次期中期経営計画は既存ビジネスの延長に留まらず将来の会社としての「ありたい姿」を考えてバックキャストで策定したいとのオーダーをいただき，中期経営計画の策定を支援させていただいたことがある。そのプロジェクトの際，次期中期経営計画を策定する前に現中期経営

計画を分析したところ，社長の策定した会社の目指す姿が事業戦略や施策と連動しておらず，会社としての戦略的一貫性が担保されていない，ボトムアップ型のアプローチへの偏りによりポートフォリオ戦略や新規事業創出等，既存事業の枠を超えた戦略の検討ができていない，等の課題が見られた。

(a) 「良い」中期経営計画

　一方，「良い」中期経営計画はどのようなものであろうか。「ビジョン」については，目先にとらわれていないトップダウン型のビジョンであること，社員・行員がイメージの湧くものであること，後段の方針・戦略の延長線上にあるものであることが重要である。また，「計数目標」については，ビジョンと同様，後段の方針・戦略とアラインしている必要がある。最後に，「基本方針」「重点戦略」「ロードマップ」については，基本方針・重点戦略の内容が具体化されていること，戦略実行に際して必要なオペレーション・組織・人材等が担保されていることが肝要だ。

(b) 「良い」と「そうではない」の分水嶺

　では，「良い」中期経営計画になるか，それとも「イマイチな」中期経営計画になるかの分水嶺はどこにあるのであろうか。その秘密は，中期経営計画に対する考え方・作り方にあると考える。

　「そうではない」中期経営計画の場合は，それを作ること自体が目的化している場合が多い。要するに，先ほど挙げた5つの構成要素のみを考えることに終始してしまっている。具体的にいうと，経営戦略自体を考えることなく，聞き心地の良い基本方針と重点戦略を立て，見栄えの良い"中期経営計画書"を策定してしまう。その結果，領域ごとの事業戦略の集合体になっており全体最適の目線が不足していたり，他社・他行と差別化した戦略になっていなかったり，戦略の実現性が担保されていなかったりしてしまうのである。

　逆に，「良い」中期経営計画はどのように作られているのであろうか。会社としての経営戦略を漏れなく検討したうえで，中期経営計画の5つの構成要素に落とし込んでいる。表面的には同じように見える5要素であっても，その内容の濃さ・深さをどれだけ追求できるか，ということが非常に重要である。つ

図表2-1-2 「良い」中期経営計画と「そうではない」中期経営計画

	「そうではない」中期経営計画	「良い」中期経営計画
概要	■戦略を実現しても目指す姿・計数に到達しない ■戦略の実現性が担保されていない	■戦略を実現すると目指す姿・計数に到達する ■戦略の実現性が担保されている
ビジョン	■ボトムアップ型ビジョン ■ビジョンが概念的で戦略とかけ離れている	■トップダウン型ビジョン ■イメージの湧くビジョンで，戦略と一貫性がある
計数目標	■方針・戦略が実現しても計数目標に達成しない根拠なき目標となっている	■方針・戦略と計数目標がアラインしている
基本方針，重点戦略，ロードマップ	■方針・戦略に具体性・勝ち筋がない ■戦略実行に向けたリソースの手当てが十分できていない	■方針・戦略に具体性・勝ち筋がある ■戦略実行に向けたリソースの手当てが十分なされている

中計自体を作ることが目的化している

経営戦略を立てたうえで，それを中計に落とし込んでいる

まり，「良い」中期経営計画とは，経営戦略を検討した後にそれを「中計化」したものなのである（**図表2-1-2**参照）。

③　経営戦略の考え方

　経営戦略を検討する際，デロイトでは，Strategic Choice Cascadeと呼ばれるフレームワークを用いている。このフレームワークでは，経営戦略を検討する際には，「5つの構成要素を漏れなく検討すべき」，「各構成要素を検討する際には，相互に連関させながら検討すべき」と説いている（**図表2-1-3**参照）。

ⓐ　5つの構成要素

　5つの構成要素とは，①Goal & Aspiration（目指す将来像），②Where to

図表2-1-3　Strategic Choice Cascade

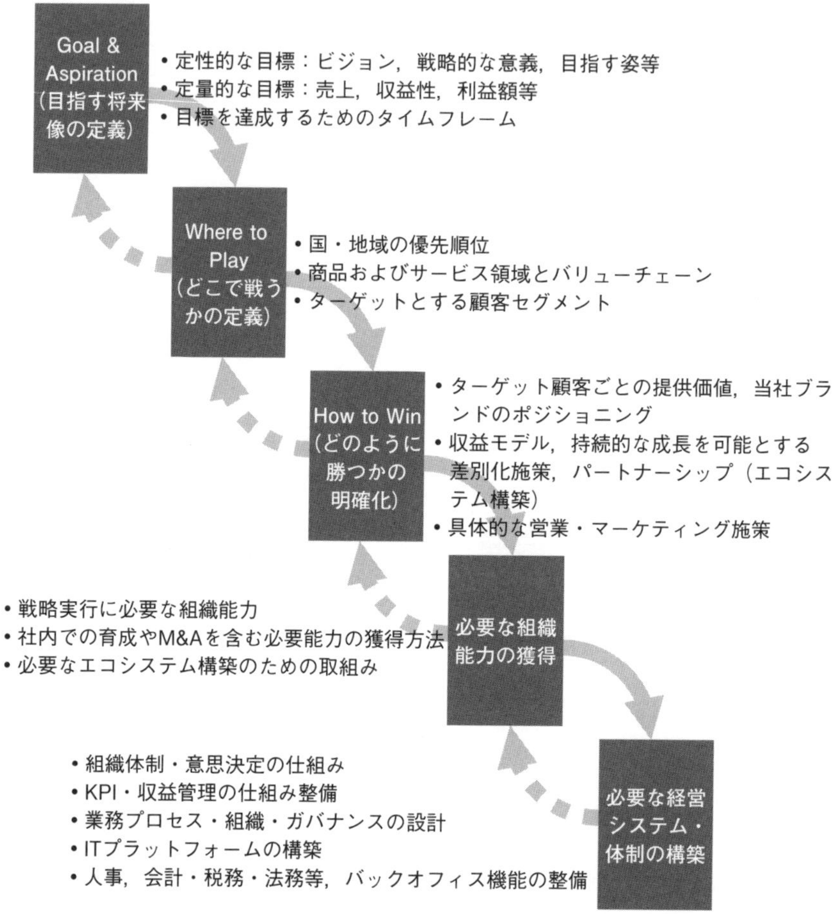

Goal & Aspiration（目指す将来像の定義）
- 定性的な目標：ビジョン，戦略的な意義，目指す姿等
- 定量的な目標：売上，収益性，利益額等
- 目標を達成するためのタイムフレーム

Where to Play（どこで戦うかの定義）
- 国・地域の優先順位
- 商品およびサービス領域とバリューチェーン
- ターゲットとする顧客セグメント

How to Win（どのように勝つかの明確化）
- ターゲット顧客ごとの提供価値，当社ブランドのポジショニング
- 収益モデル，持続的な成長を可能とする差別化施策，パートナーシップ（エコシステム構築）
- 具体的な営業・マーケティング施策

必要な組織能力の獲得
- 戦略実行に必要な組織能力
- 社内での育成やM&Aを含む必要能力の獲得方法
- 必要なエコシステム構築のための取組み

必要な経営システム・体制の構築
- 組織体制・意思決定の仕組み
- KPI・収益管理の仕組み整備
- 業務プロセス・組織・ガバナンスの設計
- ITプラットフォームの構築
- 人事，会計・税務・法務等，バックオフィス機能の整備

Play（どこで戦うか），③How to Win（どのように勝つか），④必要な組織能力の獲得，⑤必要な経営システム・体制の構築，の5つである。

　1つ目の「Goal & Aspiration（目指す将来像）」とは，定性的な目標と定量的な目標，その達成タイミングの3つに分かれる。定性的な目標とは，いわゆるMVV（ミッション，ビジョン，バリュー）等がそれに当たる。定量的な目標とは，売上，収益性，利益等になる。例えば，銀行では，当期純利益，ROA，ROE，OHR等が計数目標として設定されることが多い。

　2つ目の「Where to Play（どこで戦うか）」とは，どの領域を主戦場とするか，である。戦う領域とは，国・地域，商品，バリューチェーン，顧客セグメント等の掛け算によって定義される。一般的な用語でいえば，セグメンテーションとターゲティングに当たる。例えば，オリックス銀行であれば，国内の不動産投資ローンという商品に特化することでニッチャーとしての地位を確立し，他銀行に比べて高いROAを達成している。

　3つ目の「How to Win（どのように勝つか）」とは，上記で定義した戦う領域（Where to Play）において，他行・他社に対する自社のポジショニングはどこにするか，そのポジションにおける自社のバリュープロポジション（差別化要素）は何かを定義することである。金融業界は差別化しにくい業界ではあるが，商品・コスト・領域での差別化だけではなく，ビジネスモデルやエコシステム・パートナーシップを活用した差別化等も検討していく必要がある。また，コストを極限まで下げるということも各金融機関が検討していることであるが，OHRがビジネスのKSF（重要成功要因）の1つになりうる場合は，そのような話もHow to Winの中に入ってくる。

　4つ目の「必要な組織能力の獲得」とは，戦略（Where to Play，How to Win）を実行するにあたっての必要な組織能力のことである。いくら"美しい"戦略があったとしても，それを組織として実行できなければ，まさに絵に描いた餅になってしまう。ここでは，戦略実行に際してリソースをどこにどれだけ投下するかということ，そのリソース投下プランが実現性のあるものであることが重要である。リソースが社内にない場合は，社外からのM&A等での調達も含めて検討する必要がある。

　5つ目の「必要な経営システム・体制の構築」とは，必要な組織のケイパビリティを支えるものである。具体的には，オペレーション，IT，組織，人材，カルチャー，間接部門等がそれに当たる。組織が戦略（Where to Play，How to Win）を実行するにあたっての基盤をしっかり構築することが重要ということである。縁の下の力持ちのようであるが，Goal & Aspirationを達成するうえでの全ての礎になっている。

(b) 相互に連関させながらの検討

次に，「各構成要素を検討する際には，相互に連関させながら検討すべき」について説明する。実は，5つの構成要素それぞれ以上に重要な部分である。本フレームワークの「Cascade」とは，何段も連なった小さな滝のことであり，転じて連鎖的あるいは段階的に物事が生じる様子を示す単語である。

5つの構成要素を検討する際，ボトムアップで検討するのでなく，トップダウンで1つ目から5つ目まで順に検討していくことが重要である（図表2-1-3での上から下への矢印）。さらに，トップダウンでの検討をボトムアップの観点で都度実現性を検証し，検討をブラッシュアップしていくことが重要である（図表2-1-3での下から上への矢印）。例えば，将来像を定義し戦う領域を決めた後に勝ち筋を検討したものの，勝ち筋が見出せなかった場合は，もう一度戦う領域を再検討することが必要であり，ひいては将来像の再定義もしなければならない。

また，市場の中においてはいくら"筋の良い"勝ち筋であったとしても，組織のリソースを鑑みるとそれが実現できないのであれば（外部調達をしたとしても），その勝ち筋はその企業にとって筋の良い勝ち筋ではないので，再考すべきである。要するに，Amazonのようなプラットフォーマーになるというのは"筋の良い"勝ち筋ではあるが，全ての企業がそのビジネスモデルを取れるわけではないのである。企業にとって，実現可能な勝ち筋こそが，その企業にとっての筋の良い勝ち筋にほかならない。

④ "シャープな"戦略をどのように生み出すのか

経営戦略の考え方についてはここまでで説明したが，もう一歩踏み込んで，企業にとってシャープな戦略（収益性が見込まれ，他社に対して差別化できており，かつ実現可能な戦略）を策定するにはどうすればよいのであろうか。Strategic Choice Cascadeの説明で触れたように，Where to Play，How to Winの部分を中心に研ぎ澄ますことも重要ではある。加えて，「"未知"あるいは"不可知"な領域」に立ち向かう状況下での戦略という観点では，シナリオプランニングを実施して将来起こりうるパターンを想定して戦略を検討することが非常に重要になる。従来の将来予測は，現在からの延長で予測するアプ

図表2-1-4　シナリオ思考のメリット

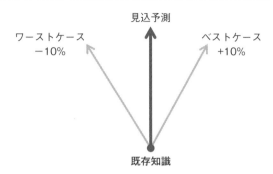

従来の将来予測思考

従来の将来予測は，現在からの延長的なアプローチであり
斬新な気づきが生じにくい傾向にある

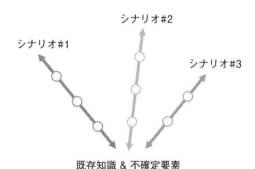

シナリオ思考

シナリオ思考は，より最適な決断をするために，より多くの選択肢を提供する

ローチであり，斬新な気づきが生じにくい傾向にあったが，シナリオ思考における将来予測（シナリオプランニング）は，既存知識に加えて不確定要素をベースに複数のシナリオを構築するアプローチであるため，業界の大きな変化を捉えられたり，実際に変化が起きた場合により最適な決断をすることが可能となる（**図表2-1-4**参照）。

　では，どのようにシナリオプランニングを実施すればよいのであろうか。将

来のシナリオを策定し，そのシナリオに対する戦略策定を実施する，というのが王道のプロセスである。シナリオ策定は，大きく４つのプロセスで実施されることが多い。①外部環境の整理，②重要な因子特定，③因子評価・絞り込み，④シナリオ設計である。

「外部環境の整理」においては，対象領域を取り巻く主な外部環境要因を分析することで，PEST分析を軸に外部環境変化を捕捉しつつ，５Forceモデルで業界に与える影響を整理し，業界における機会と脅威を整理する。ちなみに，当社では，PESTの代わりに，EDGE（将来環境を表す定量的な情報），PRISM（経営にインパクトが大きい定性的な情報）と呼ばれるフレームワー

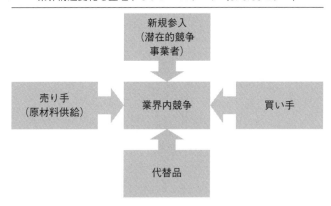

図表2-1-5　外部環境分析のフレームワーク

業界構造変化を整理するフレームワーク（5Forceモデル）

- 新規参入（潜在的競争事業者）
- 売り手（原材料供給）
- 業界内競争
- 買い手
- 代替品

Foresightにおける環境分析の視点

EDGE 将来環境を表す定量的な情報	経済	Economy
	人口動態	Demographics
	地球環境	Geoenvironment
	エネルギー	Energy
PRISM 経営にインパクトが大きい定性的な情報	政治	Politics
	宗教	Religion
	技術	Innovation
	社会動向	Social Movement

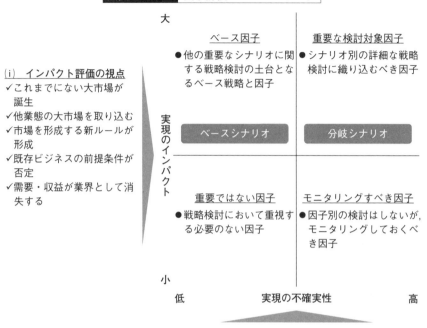

図表2-1-6　因子評価のフレームワーク

(i)　インパクト評価の視点
✓これまでにない大市場が誕生
✓他業態の大市場を取り込む
✓市場を形成する新ルールが形成
✓既存ビジネスの前提条件が否定
✓需要・収益が業界として消失する

ベース因子
●他の重要なシナリオに関する戦略検討の土台となるベース戦略と因子

重要な検討対象因子
●シナリオ別の詳細な戦略検討に織り込むべき因子

ベースシナリオ　　分岐シナリオ

重要ではない因子
●戦略検討において重視する必要のない因子

モニタリングすべき因子
●因子別の検討はしないが，モニタリングしておくべき因子

大　　実現のインパクト　　小
低　　実現の不確実性　　高

(ii)　不確実性評価の視点
✓実現することがほぼ読める（すでに因子実現の予兆が見られる，スケジュール化されている）
✓方向性が予測される（技術・経済・行政の動向からみて最終形が想定される）
✓タイミングがほぼ予測される（技術導入のロードマップ・法改正のスケジュール等が定義されている）

クで外部環境変化を捉えることが多い（**図表2-1-5**参照）。

「重要な因子特定」「因子評価・絞り込み」においては，外部環境から機会・脅威因子を抽出して，業界において事業機会・脅威となる塊に因子にまとめたうえで，インパクト×不確実性の観点で因子を整理する。インパクトが大きく不確実性の低い因子をベース因子，インパクトが大きく不確実性も大きい因子を重要因子とする（**図表2-1-6**参照）。

「シナリオ設計」においては，インパクトが大きく不確実性の低いベース因子を中心とした未来をベースシナリオとする。一方で，インパクトが大きく不確実性も大きい重要因子については，ベースシナリオ以外の想定されるシナリ

オを策定する鍵となる。具体的には，重要因子をグルーピングして複数のシナリオ分岐軸（新技術が受容されるor拒否される，等）を定め，分析軸ごとのオプションの掛け算によりシナリオのパターンを策定するのである。シナリオのパターン策定のポイントは，網羅的なパターンを策定していくというより，事業へのインパクトの観点からパターンを策定していくことである。

　シナリオを策定した後は，シナリオに対して戦略を策定する。シナリオに対して取りうる戦略のオプションは3つで，「ゲームのルールにいち早く適応する（適応型）」，「ゲームのルールを変化させる（ゲームチェンジ型）」，「業界を破壊する（破壊型）」である。具体的には，適応型とは，業界変化を事業機会として，コア領域への参入を競合他社に先んじて実現し，他社の参入障壁を築く戦略である（シェア，エコシステム，パテント等）。また，ゲームチェンジ型とは，ロビイング等を実施しつつ，業界を支配するルール・規制を改変することで業界のゲームを変えて自社に有利な市場を形成する戦略である。最後に，破壊型とは，他業界と連携した新市場を形成するなどの手法によって自社に有利な市場を形成する戦略である。この3つを念頭に，自社としての事業機会が最大化される戦略の方向性と，そのもとでの事業機会を定義することが重要である。

　例えば，地方銀行においては，コロナ禍による人・モノの往来停滞長期化によるリテール・法人需要の縮小，逆都市化に伴うメガバンク・周辺地銀参入による銀行間の競争激化，フィンテック企業による銀行業務代替の進展による銀行の付加価値の喪失等がホラーシナリオとして考えられる。このようなシナリオが起きるのはどのような場合なのか，どのような因子をモニタリングすべきなのかについて，シナリオプランニングを通じて明確にする。

⑤　戦略の"実現性"をどのように担保するか

　では，"シャープな"経営戦略に"実現性"を持たせるにはどのようにすべきなのだろうか。Strategic Choice Cascadeの説明で触れたように，戦略（Where to Play，How to Win）を実現する，必要な組織能力の獲得，必要な経営システム・体制の構築が重要である。さらには，必要な組織能力の獲得，必要な経営システム・体制の構築を検討する中でそこでの現実解を戦略へ

フィードバックし，場合によっては戦略の変更も検討すべきである。もちろん，組織能力等に終始したボトムアップ型の検討が中心になってしまうと，実現性は高いものの凡庸な戦略になってしまうので注意が必要である。戦略策定はトップダウンが基本であり，ボトムアップの観点はベースではなく実現性の検証であることは頭に留めていただきたい。

戦略の"実現性"担保にあたって，ハード面での組織能力・経営システム・体制に関する重要性について述べたが，ソフト面でも重要なことがある。それは，実際に経営計画を実行する現場サイドの巻き込みである。具体的には，経営計画が役員・部長レベルが腹落ちしたものであること，そして，現場の従業員が変革実現を推進できるようなチーム・企業文化を醸成することである。

経営戦略の実行の推進のリーダーとなるのは，担当役員であり各部部長になる。それゆえ，少人数で決めた経営戦略を担当役員や各部部長に渡して，「はい，実行お願いします。」というのでは，いくら適切な戦略と組織能力があったとしても，うまく進むものも進まない可能性がある。人事異動の関係で難しい部分もあるかもしれないが，経営戦略を策定する際にキーになる担当役員・部長については積極的に関与してもらう等，実行部隊にとって経営計画が「自分ゴト」となるような仕掛けが重要である。例えば，会社の将来の姿・MVV（ミッション，ビジョン，バリュー）を検討してもらうのも一考に値する。もちろん，担当役員・部長の意見を聴きすぎてボトムアップ型の経営戦略になることは避けなければならない。

実行のキーマンは担当役員・各部部長だけではない。その下にいる現場の従業員の行動が変革されてこそ，経営戦略の実行がなされるのである。現在策定される経営戦略は，現在の延長線上の将来予測をベースとした代わり映えのしない経営戦略ではない。予測不能な将来の動きをダイナミックに捉えた大胆な経営戦略が現在・今後の金融業界では求められている。そのような経営戦略を実現するには全社的な変革を伴うため，単に重点領域に現場の従業員のリソースを投下するだけでは十分でないことが多い。現場の従業員自身の変革なくして全社的な変革はないのである。それゆえ，変革実現に向けた新たな企業文化を作っていく必要がある。例えば，減点法から加点法のカルチャーへ，調整型からアントレプレナー型が活躍できるカルチャーへ，スマートワークの実現，

等が考えられる。

⑥　経営戦略の「中計化」とは

　では，最後に経営戦略をどのように中期経営計画に落とし込むか（中計化）について考えたい。経営戦略はStrategic Choice Cascadeの5要素，中期経営計画は「ビジョン（目指す姿）」「計数目標」「基本方針」「重点戦略」「ロードマップ」の5要素である。繰り返しになるが，中期経営計画を策定するうえで重要なことは，先に経営戦略を策定し，それを中期経営計画に落とし込むことだ。要するに，経営戦略の要素と中期経営計画の要素について，しっかりとつながりを持たせる（「中計化」する）必要があるのである。

　「中計化」について触れる前に，そもそも，経営戦略と中期経営計画の違いは何であろうか。もしかすると，対象としている期間の違い，と捉える方もいるかもしれない。ただ，一番の違いは網羅性にあると考えている。経営戦略はStrategic Choice Cascadeの5要素を網羅的に含んでいるものである。会社が進むべき方向性を実現するうえで必要な要素を網羅的に全て含む必要がある。いわゆる"縁の下の力持ち"である領域の戦略・業務についても，しっかり検討したうえで方針を示すことが必要である。一方で，中期経営計画については，社内外に対してプロパガンダ的に打ち出すわかりやすいものであることが重要であるため，経営戦略の中で力点を置きたい部分をピックアップしたものとなる。加えて，受け止める側が受け止めやすいストーリーを作ることが大事である。なぜなら，経営戦略は「会社」を導くためのもの，中期経営計画は「社員」を動かす／「投資家」に伝えるためのものであるからである。中期経営計画は，社員にとってその後3年間の行動の道標になるものなのである。

　具体的に「中計化」を実施するアプローチは，Goal & Aspiration, Where to Playをベースに3〜5年の「ビジョン（目指す姿）」「計数目標」を策定し，Where to Play, How to Win, 必要な組織能力の獲得，必要な経営システム・体制の構築をベースに力点を置く部分をピックアップしたうえで「基本方針」「重点戦略」「ロードマップ」を策定し，併せてその部分のストーリーを構築することになる。

（3）中期経営計画の策定方法

①　どのようなプロセスで策定するのか

　「経営戦略を策定して中計化する」ということが基本的な作成方法となる。経営戦略については，Strategic Choice Cascadeの上から順に策定し，適宜上に戻って修正していく，というのがベースの考え方になる。各部署に考えさせてそれを集約した経営課題を作るというボトムアップのアプローチでなく，あくまでも目指す将来像を起点としたトップダウンでのアプローチをするべきである。なぜなら，未知の世界においては，現場の「改善ベース」の思考から策定されるボトムアップの戦略では，勝ち残っていけない可能性が高いからである。

　具体的には，まず目指す将来像（Goal & Aspiration）を検討し，定性的なMVV（ミッション，ビジョン，バリュー）や，定量的な目標（残高，収益，OHR，等）を定める必要がある。また，並行してポートフォリオ戦略（Where to Play）を検討することも重要である。ここでのポートフォリオ戦略の検討とは，シナリオプランニングを通じた将来の市場シナリオ分析・競合分析・自社分析・顧客分析を通じて，どの領域でどの程度の収益を稼ぐかについて検討することを示している。ここの部分こそ，各事業部の足元の数字に引っ張られすぎることなく，目指す将来像と5〜10年後の市場シナリオを踏まえた，あるべき事業ポートフォリオを検討する必要がある。加えて，検討したポートフォリオ戦略と目指す将来像を照らし合わせ，実現可能なものへ修正していくというサイクルを回しつつ，固めていくというプロセスも忘れてはならない。

　次に，事業戦略策定（How to Win），必要なケイパビリティの明確化（必要な組織能力の獲得，必要な経営システム・体制の構築）を実施する。事業戦略策定とは，ポートフォリオ戦略の際に定義した既存・新規領域において，どのようなポジショニングとビジネスモデル・エコシステムを形成するかを検討することである。ここで重要なのは，そのビジネスモデル・エコシステムが勝ち筋となっているか，ポートフォリオ戦略の実現に寄与するか，である。併せて，ここでも事業戦略を踏まえ，場合によってはポートフォリオ戦略を再検討・修正する必要がある。また，必要なケイパビリティの明確化とは，事業戦略の実

行や，目指す姿を実現するために全社横串的に必要なケイパビリティを明確にすることである。ケイパビリティとは，具体的にはオペレーション，IT，組織，人材，カルチャー，バックオフィス等がそれに当たる。これらを定義するだけでなく，その補完方法についても明確にすることが重要だ。自社のリソースだけで賄えないのであれば，外部との連携等も視野に入れる必要がある。また，実行フェーズにおいてはしっかりヒト・カネといったリソースを投下し，戦略実行の足枷にならないよう留意すべきである。また，ここでも実現可能なケイパビリティから翻って事業戦略を見た場合，あまりにも無理な事業戦略になっていないかどうかについては，検証が必要となる。

　最後に，策定した経営戦略の「中計化」を実施する。前段での検討を踏まえて，「ビジョン（目指す姿）」，「計数目標」，「基本方針」，「重点戦略」，「ロードマップ」へ落とし込みつつ，中期経営計画としてのストーリーを策定していくのである（**図表2-1-7**参照）。

　中期経営計画の策定も一筋縄ではいかないことはある。場合によっては，マネジメント・役員層でも中期経営計画に対する考え方が異なることもある。例えば，今後のビジネス環境が不明確ゆえしっかりビジネスに踏み込んだ中期経営計画を検討すべきという方と，今までどおりの数値目標中心の中期経営計画で十分と考えられる方に分かれることがある。金融業界では今まで安定的なビジネス環境でビジネスモデルが大きく変化してこなかったため，中期経営計画を重要視しないマネジメントも稀に見られる。その場合，中期経営計画を策定する間に，マネジメント間の中期経営計画に関する認識（位置づけ等）を揃えたうえで，中期経営計画策定に取りかかることが必要だ。

②　策定するうえで必要なケイパビリティ

　ここまで中期経営計画についての方法論について紹介してきたが，実際に中期経営計画を策定するとなった場合，上記の方法論以外にどのようなケイパビリティが必要なのであろうか。

　まずは，ビジネス領域に関する深い理解・知見である。現状のビジネスにおける顧客と事業に関する理解，加えてSDGs，Post COVID-19，デジタル化，人口動態の変化，等のトレンドに対する知見も必要である。

図表2-1-7 中期経営計画策定アプローチ

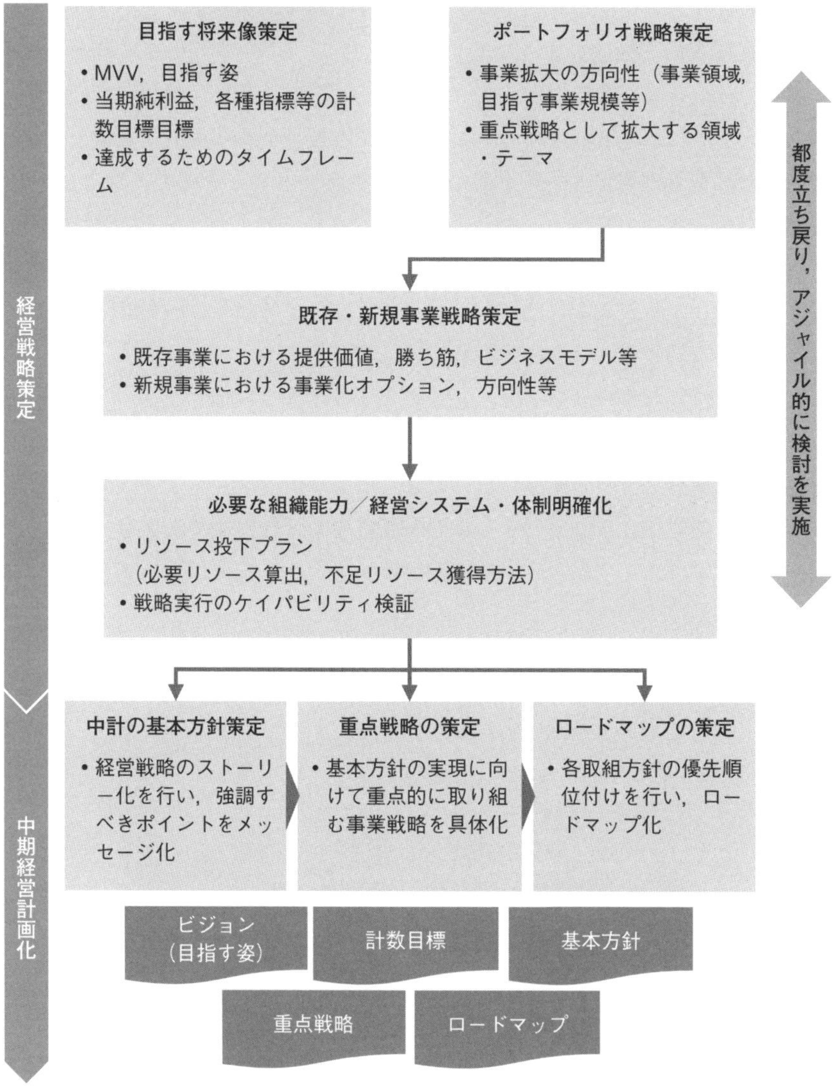

目指す将来像策定
- MVV，目指す姿
- 当期純利益，各種指標等の計数目標目標
- 達成するためのタイムフレーム

ポートフォリオ戦略策定
- 事業拡大の方向性（事業領域，目指す事業規模等）
- 重点戦略として拡大する領域・テーマ

既存・新規事業戦略策定
- 既存事業における提供価値，勝ち筋，ビジネスモデル等
- 新規事業における事業化オプション，方向性等

必要な組織能力／経営システム・体制明確化
- リソース投下プラン（必要リソース算出，不足リソース獲得方法）
- 戦略実行のケイパビリティ検証

中計の基本方針策定
- 経営戦略のストーリー化を行い，強調すべきポイントをメッセージ化

重点戦略の策定
- 基本方針の実現に向けて重点的に取り組む事業戦略を具体化

ロードマップの策定
- 各取組方針の優先順位付けを行い，ロードマップ化

ビジョン（目指す姿）

計数目標

基本方針

重点戦略

ロードマップ

経営戦略策定

中期経営計画化

都度立ち戻り，アジャイル的に検討を実施

　続いて求められるのは，策定を担うチームである。このチームが中心になって中期経営計画を策定していくのであるが，プロジェクトを設計・管理する機能に留まらず，各議論のテーマを設定し，役員・担当部門等のステークホルダーとの議論を客観的な視点でファシリテートすることや，検討内容をドキュメント化することも求められる。このチームは経営企画部が担う場合もあれば，経営企画部や各部署のエースを集めて時限的なチームを構成する場合もある。各部署のエースたちを巻き込むことで，ビジネス領域に関する理解が深まり，さらには彼らが各部署へ戻って戦略を遂行することによる計画実行の担保という2つのメリットがある。ただし，中期経営計画が各部署の事業計画の取りまとめにならないよう注意しなければならない。各部署の巻き込みは重要だが，あくまで中核となるのは策定チームであり，各部署ではない。

　最後に，マネジメントのリーダーシップ・コミットメントも必要である。経営戦略・中期経営計画の検討においては，現場に任せすぎてはならない。戦略の最終意思決定をすること，そしてその戦略の実行を担保するためのリソース配分（ヒト・カネ）・投資について責任をもって実行することがマネジメントの責務である。

第2節　差別化するための新規事業創出とは

（1）黄金比を目指せ

　金融業界は規制産業ではあるものの，今後金融機関として生き残り，他社・他行に対して差別化を図るためには，新規事業を検討することが重要である。その際には，単なる新サービス・新商品のリリースに留まらず，イノベーションを伴う新規事業の創出を実現していかなければならない。

　日本でもオープンイノベーションが叫ばれて久しいが，経済産業省が実施した調査（平成28年度産業技術調査事業「研究開発型ベンチャー企業と事業会社の連携促進に向けた調査」）によると，「オープンイノベーションで成功している」と回答した大企業はわずか8％に留まり，研究開発型ベンチャーが同様の質問に40％と回答したのに比べて，大きく下回っているのが現状である。これは，オープンイノベーションの取組み自体が，既存事業とのシナジー追求を目的にしたものが多く，未知の領域に挑むためのイノベーションにシフトできていないことが考えられる。金融機関においても，同様もしくはそれ以下の状況であると理解している。

　米国のモニター デロイトが，過去20年持続的に成長している企業がどのようなポートフォリオでイノベーション投資を実施しているかを調査したところ，中核領域，隣接領域，革新領域のそれぞれに「7：2：1」の比率で投資していることが明らかになった。黄金比と呼ばれたこの比率は，2018年には「5：3：2」に変化し，今後は隣接領域や革新領域への投資比率が増大するといわれている。経営者の主戦場が，中核領域での既存の競争相手との"改善合戦"から，隣接領域・革新領域における遭遇したことがない相手との"価値創出合戦"へと変わりつつあるのである。ある日系金融機関のCEOの方とお話したところ，「私のミッションは新たな事業を創出すること。既存ビジネスは副社長以下に任せている」と仰っていたのも非常に興味深い。

　近年出版された『両利きの経営』という書籍（C. A. オライリー，M. L. タッシュマン著・入山章栄監訳，東洋経済新報社刊）にもあるように，金融機関に

おいては既存のビジネスを維持・拡大させつつ，同時に新規事業に取り組み，花を咲かせる必要がある。その際の，新規事業創出の考え方，新規事業創出をし続ける組織の作り方について解説する。

（2）金融機関ではなぜ新規事業が創出されないのか

　金融機関は，規制に守られた中での競争環境下でビジネスを行っていたこともあり，今までは新サービス・新商品のリリースといった"改善活動"に留まってきた。というより，"改善活動"をすることで十分株主価値を上げることができた。ただ，現在では，低金利の続く市場環境，非金融事業者の金融参入等を考えると，イノベーションを伴う新規事業を創出することを求められているが，それができていない。ちなみに，ここでいうイノベーションとは，技術シーズ起点のR&D活動にとどまらず，顧客・社会の課題解決につながる革新的な手法（技術・製品・事業）を創造し，顧客・社会への普及・浸透を通じて，ビジネス上の対価（キャッシュ等）を獲得する一連の活動のことを指している（**図表2-2-1**参照）。

　では，なぜ金融機関はイノベーションを伴う新規事業創出ができないのであろうか。それは，「しがらみ」と「リソース」という2つの観点から説明できる。

　「しがらみ」とは，社内外のしがらみのことであり，金融機関が企業として成熟しているがゆえにより複雑なものとなっている。例えば，歴史的に重要なビジネスパートナーという社外のステークホルダー，既得権益を持つ他部門・既存のマネジメント方法へ固執する経営陣という社内のステークホルダー，金融庁等により課されるコンプライアンス対応・規制対応といった「しがらみ」を乗り越えなければならない。それゆえ，イノベーションを行う際のハードルがより一層高くなってしまっている現状がある。また，「リソース」とは，いわゆるDoer型人材（ただちに実践する人）が不足しているということである。イノベーションを起こすには，Doer型人材が必要であり，彼らはルールブレイカー，その強引さゆえに煙たがられる，困難のない仕事をすることがリスクと考える，といった特性を持っている。彼らは，10年前には金融機関に一定数

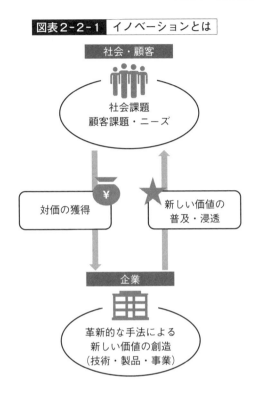

図表2-2-1　イノベーションとは

社会・顧客

社会課題
顧客課題・ニーズ

¥ 対価の獲得

★ 新しい価値の
普及・浸透

企業

革新的な手法による
新しい価値の創造
（技術・製品・事業）

存在していたが，現在ではいくつかの理由で非常に少なくなってしまっている。起業，外資・スタートアップに取られ，新規採用自体が困難になっている，Doer人材の特性があったにもかかわらずチャレンジ不足で普通の人になってしまった，実力主義の会社へ転職，起業で去ってしまう等である。その結果，金融機関には，Thinker型人材（思考を通じて解を導く人），要するに上位者の意図を汲んで正確に仕事をこなすタイプ，失敗して評価を落とすことがリスクと思うタイプばかりが残ってしまい，イノベーションを起こすことが困難になってしまっているのである。一方で，ベンチャー企業は，ストックオプションを活用した金融機関等の大企業からの人材採用，VC等からの資金調達等を通じて，イノベーションがより起こりやすい環境となっているのである。

（3）新規事業の検討方法

　イノベーションを伴う新規事業を検討する方法は大きく2つある。外部との共創を通じてのオープンイノベーション，社内リソースを中心に課題ベースで検討するインキュベーションである。実際に新規事業を検討する際にはどちらかを実施するというより，どちらも並行して実施していく形になることが多い。例えば，随時外部企業と連携しながらオープンイノベーションを模索しつつ，年1回等の頻度で全社・全行的に課題ベースでのインキュベーションを実施する，といったやり方等が見られる（**図表2-2-2**参照）。

①　外部との共創を通じてのオープンイノベーション
ⓐ　持つべき視点

　ベンチャー企業とのオープンイノベーションを実施するとなると，「とにかくシリコンバレー」「まずはベンチャーキャピタル（VC）」「依然として特別活動」といった短絡的な思考が見られる。全世界から注目されているシリコンバレーのベンチャー企業とつながるのは過度に敷居が高く，コストも高い。また，VCしかベンチャーとのアクセスパスを持っていないというのも昔の話である。そして，オープンイノベーションの実施を組織として「日常化」することを後回しすると，意思決定や他部門との連携上，既存組織が大きなカベになってしまう。

　上記を踏まえると，オープンイノベーションを実施する際に持つべき視点は3つで，「目的に応じたエリアの選定」「目的に応じたパートナーの選定」「組織的なメカニズム化」である。まずは，シリコンバレーにこだわることなく，世界に広がる"イノベーションクラスター"の中から，求める技術／ビジネス領域や連携しやすさで，軸とする対象エリアを選定する。例えば，近年では第2のシリコンバレーともいわれるイスラエルも，"イノベーションクラスター"としては有力な地域の1つである。また，自由度が制限される"VCへのLP（リミテッドパートナー）投資"等に限らず，能動的に良質かつ幅広い探索が可能なパートナーの採用を検討することも重要である。そして，会社としても文化・プロトコルがまったく異なるベンチャー企業との連携を継続的に促進す

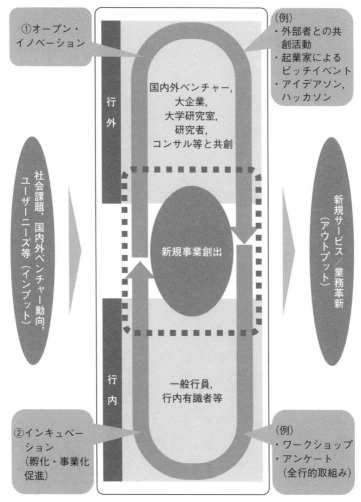

図表2-2-2 新規事業アイディア創出のアプローチとは

①オープン・イノベーション

(例)
・外部者との共創活動
・起業家によるピッチイベント
・アイデアソン,ハッカソン

社会課題,国内外ベンチャー動向,ユーザーニーズ等(インプット)

行外

国内外ベンチャー,大企業,大学研究室,研究者,コンサル等と共創

新規事業創出

新規サービス/業務革新(アウトプット)

行内

一般行員,行内有識者等

②インキュベーション(孵化・事業化促進)

(例)
・ワークショップ
・アンケート(全行的取組み)

るために,"組織的メカニズム化(日常業務化)"を並行して推進することが重要になってくる。

(b) 探索方法

　ベンチャー企業とのオープンイノベーションにおける探索方法は多様化して

おり，先進的な企業では幅広い手法を駆使して取り組んでいる。イベントの参加や他社サービスの活用等の他力探索と，自社でのイベント主催等の自力探索の方法に分かれる。

　他力探索の場合，イベントの参加，サービス活用，VCのファンドへのLPとしての参画等のオプションが考えられる。イベントの参加であれば，起業家によるピッチイベント，ベンチャー企業と大企業による交流会，オープンなビジネスマッチングイベント等のVB（ベンチャービジネス）イベントや，アクセラレーションプログラムがそれに当たる。また，サービス活用であれば，コンサル等のプロフェッショナルネットワークによる情報提供サービスや，専門家・仲介事業者による技術マッチング等のスカウティングサービス等の活用が考えられる。

　一方で，自力探索の場合は他力探索の場合に比べて取組み難易度は高まるが，テーマ別の起業家によるピッチイベント，ベンチャー交流会，アイデアソン，ハッカソンといったイベントやアクセラレーションプログラムを企業が主体的に主催することはよくある。さらに，本腰を入れてオープンイノベーションを推進している企業においては，VB投資活動をするためのCVCの設立，海外での探索を促進するための情報収集拠点やR&D拠点の設立等まで踏み込んだ取組みをしている場合もある（**図表2-2-3**参照）。

　情報提供サービスの一環で，当社ではTech Harborというサービスを提供している。世界のスタートアップの企業情報，テクノロジー情報を一元的に検索，分析できるプラットフォームであり，世界の企業情報はもちろんのこと，データ分析機能により，技術トレンドなどの体系化された最適な情報を迅速に提供することが可能である。本プラットフォームの活用で，シーズ起点での新規事業の創出を検討することが可能になる（**図表2-2-4**参照）。

② 社内リソースを中心に課題ベースで検討するインキュベーション

　ベンチャー企業とのコラボレーションを前提とするオープンイノベーションの取組みは，ともするとベンチャー企業のソリューションに目が行きがちになり，プロダクトアウトの取組みになってしまうこともある。そこで，顧客やビジネスの課題に日々向き合っている社内リソースを中心に新規事業を検討する

図表2-2-3　ベンチャー企業探索におけるパターンの広がり

Easy

取組み難易度

Hard

① 他力探索

a　VBイベント参加
・起業家によるピッチイベント
・ベンチャー企業と大企業による交流会
・オープンなビジネスマッチングイベント

b　VB育成プログラム協賛（アクセラレーションPGM）
・プログラムのデモディ（最終日のピッチイベント）
・メンタリングプログラム
・投資家向けイベント

c　VB情報提供サービス活用
・プロフェッショナルネットワークによる情報提供

d　スカウティング・サービス活用
・専門家・仲介事業者による技術マッチング

e　VCのファンドにLPとして参画
・新規ファンドのパートナーとして参画
・既存ファンドの追加パートナーとして参画

② 自力探索

f　アイデアソン等イベント主催
・テーマ別の起業家によるピッチイベント
・ベンチャー交流会
・アイデアソン，ハッカソン

g　VB育成プログラム主催（アクセラレーションPGM）
・数日〜数か月間の事業化検証プログラム

h　VB向け投資部門設立　現地拠点設立
・CVC立ち上げによるVB投資活動
・現地での探索を促進するための情報収集拠点またはR&D拠点設立

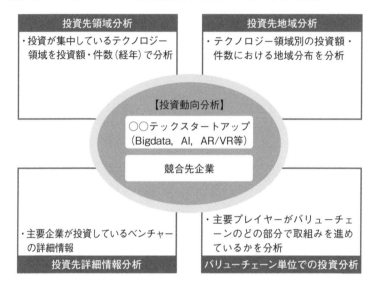

図表2-2-4 Tech Harbor

世界のスタートアップの企業情報，テクノロジー情報を
一元的に検索，分析できるプラットフォーム

（世の中には数多スタートアップデータベースは存在するが，エリア・業界ごとに
分断されており，デロイトが自ら投資をして自社アセットとして保有）

ことも効果的である。ただ，現場での足元の課題に目を向けすぎた結果，"カイゼン"の取組みに留まらないように，極力視座を上げる仕掛けをする必要がある。

　社内リソースを中心に新規事業を検討する場合は，大きく分けて，2つの手法がある。1つは，ワークショップ形式，もう1つは全社取組み形式である。

(a)　ワークショップ形式

　ワークショップ形式とは，次世代の経営，会社を担うメンバーを中心にワークショップを実施しながら新規事業の方向性を策定していく方法である。コアメンバー中心に議論をするので，効率的にアイディアを抽出できる一方，真の現場の悩みにリーチしたアイディアが出しきれない可能性はある。それゆえ，経営企画部のメンバーのみに閉じたりすることなく，人数を絞りながらも幅広

いバックグラウンドを持つメンバーを招集することが重要になる。進め方としては，2つのワークショップを実施し，その中から新規事業のアイディアを抽出していく。

　1つ目は「未来の世の中」についてのワークショップである。各社の置かれているビジネス環境について，メンバーにより見解がバラバラであることが多い。それゆえ，新規事業を検討するうえでの目線を合わせる必要がある。そこで，事務局側で「未来の世の中」についての見解，シナリオを取りまとめ，参加メンバーにインプットする必要がある。ここで重要なのは，金融業界動向・顧客動向・技術動向のみならず，メガトレンド・社会課題なども踏まえ，周辺領域にまで目を向け，未来を現在の延長としてではなく非連続なものとして捉えることが重要となってくる。その際には，シナリオプランニングの手法を用いることも有用である。

　2つ目は，「会社の未来」についてのワークショップである。1つ目のワークショップで定義した「未来の世の中」の中で，会社がどのような位置づけを果たすのか，どのようなビジネスを展開するのか，について議論する。例えば，意見が言いやすいようある程度少人数のグループに分ける，実現性の議論をいったん行わない「発散」のセッションと「収束」のセッションに分ける等の工夫をすると，より効果的なワークショップとなる。ここで重要なのは，グループごとのワークショップに対するファシリテーションである。面白いアイディアを引き出すことと現実解を出すことの両立をしていく必要がある（**図表2-2-5**参照）。

(b)　全社取組み形式

　全社取組み形式とは，全社員から意見を募ったうえで，その中からビジネスアイディアを抽出していく方法である。職位や職種に関係なく幅広く声掛けをすることで，さまざまな観点・角度から網羅的に現場の悩み・ビジネスアイディアを拾うことはできるものの，現場の“カイゼン”に留まるアイディアが多くなってしまう傾向にある。そこで重要なのは，全社員の意見の中で，ソリューションではなく課題に目を向け，事務局側でそれを俯瞰して捉えてソリューションを検討していくことが必要である。ただ，本取組みのメリットは

図表2-2-5 ワークショップ形式によるインキュベーション

ワークショップ①「未来の世の中」	目的	■「未来の世の中」についての見解，シナリオについて，メンバーにインプット ■「会社の未来」を考えるうえでの目線を揃える
	概要	■以下の観点を交え，「未来の世の中」に係る事務局の見解を伝える（適宜質疑応答を含む） ✓メガトレンド ✓社会課題 ✓金融業界動向 ✓技術動向 ✓顧客・消費者動向 ✓新興企業動向 ■セッション後には，「会社の未来」について，各自考える
	形式	■同じセッションを2〜3回実施し，都合のつく時間帯に出席する
	回数	■1回（1〜2時間程度）

ワークショップ②「会社の未来」	目的	■「会社の未来」についての意見を幅広く出し，ビジネスアイディアを抽出
	概要	■1回目 ✓各自考えた「会社の未来」をベースに，ディスカッションを実施し，アイディアを幅出し（極力実現性の議論をせず，幅広い意見を収集できる形を目指す） ■2回目 ✓他グループの結果などをフィードバックしつつ，さらなるアイディアを幅出し ✓一部，実現性の議論も実施
	形式	■5〜8人程度のグループに分け，各グループ2回のワークショップを実施 ※意見が言いやすいよう，グループの分け方も工夫
	回数	■2回（1回当たり1〜2時間程度）

網羅的にアイディアを拾えることだけではない。全社員を巻き込んだ取組みの実施を通じて，会社の変革を全社員に意識付けし，変革に向けたモメンタムを醸成することができるのである。ある金融機関では，社長主導でピッチコンテストを実施し，優秀なアイディアについては表彰したうえで，発案者を異動させ実際に案件化を推進させる，ということを行っている。

　具体的な進め方としては，アンケート準備，アンケート実施，アンケート集

計・精査の３段階に分かれる。アンケート準備の際には実施目的，設問内容，評価基準を明確にすることが重要である。アンケートの設問内容としては，ビジネスコンセプト概要，ターゲット市場／顧客／競合，提供サービス／チャネル，必要リソース，収益計画，アクションプラン，等となる。アンケート実施の際は，メールでの実施でも構わないが，社内のイントラネットでの実施，外部ツールを活用したWeb回答等，効率的な方法を選択するとよい。また，アンケート実施後は，アンケートで収集したアイディアを極力取り込む努力をすることが重要である。何百件もアイディアを募集しても実行に至るアイディアが数件では，現場のモチベーションは上がらず，変革のモメンタムは高まらない。優良アイディアを表彰するだけでなく，抜本的新規アイディアはアンケート実施部（例えば，経営企画部）主導で具体化し，既存業務関連のアイディアは関係各部主導で具体化する等，極力実施に向けたアクションをするべきである（**図表２-２-６**参照）。

（４）新規事業を検討する際の思考方法

　新規事業を検討する際の進め方として，外部との共創によるオープンイノベーション・社内で検討するインキュベーションの２つについて説明した。ここでは，上記のように新規事業の検討を進めるうえでの思考・考え方のヒントとなるいくつかの方法論について説明したい。アイディアを出す際に活用できる「デザインシンキング」，「SDGs起点」，「シーズ起点」と，アイディアを具体化する際の「ビジネスモデル化」の４つである。

①　デザインシンキング

　デザインシンキングとは，サービスやプロダクトの先にある顧客を理解し，その顧客も気づかない本質的なニーズを見つけ，その解決策を考えていく思考法のことである。ユーザーに焦点を当てる思考法を通じて，他社のサービスに対して差別化を図ったり，イノベーションを生み出すことを目的としている。

　デザインシンキングのプロセスとして一般的にいわれているのが，共感（Empathize），問題定義（Define），設計（Create），創造（Ideate），プロト

図表2-2-6 全社取組み形式によるインキュベーション

【所属部署／氏名】

【アイディア名】（1／2）

概要	■ビジネスコンセプトの概要 ■背景・課題認識，狙い等 ➤どのような社会課題を解決するか ➤どのような顧客ニーズを満たすか　等	
ビジネス コンセプト	**ターゲット市場／顧客，競合** ■ターゲット市場 （規模，成長性等） ■ターゲット顧客 ■競合	**サービス／商品，提供方法** ■サービス／商品，提供方法（チャネル） ■どこで／どのように自社の強みを発揮するのか （説明の形式は自由）

【所属部署／氏名】

【アイディア名】（2／2）

資源投入・ 収益計画	**資源投入** ■必要なリソース，リソース確保の手段 ➤ヒト ➤モノ ➤カネ	**収益計画** ■初年度～5年程度（もしくは黒字化まで）の収益計画
ビジネス化 に向けたア クションプ ラン	■検討すべき課題／対応策 （法令上の論点，資金・人的リソース面での制約，リスク等） ■ビジネス化に向けた具体的なスケジュール ■ビジネス化に向けた維持体制 （行内：部署・人材，行外：グループ会社，パートナー企業，弁護士等）	

タイプ（Prototype），テスト（Test）のプロセスを繰り返し，改善を繰り返すということである。ちなみに，共感は顧客に共感の真のニーズを捉えるためのヒアリング，問題定義は本当に解決すべき顧客の問題の定義，創造は問題解決のためのアイディアの発散，プロトタイプは顧客から学びを得るための実際の試行，テストは解決策を改善し評価することであり，これらを繰り返してい

くことで，既成概念を排除し，ユーザーに焦点を当てた商品やサービスを創出することが可能となる。

　この思考方法の本質は，解決策を検討する部分ではなく顧客の課題の本質を突き詰めて検討すること，解決策として出たアイディアを試行品という形で具現化し，ユーザーにすぐに確認することにある。

　当社がデザインシンキングを通じたイノベーション創出の支援をする際には，マーケットグラビティという方法論を用いる。これは，デザイン思考をベースとしつつも，顧客ニーズだけではなく，ビジネスとして成り立つか，テクノロジーを含むケイパビリティとして実行可能かどうか等，「プロポジション」を構成する諸要素を短期間でバランスよく検討・推進するというものである。顧客体験×ビジネスモデル×商品・サービスの3要素が密な相互連携をもって設計されて始めて，説得力のある事業・サービスが創出できると考えているからである。そのアプローチを4Sミッションアプローチと呼び，Search（機会の探索のためインサイトを集め，アイディアからコンセプトを形成），Solve（コンセプトを，ラピッドプロトタイプ，ユーザー検証，ビジネスケース検証等を経て，プロポジションを策定），Ship（プロポジションをPoCでの検証等を経て，市場に迅速にローンチ），Scale（反復的なリリースによるプロポジション改善および組織への浸透・拡大）の4段階で検討していく（**図表2-2-7**参照）。

②　SDGs起点での思考

　SDGsを起点に考えるというのも，1つのイノベーション創出の際の観点となる。SDGsとは，2015年8月に国連加盟国が合意した2030年に向けた「持続可能な開発目標（SDGs）」であり，持続可能な開発課題や先進国・企業を含む地球全体で取り組むべき課題（17の目標と169項目の具体的な達成基準）を幅広くカバーしたものとなっている。先進国も含めた課題も取り扱うSDGsは，"大きな夢"となる社会課題を特定する切り口として有効と考えられる。少し前まではSDGs関連はCSRの一環でしかなかったものが，近年ではCSVとして捉えられ始め，さらには新規事業に留まらず本業にもその概念が取り込まれるようになってきている。

　ビジネスアイディアを発想する際に，SDGsという社会課題基点の"大きな

図表2-2-7 マーケットグラビティ

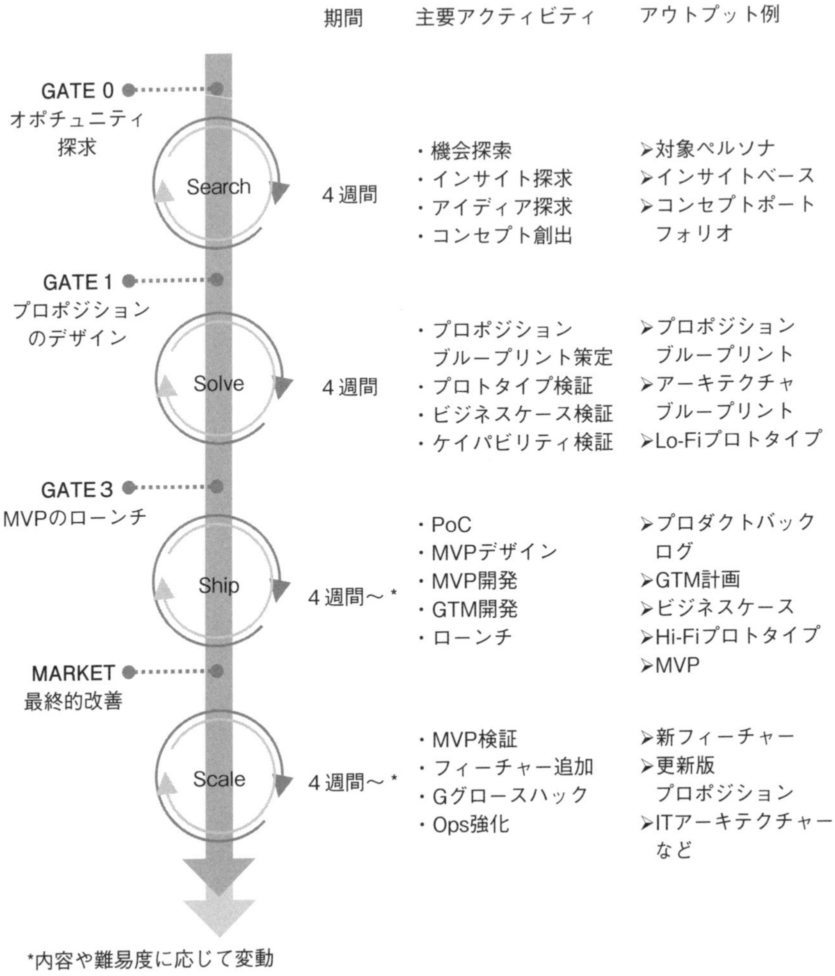

	期間	主要アクティビティ	アウトプット例

GATE 0
オポチュニティ
探求

Search　4週間
- 機会探索
- インサイト探求
- アイディア探求
- コンセプト創出

➤対象ペルソナ
➤インサイトベース
➤コンセプトポート
　フォリオ

GATE 1
プロポジション
のデザイン

Solve　4週間
- プロポジション
　ブループリント策定
- プロトタイプ検証
- ビジネスケース検証
- ケイパビリティ検証

➤プロポジション
　ブループリント
➤アーキテクチャ
　ブループリント
➤Lo-Fiプロトタイプ

GATE 3
MVPのローンチ

Ship　4週間〜 *
- PoC
- MVPデザイン
- MVP開発
- GTM開発
- ローンチ

➤プロダクトバック
　ログ
➤GTM計画
➤ビジネスケース
➤Hi-Fiプロトタイプ
➤MVP

MARKET
最終的改善

Scale　4週間〜 *
- MVP検証
- フィーチャー追加
- Gグロースハック
- Ops強化

➤新フィーチャー
➤更新版
　プロポジション
➤ITアーキテクチャー
　など

*内容や難易度に応じて変動

夢"から発想するのである。巨大な事業機会を背景に持つ社会課題を基点にビジネスアイディアを発想し，SDGsに基づいて会社にとって重要性の高い社会課題を抽出していく。

③　ビジネスモデルの具体化

　ビジネスアイディアを抽出した後に，ビジネスモデルを具体化・強化していく必要がある。その際に活用できる2つの方法論が，ビジネスモデルを共通言語化する「ビジネスモデルキャンバス」と，ビジネスモデルをより強化する「10 Types of Innovation」である。

　「ビジネスモデルキャンバス」とは，ビジネスモデルを客観的・網羅的に示し共通言語化するためのフレームワークであり，ビジネスの対象となる顧客と提供する価値を軸に，ストーリーとしてつながっているかを確認することが可能である。「儲け方」の理解が不十分で，収益化の再現性がない人によって「ビジネスモデル」の定義が異なり，議論がかみ合わない，ビジネスモデルの必要な要素を網羅的に検討することができない等というイノベーションプロジェクトでよくある問題が，共通言語化することにより解決することができる（**図表2-2-8**参照）。

　「10 Types of Innovation」とは，イノベーションを実行し構築するための「10の要素」であり，商品だけではない「10の要素」を考慮し，それらを複数組み合わせることでイノベーションを実現できる確率を高めることが可能である。要するに，10の要素の観点から新サービスを検討することでビジネスモデルをより強固なものにし，新サービスの差別化を図ることができる。10の要素とは，利益モデル，ネットワーク，組織構造，プロセス，製品性能，製品システム，サービス，チャネル，ブランド，エンゲージメントを指す（**図表2-2-9**参照）。

（5）イノベーションマネジメント改革

①　マネジメント改革の必要性

　企業が持続的に成長をするためには，既存事業の遂行（既存事業の強化による成長）と新事業創造（新しい事業・価値の発掘・育成による成長）の両輪で進めていくことが重要である。

　先進的な欧米大企業は，特に2000年前後から，不確実性の高い将来を見据え，イノベーションを全社的な経営課題と認識し，イノベーション創出環境の整備

図表2-2-8 ビジネスモデルキャンバス

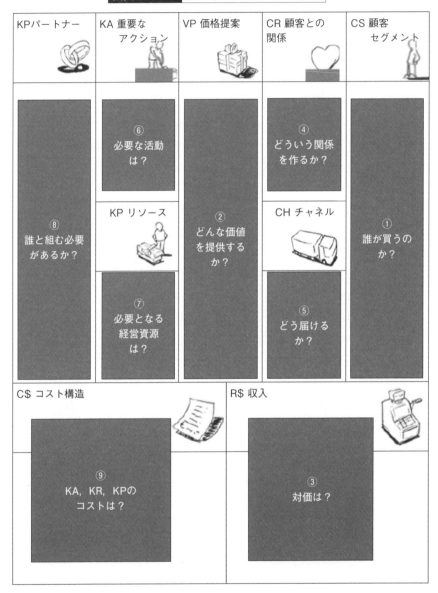

図表２-２-９ 10 Types of Innovation

CONFIGURATION
企業とその内部のビジネスシステム／機能

- **Profit Model** ……… 1．利益モデル
  どのようにして利益を得るか
  （価値を生み出すか）

- **Network** ……… 2．ネットワーク
  価値を生み出すために，どのように
  して他社とつながるか

- **Structure** ……… 3．組織構造
  人材や資産をどのように編成し，
  連携させるか

- **Process** ……… 4．プロセス
  独自の優れた方法をどのように
  使って業務を遂行するか

OFFERING
サービス　中核的製品・

- **Product Performance** ……… 5．製品特性
  独自の特性や機能をどのように
  開発するか

- **Product System** ……… 6．製品システム
  保管的な製品・サービスを
  どのように生み出すか

EXPERIENCE
顧客経験（ユーザーエクスペリエンス）

- **Service** ……… 7．サービス
  自社のオファリングの価値を
  どのようにして維持，増幅するか

- **Channel** ……… 8．チャネル
  自社のオファリングをどのように
  して顧客やユーザーに届けるか

- **Brand** ……… 9．ブランド
  自社のオファリングと事業を
  どのように描き出すか

- **Customer Engagement** ……… 10．エンゲージメント
  心をつかむインタラクションを
  どのようにして促進するか

に向けた輻輳的な取組み・経営改革を，トップ自ら進めてきた。イノベーティブとされる欧米トップ企業では，イノベーションの持続的創出がトップが解決すべき課題に位置付けられ，社内環境の整備・進化に組織をあげて徹底的に取り組む「社内メカニズム化」ができている状態にある。

一方で，日本企業では，イノベーションが重要課題として設定されているが取組みが各現場・個人任せの「スローガン先行」状態であったり，重要課題に位置付けられ種々の取組みが行われているが，その多くが部分的かつ有機的に連携していない「虫食い改革」状態に留まっている。

既存事業と新事業を両輪で進めていくにあたっては，新事業側を既存事業と異なる方法でマネジメントする必要がある。なぜなら，「計画の効率的な実行」が求められる既存事業と「実験と学習」が求められる新事業では，まったく毛色が異なるからである。既存事業用の通常の眼鏡で新事業を評価してしまうと，リスクや短期的な結果を過度に意識してしまい，新事業が育たなくなってしまう。それゆえ，「実験と学習」を軸とした首尾一貫したマネジメント手法を，組織の中で「並立」させることが，企業にとって非常に重要となる（**図表2-2-10**参照）。

②　イノベーションマネジメント改革の方法論

イノベーションマネジメント力を測る評価フレームワークとして，イノベーションマネジメントフレームワークというものがある。

経済産業省の平成27年度総合調査研究「企業・社会システムレベルでのイノベーション創出環境の評価に関する調査研究」の中に出てくるものであり，当フレームワークは，イノベーションマネジメントに関する国内外先進企業のベストプラクティスや，先進各国やEU，ISO等の国際的枠組みにおいて活用・検討されている類似フレームワークの調査／分析をもとに当社が支援し，策定されたものとなっている。

イノベーションマネジメントは7つの要素で構成され，各項目に対して高水準に取り組み，項目間の有機的なつながりから「メカニズム」を形成することにより，効果的・持続的なイノベーションの創出が組織に根付くというコンセプトとなっている。本フレームワークを活用することによって，骨太な新事業

図表２-２-10 企業の持続的成長モデルにおける「車の両輪」

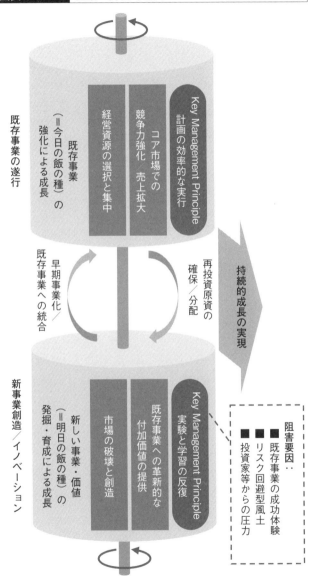

を生み出し続ける組織への抜本的な経営・組織変革が可能となる。

　イノベーションマネジメントの7要素は，トップマネジメントのリーダーシップ，イノベーション戦略，イノベーションプロセス，パイプライン・ゲート管理，外部コラボレーション，組織・制度，イノベーション文化醸成となる。その関係性については，**図表2-2-11**をご覧いただきたい。

　7つの要素それぞれには，Excellent，Good，Fair，Poorの基準があり，現状を評価したうえで，どのレベルを目指すかを定義し，対応策を検討していく流れとなる。詳細の評価項目については，別途**図表2-2-12**に記載のとおりだが，各要素の評価の観点を簡単に説明しよう。

　トップマネジメントのリーダーシップは，イノベーションに対する企業トップの取組みやコミットメントを評価するものである。例えば，ある銀行ではイノベーションを主導するデジタル関連部の担当役員を頭取にすることでコミットメントを明確にしている。イノベーション戦略は，イノベーション創出で取り組むべきアジェンダや目標策定・管理，予算配分等を評価するものである。イノベーションプロセスはイノベーション創出のための独自のプロセスの整備状況や浸透状況，パイプライン・ゲート管理はイノベーション創出の進捗を管理・意思決定する仕組み，外部コラボレーションはイノベーション創出にあたってのオープンイノベーションの活用度を評価するものである。また，組織・制度はイノベーション創出を促進する組織・機能や社内的な仕組み，イノベーション文化醸成はイノベーション創出に社員が自発的に取り組む文化づくりの取組みを評価するものである。1つ1つの要素ならば取り組んでいる金融機関は多いと思うが，この7つの要素を包括的に取り組み，「メカニズム化」することで，真のイノベーションマネジメントとなるのである。

図表2-2-11　イノベーションマネジメントフレームワーク

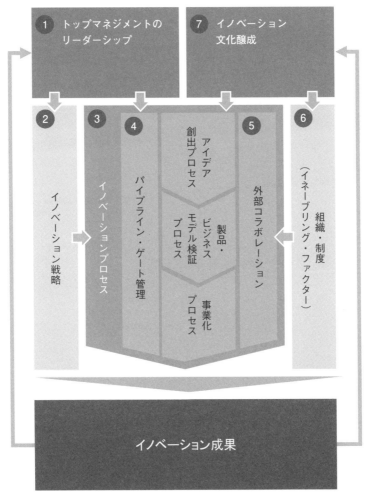

（出所：経済産業省平成27年度総合調査研究「企業・社会システムレベルでのイノベーション
　　　創出環境の評価に関する調査研究」）

図表2-2-12 イノベーションマネジメントフレームワークの評価項目

項　目	サ　ブ　項　目
① トップマネジメントの リーダーシップ	1-1 イノベーション創出への情熱・好奇心 1-2 イノベーションマネジメントの必要性の共通認識 1-3 イノベーションマネジメント担当役員 1-4 担当役員の時間的コミットメント 1-5 トップマネジメント選任基準 1-6 外部ステークホルダーとのコミュニケーション
② イノベーション戦略	2-1 イノベーションアジェンダ設定 2-2 メガトレンドの反映 2-3 戦略的目標設定（KGI：Key Goal Indicator） 2-4 戦略的資源配分 2-5 M&A活用 2-6 ルール形成
③ イノベーションプロセス	3-1 標準イノベーションプロセスの整備 3-2 イノベーションプロセスの周知・啓蒙 3-3 イノベーションプロセスにおけるナレッジの効率活用 3-4 アイデア創出プロセス 3-5 製品・ビジネスモデル検証プロセス 3-6 事業化プロセス
④ パイプライン・ゲート管理	4-1 標準ゲートの整備 4-2 意思決定基準 4-3 KPI（Key Performance Indicator）管理
⑤ 外部コラボレーション	5-1 オープンイノベーション推進方針 5-2 オープンイノベーション活動の実行機能・組織 5-3 オープンイノベーション推進施策 5-4 世界のイノベーションクラスターとの連携 5-5 ベンチャー企業との連携
⑥ 組織・制度 （イネーブリング・ファクター）	6-1 イノベーションマネジメントの推進機能・組織 6-2 イノベーションに適した人材の採用 6-3 イノベーション人材の育成 6-4 機動的な人事異動制度 6-5 自主的なイノベーション創出活動への支援 6-6 オープン・ブラックボックス戦略の実行 6-7 品質基準の緩和制度
⑦ イノベーション文化醸成	7-1 経営理念・行動規範への反映 7-2 社員の当事者意識 7-3 フラットな組織文化 7-4 失敗の許容 7-5 挑戦の奨励 7-6 多様性の受容

◆コラム１　ブロックチェーンを活用した新規事業アイディア ────

（１）ブロックチェーンの特性

　多様なプレーヤーをつなぐイノベーション・エコシステム構築のために，ブロックチェーン（分散型台帳技術：Distributed Ledger Technology（DLT））が今注目を集めている。デジタル化の進展によりあらゆるヒトやモノ，場所がつながり，情報流通が飛躍的に広がっていく中で，各産業のありようが大きく変わることが想定される。例えば，ウェアラブルデバイスから取得するバイタルデータをもとに，健康改善アドバイスが提供される。希望すれば医療行為が患者の状態に応じて提供され，保険契約情報により迅速に自動支払いが完了する。日常の支払いはキャッシュレスでお得・便利に行われ，資産情報や投資方針から資産運用アドバイスやリバランスが適切に実行される。すでに，このような世界観は現実的になり始めている。

　ここで重要なのが，協業する複数プレーヤーがデータをどのように保持・連携するかである。従来技術では，ある事業者が構築したサービスに接続しデータを取得する必要があるため，利用関係者各々がそのデータを都度チェック（リコンサイル）し，自社で類似の複製データベースを構築する必要がある。将来を見据えて，複雑な統合データベースを構築することは難度・コストともに極めて高く，事業スタートの足かせとなってきた可能性が高い。

　ブロックチェーンは，関係者各々が（共有範囲を定義したうえで）同一データを，改ざんされない前提で保持し合うことを可能とし，これまでエコシステム構築のためにコストを費やすことが求められてきた「信頼できる唯一の情報源[1]」を獲得できる。ブロックチェーンはビットコイン等の仮想通貨（暗号資産）に端を発したが，その技術特性から金融だけでなく，ヘルスケア・流通・製造・電力等，さまざまな業界で実用化の検討が進み，今後は，イノベーション・エコシステムの構築に対して標準的に検討される技術となりうるであろう（**図表2-2-13**参照）。

　ブロックチェーンは金融機能のあり方をも変える可能性がある。これまでは，

1　Single Source of Truth（シングル・ソース・オブ・トゥルース）ともいわれ，ブロックチェーンの重要な特徴のうちの１つ。

128

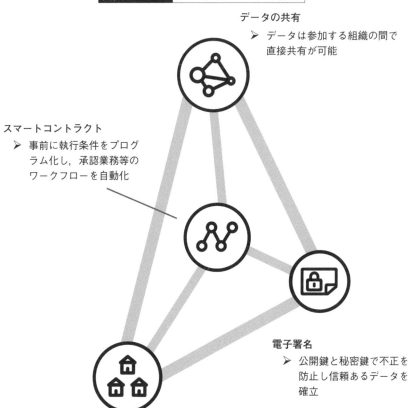

図表2-2-13 ブロックチェーンの特性

データの共有
➤ データは参加する組織の間で直接共有が可能

スマートコントラクト
➤ 事前に執行条件をプログラム化し，承認業務等のワークフローを自動化

電子署名
➤ 公開鍵と秘密鍵で不正を防止し信頼あるデータを確立

分散型台帳
➤ ネットワーク上で同じ取引情報を共有することでデータの不一致や喪失を防止

大切な資産を安全に管理するために信頼性の高い金融機関に手数料を支払い，その対価として金融サービスを受けてきた。一方，ブロックチェーン上では，執行条件をプログラムが指定するため仲介機関に手数料を支払うことなく，ユーザー自身が資産を管理し，金融サービスを受けることになる。このような金融エコシステムは分散型金融（Decentralized Finance：DeFi）あるいはオープンファイナンスとも呼ばれ，まだ日本ではなじみが薄いが，近年主に欧

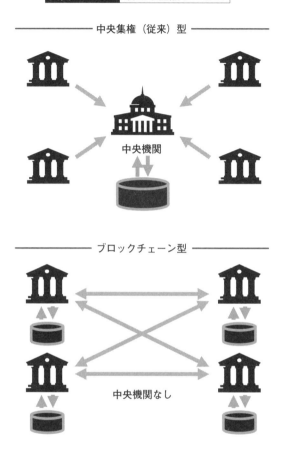

図表2-2-14　新たな金融サービス

中央集権（従来）型

中央機関

ブロックチェーン型

中央機関なし

米で広がりを見せている。これまで銀行口座を保持できなかった層や手数料や利率に苦しむ層にもリーチでき，オープンで利便性の高いサービスが提供できることに期待が寄せられている（**図表2-2-14**参照）。

（2）金融サービスのビジネスの方向性

　これまで見てきたように，ブロックチェーンは信頼性，透明性（オープン）があり，かつボーダーレスであることにポテンシャルがある。経済産業省[2]は有望な事例・市場規模を「価値の流通・ポイント化プラットフォームのインフ

ラ化（1兆円）」「権利証明行為の非中央集権化の実現（1兆円）」「遊休資産ゼ
ロ・高効率のシェアリングの実現（13兆円）」「オープン・高効率・高信頼なサ
プライチェーンの実現（32兆円）」「プロセス・取引の全自動化・効率化の実現
（20兆円）」と試算している。市場規模が大きい3つの事例に関連して金融サー
ビスのビジネスの方向性を提示したい。

① オープン・高効率・高信頼なサプライチェーン

　最初に，32兆円と試算されているサプライチェーンの領域では，小売・卸・
製造の商流情報が共有され，川上から川下までライフサイクルがトラッキング
可能となることが想像される。あらゆるBtoBの商流がブロックチェーンで共
有される中，「瞬時・低コストを実現する送金・決済サービス」の存在が欠か
せない。現状は，特に海外送金／決済の場合，スウィフト（Society for
Worldwide Interbank Financial Telecommunication：SWIFT）に接続さ
れたグローバル金融機関を仲介して実現する手段が一般的であり，高額な手数
料や着金までに数日を要する等，利便性に課題がある。対抗馬の1つが，米
リップルの提供するRippleNetで，同社独自のネットワークと仮想通貨（暗
号資産）XRPを用いて効率的な送金を実現する。他方，米JPモルガンはIIN
（Interbank Information Network）と呼ばれるブロックチェーン基盤を構築
し，すでに330超の金融機関が参加意向を表明し，65行以上で使用開始されて
いる（2018年9月同社発表）。商流と金流がブロックチェーン上に蓄積される
のであれば，このデータを活用したレンディングサービス等新たなビジネス価
値も創造しうる。

② プロセス・取引の全自動化・効率化

　続いて20兆円の効率化の領域では，「非競争領域のバックオフィス業務を業
界横断コンソーシアムで共同化」することが期待される。例えばデロイト トー
マツ グループと3大メガバンクグループが参画するブロックチェーン研究会
が実施した「ブロックチェーン技術を活用した本人確認（KYC）高度化プラッ

2　平成27年度 我が国経済社会の情報化・サービス化に係る基盤整備（ブロックチェーン技術を利用
　　したサービスに関する国内外動向調査）

トフォーム構築の実証」[3]もその典型例である。この他にも，貿易金融やシンジ
ケートローン，遺言，保険契約等，活用事例は多く検討されている。また，こ
れら複数業界で効率化を目指し構築されるデータ共有プラットフォームは，関
連する中堅・中小零細企業まですそ野を広げることで，大きくビジネスのすそ
野を広げることも可能である。

③ 遊休資産ゼロ・高効率のシェアリング

　最後に13兆円の資産効率化領域では，遊休資産の稼働率向上や利用権限管理，
CtoC取引の活性化が期待されている。金融領域では，2020年5月に施行され
た改正金融商品取引法上のセキュリティトークン[4]による，「デジタル証券によ
る魅力的な金融商品開発」の活用を取り上げる。

　株式や社債だけでなく，不動産[5]や美術品など物理的に分割が難しいが価値
のある資産を小口証券化し，幅広く投資家を募り権利を移転することも広義に
は可能である。このような市場はこれまでも存在していたが，ブロックチェー
ンによりオープンで即時性による流動性の高まり，組成や管理コストの削減に
よる普及が期待されている。詳しくはコラム2で触れるが，例えば地域に根差
したランドマークやテーマパークなど地方への資金流入策としても期待される。
2020年7月現在では複数の大手証券・銀行グループがこの枠組みでのコンソー
シアムを組成し，その可能性を広く実証実験している段階だが，今後数年の間
に一般消費者間でさまざまな権利を移転し合うことも実現していくであろう。

　ブロックチェーンは相互接続性（インターオペラビリティ）や秘匿性，ある
いは性能など，広範な実用化に向けては課題があると指摘する声も聞こえてく
る。ただし，不確実な時代であるからこそ中長期ビジョンを持ち，大きなポテ

3　デロイト トーマツ グループ HP：https://www2.deloitte.com/jp/ja/pages/about-deloitte/articles/
　news-releases/nr20180713.html
4　一般社団法人日本STO協会の定義では，「伝統的なエクイティファイナンス・デットファイナンスに
　代わる新しい資金調達方法，株式や社債に代わる新しい金融商品の提供，これらのニーズをテクノ
　ロジーの進化を通じて，法令に準拠した形でサービス提供する仕組みがSTOと呼ばれる仕組みであ
　り，日本では「電子記録移転権利」と呼ばれる」
5　米国の高級ホテル・リゾートSt. Regis Aspenの所有者である資産管理会社Elevated Returnsは，
　STOにて1,800万ドル（約20億円）を調達した。

ンシャルに向けてトライ＆エラーを重ねる金融リーダーが必要なのではないだろうか。エグゼクティブ対象の当社アンケート調査「デロイト グローバル ブロックチェーンサーベイ2020」[6]では"ブロックチェーンは非常に重要で戦略的優先事項のトップ５に入っている"が55％（2019調査53％），"既にブロックチェーンを稼働させている"が35％（2019調査23％）との結果もあり，すでに実用への準備は整っているといえる。まさに「ブロックチェーンは機能するか？」ではなく，「『我々』はどのようにブロックチェーンを活用できるか？」にステージは移っているのである。

◆コラム２　地方創生を絡めた新規事業アイディア

（１）地域内での経済循環

　キャッシュレスの促進や，セキュリティトークン，暗号資産，資金移動などの関連規制の整備は，地域経済に適用することで地域経済を活性化させる可能性があると考えられる。

　ここでの地域経済とは，例えば全国に1,741（2018年10月１日時点）ある基礎自治体（都道府県別市町村）の単位で考えてみる。基礎自治体の経済の実態を調べるには，経済産業省が提供しているRESAS（地域経済分析システム）[7]を用いると状況が把握しやすい。

　例えば，沖縄県宮古島市について，地域（基礎自治体）の経済を，生産，分配，支出の地域経済循環図で見てみると，2013年の地域経済循環率は64.7％となっており，地域外にお金が流れていることがわかる（図表２-２-15参照）。

　地域とその他の地域（都市部など）の関係でお金の流れを見た場合，流入と循環と流出に大別され，現状は都市部からの流入が減り，地域からの流出が増えている状況にある。したがって，地域経済を活性化させるには，反対に都市部からの流入を増やし，地域からの流出を防ぎ，さらに地域内での経済循環（お金の流れ）を活性化すればよい。さまざまな取組みが行われているが，例

6　デロイト トーマツ グループ HP：https://www2.deloitte.com/us/en/insights/topics/understanding-blockchain-potential/global-blockchain-survey.html

7　RESAS HP: https://resas.go.jp

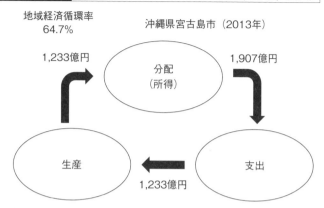

図表2-2-15 地域経済循環図のイメージ（生産，分散，支出）

地域経済循環率
64.7%

沖縄県宮古島市（2013年）

（出所：RESAS（https://resas.go.jp/）地域経済循環図）

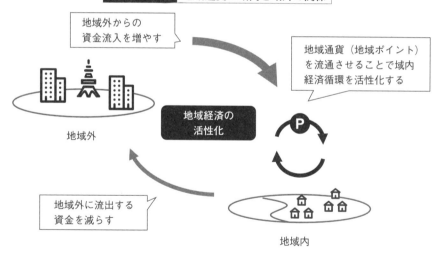

図表2-2-16 地域通貨の域内と域外の関係

えば，ふるさと納税は地域へのお金（税金）を増やすものであり，地域電力は
エネルギーの地産地消を実現することでお金が都市部の電力会社やガス会社に
流れるのを防ぐものである（**図表2-2-16**参照）。

　本コラムでは，上記地域経済を活性化する手段としての地域通貨（または地

域ポイント）とセキュリティトークンの可能性を考えてみたい。

（2）地域通貨の可能性
①　決済モデルとしての地域通貨

　地域通貨自体は比較的古くからある取組みで，一説には国内でも800を超える地域通貨が発行されてきたといわれている。ただし，今も続いているものはわずかで，定着しなかった理由としては，その発行の目的が明確ではなかったことや，運営維持に一定の費用負担が発生するために，持続可能ではなかったためといわれている。

　後者の運営費用の負担に関しては，利用可能な加盟店などから一定の決済手数料（あるいは円への換金時の手数料）を徴収することで運営費を賄う決済モデルの実現が考えられるが，これには地域通貨の一定規模以上の流通量が必要となる。このことは，地域通貨が地域に限定することで地域経済に資するという特徴と相反するもので，地域内に限定することでどうしても流通量も制限がされてしまう。これを改善するために，地域通貨の店舗などへの利用から即円に換金するのではなく，店舗が仕入などに用いるなど，BtoBでの利用によって，産業循環とともに地域通貨を循環させることが考えらえる。ただし，これにも課題はあり，それは基礎自治体（市町村）単位で産業構造が閉じているケースが少ないことが挙げられる。製造や仕入などを考えてみれば，当然隣接の自治体や他の都道府県，海外からの仕入ということも当たり前の状況であり，閉じた産業構造を考えるには少なくとも都道府県単位の広さが必要となると思われる。

　ここまでは地域通貨を決済モデルとした場合の難しさを挙げたものの，1つの大きな可能性として給与の電子マネー支払いが認められることがある。これによって店舗等で使われた地域通貨を円への換金や仕入に使わずとも，従業員などへの給与支払いに使えるので，受け取った従業員がまた地域通貨として利用する循環が促進されると考えられる。

②　地域ポイント

　もう1つ，決済モデルではない地域通貨の可能性について考えてみる。これ

は地域通貨というよりも地域ポイントと呼んだほうが適切で，地域ポイントを円から交換（チャージ）するのではなく，例えば自治体を発行体として，さまざまな行政イベントへの参加の特典として地域ポイントを付与するものである。この取組みは健康ポイントの形で現在多数の自治体で行われている施策であるが，住民の健康促進といった公共サービスの一環として執り行われているものであり，地域ポイントの原資や運営費などは自治体の予算から拠出されているのが一般的である。

　この考えを自治体の予算（費用削減または歳入増加）につながる形にできないか，というのがアイディアである。

　健康づくりは公共サービスの一環と書いたが，健康となることで将来の医療費を削減するという視点もあるものの，定量的な評価にはつながっていないのが実情であろう。これを特定検診の受診，がん検診の受診，検診結果から生活習慣病（糖尿病など）の予兆がある場合のアドバイス受診，ジェネリック薬品の積極的な利用など，それぞれ参加率，利用率が向上すると定量的な医療費削減が見込めるような施策への参加インセンティブとして地域ポイントを付与することが考えられないだろうか。東京都八王子市がソーシャルインパクトボンドの仕組みを用いて，大腸がん検診の受診率向上を目指した際には，大腸がんが早期に発見されると約187万円の治療費が削減できることが証明され，それを財源にソーシャルインパクトボンドを組成したという。また，ジェネリック薬品の利用が進んでいるとはいえ，国が目標とする80％（2020年9月までにジェネリック薬品の使用割合を80％とする。2015年6月閣議決定。2018年12月時点での数量シェア72.6％）にはまだ達しておらず，ジェネリック薬品の利用が進むことで基礎自治体が一部負担する国民保険においても数千万円から数億円の医療費削減余地があると考えられる。

　つまり，こういった行政事業において，参加を促すこと（態度変容）で予算を削減（または歳入を向上）できる施策があれば，それと地域ポイントを組み合わせることも可能ではないかと考える。なお，付与したポイントは当然地域内での利用に制限されることで，地域経済循環に資するものにもなる。

（3）セキュリティトークンの可能性

　次にセキュリティトークンの可能性について考えてみる。セキュリティトークンの特徴やできることに関しては説明を別の箇所に譲るとして，ここではセキュリティトークンを地域で活用することについて考える。

　まずマクロな視点であるが，ゼロ金利が続く中，国内では預金残高が1,008兆円（2019年12月末）まで積み上がっている。これを個人の側から見てみると，投資はしたいけれども，魅力的な金融商品がないから預金に置いているといえるのではないだろうか。その際，単なる経済的なリターンのみならず，自分の住む地域への投資という観点は，地元への貢献の意味を持つし，投資を通じて新しいお店や雇用が生まれ，地域が活性化するなどのリターンも得られると考えられる。地域貢献というとこれまではまず寄付があるが，これは社会貢献，地域貢献への意識の高い一部の方に限定されるというのが実情であろう。

　近年は，クラウドファンディングを通じた地域貢献も増えているが，これは制度上，購入型クラウドファンディングに分類され，モノでのお返しや投資金額が少額に留まってしまう。対してセキュリティトークンを用いた資金調達であれば，従来証券化が難しかった地域の対象資産を裏付資産に発行が可能となるし，小口化もできるので地域の住民が手軽に投資できる状況が生まれる。またセキュリティトークンは従来の一項ないし二項有価証券を裏付資産とした電子記録移転権利として整理されたものなので，前述のクラウドファンディングのような調達額の低い上限設定を受けず，数千万円から数億円単位での資金調達が十分可能となる。セキュリティトークンの実用化に向けては，まだ整理すべき事項がいくつか残っているが，実用化と普及は間近と思われるため，ここまで書いたような地域への活用が今後期待される。

（4）地域通貨とセキュリティトークンの組み合わせ

　最後に，地域通貨（ポイント）とセキュリティトークンを組み合わせた可能性について触れる。地域ポイントとセキュリティトークンは別のものであるが，電子化された地域ポイントは，同じデータという観点からセキュリティトークンと相性がよい。セキュリティトークンもブロックチェーン上に実装されるもので，同じ電子データである。つまり，セキュリティトークンの発行で資金調達をした際，そのクーポン分，値上がり分，償還分（売却分）などを地域ポイ

ントで引き渡すことも可能ということである。もちろん，その際，円で戻す場合の換金や送金コストなどが削減でき，しかも地域ポイントとしてその地域はもちろん，投資先の店舗や事業への支払いに利用することもできるので，その際の特典の付与ポイントも任意で設計ができる。

　こうして自身の住む地域への投資を通じ，さらにそのリターンを地域ポイントで受け取ることで地域経済の活性化にもつながり，まさに一石二鳥である。さらに，セキュリティトークンや地域ポイントの発行や利用はデータの流れでもあるので，個人情報や当該データの利活用には十分に配慮する必要があるが，そういったデータを蓄積，分析，そして活用することは，スマートシティや情報銀行の流れにもつながり，一石二鳥どころか，三鳥，四鳥の利便性を生む可能性を秘めている。

　ここまで述べてきたことはまさにトークンエコノミーとも呼ばれているもので，その実現は目前に迫っていると感じる。地域への貢献，投資といった考えの先には，自身が暮らす地域にお金を預け（セキュリティトークンを介して投資を行い），預けたお金からの地域ポイントの利用で日々過ごし，それに基づくさまざまな便利な情報が届けられる。そんな地域の未来が想像される。

第3節　生き残るためのコスト構造改革とは

　近年，資金需要が減少し，金融機関の収益性向上の兆しが見えない。2028年度までに約6割の地域銀行について当期純利益が赤字化する予測が日銀よりレポートされるなど，資金利益の減少が見込まれる。このような環境下では，事業の選択と集中を通じた経営資源の傾斜配分が生き残る唯一の道となるが，これを可能とするのは人件費・物件費改革を進め，経費率（OHR）を引き下げることである。

　一方，ただコスト改革をすればよいわけではなく，COVID-19の再流行や働き方改革の推進による労働環境の変化に対し業務レジリエンスを発揮できなければ，企業のブランド・レピュテーションを失いかねない。本節では，ポストCOVID-19のニューノーマル時代において，スマートワークと両立したBPR（Business Process Reengineering）をどのように効果的・効率的に進めるべきかの方法論や先進事例をお伝えする。

（1）徹底的なBPR

①　OHRがスリム化された目指すべき未来の金融機関像

　第1章第2節において，銀行が高収益を目指すための必要条件はOHRの改善であると述べたが，銀行以外の金融機関についてもOHRの改善は重要な命題である。金融ビッグバン以降，業界の垣根が低くなり，決済分野を皮切りに他業種からの参入が跡を絶たない状況となっている。さらに，一向に上がる気配のない低金利や資金調達方法の多様化により薄利ビジネスとなっており，OHRの改善が必須となっている。

　第1章第2節の繰り返しとなるが，このような環境下で目指すべきOHRの水準については，地域銀行を例にとれば，10年後の「稼ぐ力」が変わらずに現在と同水準のROAを保つと仮定すると，50％台となる。全国銀行協会の非会員銀行も加えた現在の108行の単純平均は76.4％であり，64.6％まで改善できたとしてもROAの維持しかできないこととなる。このため，高収益を目指すには，

現時点で実施可能な施策は全て実施すべきなのである。そのうえで，さらなるコスト構造の強靱化に向け，チャレンジングな事項にも取り組まなければ生き残ることは難しい。

　では，将来のどんな姿を目指してコスト削減に取り組めばいいのだろうか。他社にあけられた水を埋めることはできるのだろうか。業務効率化度合いの大きい状態をしっかりイメージして改革に取り組むことにより，早期に着手したライバルにも追いつくことができる。小さな業務効率化施策を積み上げることが大きな業務効率化につながるわけでは決してなく，小さな度合いに留まる企業も多い。例えば，店舗に後方事務が多く残っているにもかかわらず，事務センターの一部事務に技術活用し自動化したとしても，大きな効果を見込むことはできない。このため，目指す姿（初期仮説）の精度が要であり，チャネル・業務分類ごとに初期仮説を設定する必要がある。業務効率化度合いが大きい状態とは，営業店やセンターの役割，業務の分掌が明確化，標準化され，デジタル技術が活用されている状態である。

　さらに，取組み姿勢では，経営層から目標数値を打ち出しており，トップダウンに施策に取り組んでいる状態でもある。例えば，事務に対しRPAを活用する場合，トップダウンの推進体制により業務部門を巻き込み，外部パートナーを活用しながら，情宣活動や研修により内製化できる体制を現場に構築している例がある。これは業務効率化度合いが大きい例である。さらに，トップダウンの推進体制の礎として，経営層からRPAによる削減効果の目標数字が明確に打ち出されており，チャネルや業務分類を超えて統合的に初期仮説を設定できている例である（**図表2-3-1**参照）。

②　人件費・物件費圧縮の必達と挑戦

(a)　圧縮必達に向けた手立て

　OHRのスリム化には，当然ながら主要なコストである人件費・物件費にメスを入れなければならない。この点も第1章第2節で触れたが，現時点で実施可能な施策は必ず実施すべきである。効果を出し始めている他社のやり方に倣ったうえで，さらなる強靱化に向けたチャレンジまで視野に入れて進むことが肝要である。

図表2-3-1 業務効率化の度合い（イメージ）

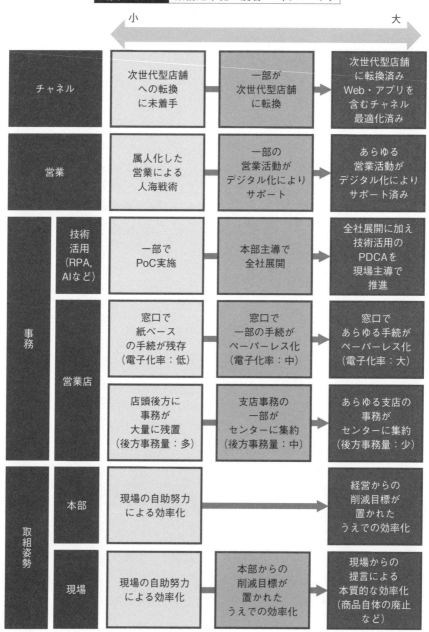

　人件費でいえば，メガバンクをはじめ地域銀行においても，銀行全体や本部の人員をここ2，3年のうちに大幅に削減することを発表している。あるいは，すでにRPAなどを含む業務改革により人員削減の成果を出し始めている。単に業務改革に取り組んでいるのではなく徹底的に人員削減している。例えば，過去から慣習的に行っている事務の一部をRPAに代替させたくらいでは効果は発現しない。そもそもの事務の存在意義を問い直し，最後まで残った必須事務をRPAに担わせるという順で取り組んでいる。これには廃止が大きな成功要因となるが，クビへの反対意見や人間関係など社内のしがらみを乗り越えるため，トップマネジメントが強力にコミットしている。KPI管理をできる程度に具体的な削減人数や削減時間をメッセージとして打ち出し，効果が発現しているか否かを徹底的に追跡している。

　物件費についても，店舗統廃合が推進されている。人件費と同様に，2，3年のうちに4割から5割の店舗を削減すると発表している。さらに削減だけに留まらず，顧客セグメント別のチャネル戦略を見直し，残存店舗について軽量化している。例えば，富裕層が多い地域では，法人向けの入出金事務などをなくし資産運用の相談業務を中心とした個人向けコンサルティング専用店舗に変更している。これまで，ビル1棟を借りてあらゆるサービスを提供していたが，1フロアのみに軽量化している。さらに，これまで非注力であった顧客向けには，デジタルチャネルを活用することにより将来の店舗増加も防止している。

⒝　さらなる圧縮への挑戦

　一方，結実した金融機関はまだ少ないが，第1章に記載されていたように50％台のOHRを目指すためにはまだまだチャレンジが必要である。非競争領域のさらなる共同化や，人事制度のテコ入れなど，“聖域なき”改革が必要となる。例えば，人件費では，「抜本的人事制度改革や登用」，物件費は「“店舗なしで回す”営業体制の構築」などにチャレンジすべきである。

③　大規模BPRからアジャイル型BPRへ

⒜　時代にマッチしたBPRとは

　「労働生産性向上」を図るにはどのようにしたらよいのであろうか。働き方

142

改革を推進し，各個人のモチベーションを向上すればよいのだろうか。それも一案であるが，やはり「業務」そのものをどれだけスリム化・デジタル化できるかを考えることが本質的である。

そこで頭に浮かぶのが，旧来から存在しているBPRと呼ばれる手法である。しかし，単にBPRといっても，ビジネス環境が変わり，デジタル技術も発展している現在において，どのようなタイプが適切なのだろうか。

その1つの解が「アジャイル型BPR」である。「アジャイル型BPR」とは，「短期～中期的なROIの観点を持ち，業務を部分ごとに分けたうえで，RPA等のデジタル技術を活用してアジャイルにBPRを継続的に実施し，Quick Winを刈り取り続ける」手法である。本手法が有効だと考える理由は，RPA等のデジタル技術の進展に加えて，移り変わりが激しく競争が激化する現在のビジネス環境においては，迅速かつ安価に対応できる業務態勢の構築が求められていることにある。従来のBPR（大規模BPR）との違いは，「全体最適ではなく，個別最適の集積」，「大規模システムではなく，RPAやチャットボット等の活用」，「ワンタイムではなくアジャイルに継続実施（1度に大きな効果を刈り取るのではなく，Quick Winの継続刈り取り）」である。従来は，ビジネス環境がある程度安定していたため，現業を確実にオペレーションする堅牢な業務態勢が求められていたのである（**図表2-3-2**参照）。

⒝　「アジャイル型BPR」導入上の留意点

では，具体的に「アジャイル型BPR」を始めるにあたって，どのように業務を抽出すればよいのであろうか。網羅的に各業務のあるべき姿を検討するのではなく，効率化余地のある業務を効率的にピックアップすることこそが，本手法のポイントである。

具体的には，①現場の声に耳を傾ける，②業務量の多い業務に着目する，③効率化されていない傾向のある業務に着目する，④デジタル技術が活用できる業務に注目する，の4点に注目するとよいと考えられる。例えば，金融機関ではチェック業務・点検業務等については過剰に実施されていたり，レガシーなシステム同士をつなぐのに高額なシステム投資が必要となるため，無駄な手作業が発生していたりすることはよく見受けられる。また，デジタル技術をどう

図表2-3-2　今後のBPR

【業務態勢に求められていたこと】
ビジネス環境がある程度安定していたため，現業を確実にオペレーションする堅牢な業務態勢

全体最適の観点を持ち，時間を掛けて大規模なBPRを一度に実施

【従来の業務効率化手法（大規模BPR）】

主なソリューション	・全業務の現状フローを明確化し，あるべきフローを定義するBPR ・大規模システム導入
BPR実施期間	・1年〜数年
BPRへの投資規模	・大規模
BPR実施回数	・1度

【業務態勢に求められること】
移り変わりが激しく，競争が激化するビジネス環境に対して，迅速かつ安価に対応できる業務態勢
（堅牢な業務態勢を時間を掛けて構築しても企業の競争力に寄与しない）

短期〜中期的なROIの観点を持ち，業務を部分ごとに分けたうえで，アジャイル的にBPRを継続的に実施（Quick Winを刈り取り続ける）

【今後の業務効率化手法（アジャイル型BPR）】

主なソリューション	・RPA ・チャットボット 　等
BPR実施期間	・数か月〜1年
BPRへの投資規模	・小〜中規模
BPR実施回数	・適宜継続的に実施

144

使うか，という切り口で業務効率化ができないかと検討することも効果的であり，その際に外せないのが，RPAやチャットボット，AI OCR，タブレット，スマートフォンであろう。いくら「アジャイル型BPR」という手法とはいえ，ピックアップしたどの業務についても，最初に業務の目的を再定義し，「廃止・簡素化」により本来必要な業務のみへのスリム化の検討を実施したうえで，あるべき業務を考えていくことが肝要である（**図表2-3-3**参照）。

④　効率化に活用できるデジタルトレンド

ⓐ　RPAとチャットボット

　業務効率化の主な成功要因である人件費の削減において，New Technologyの活用は人手の業務を代替できるRPAやチャットボットによる効果が大きい。このため，「アジャイル型BPR」の一環として，RPAやチャットボットの導入を進める企業は枚挙にいとまがない。どちらも非常に便利なデジタルツールであり，入力業務や検証業務，報告業務，照会応答など事務に活用できる。しかし，RPAやチャットボット導入が一巡し，New Technologyが活用できる業務も限られてきた。デジタル技術は進展しているにもかかわらず，未来永劫RPAやチャットボットの適用範囲を拡大していかなければならないのだろうか。

　あるテレコム企業における財務部の例では，New Technologyの活用を含む業務効率化の末，相対的に照会業務の比率が高まり，さらなる業務効率化に向けた課題となっている。RPAやチャットボットでは，自然言語理解が必要なアナログ業務を自動化できず，シナリオやFAQのメンテナンスなどが残置するためである。これらアナログ業務の軽減が次なる効率化の狙いとなる。近年，AIの自然言語解析能力は実用レベルまで高まっており，RPAやチャットボットと組み合わせることにより，自動化領域を拡大することができる（**図表2-3-4**参照）。

ⓑ　AIとチャットボット

　これまで，頻度の高い照会（FAQ）や定型の依頼に対する回答を代替するためチャットボットが導入されてきたが，チャットボットの林立による照会者

図表2-3-3　効率化余地のある業務のピックアップ方法

現場の声に耳を傾ける	■ ユーザーから業務効率化の要望を収集する（単にアンケートを投げて要望を収集するだけでなく，現場とのコミュニケーションや雑談の中にヒントがある場合が多い） ■ システム改善要望一覧を見直す
業務量の多い業務に着目する	■ 業務量の多い業務を抽出する ■ 月末業務を抽出する ■ 他センターや他部門に比べて業務効率が低い業務を抽出する
効率化されていない傾向のある業務に着目する	■ 未だに紙で実施している業務を抽出する ■ チェック・点検業務を抽出する ■ 業務プロセス全体を見た時に重複する業務を抽出する ■ システム連携ができていないことで発生している業務を抽出する
New Technologyが活用できる業務に着目する	■ RPAの活用できる業務を抽出する（入力，検証，報告等） ■ チャットボットを活用できる業務を抽出する（問い合わせ対応等） ■ テレビ会議を活用できる業務を抽出する（訪問対応等）

　の迷いやシナリオ，FAQのメンテナンス時間が激増している。どのチャットボットに照会すべきかわからない，あるいは，欲しい答えが返ってこず，いつもどおり電話してしまった経験はないだろうか。チャットボットは，決まったシナリオに従い，決まった回答を返しているだけであり，照会者が話す，ある

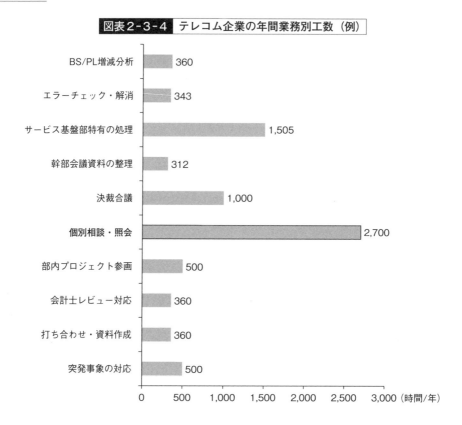

図表2-3-4 テレコム企業の年間業務別工数（例）

業務	工数（時間/年）
BS/PL増減分析	360
エラーチェック・解消	343
サービス基盤部特有の処理	1,505
幹部会議資料の整理	312
決裁合議	1,000
個別相談・照会	2,700
部内プロジェクト参画	500
会計士レビュー対応	360
打ち合わせ・資料作成	360
突発事象の対応	500

いは，書く言葉を理解しているわけではない。チャットボットが自然に会話しているように見せる，あるいは，正しく回答させるためには，履歴の分析やFAQ，チャットシナリオのメンテナンスに膨大な時間を要す。このため，メンテナンスはおろそかになり，いつまでも欲しい答えが返ってこず，エンドユーザーがチャットボットを利用しなくなるという悪循環に陥っているケースがほとんどである。

　だが昨今，この悪循環を断ち切る，AIとチャットボットを組み合わせたソリューションが実現，あるいは，実証実験中である。例えば，地方自治体では，林立した既存のチャットボットは変更せず，親チャットボットとしてAIの照会窓口を唯一設置し，照会者の迷いを軽減している。これまでどおり，各局のチャットボットが答えを把握しているが，照会を受けて回答できるチャット

ボットを選定するのはAIの親チャットボットである。親チャットボットは自然言語を解析し，回答に適切なチャットボットを選定している。さらには，照会履歴を自動解析しメンテナンスすべきFAQを担当者に提案しメンテナンス負荷を軽減している（**図表2-3-5**参照）。

(c)　AIとRPA

　一方，RPAと組み合わせた例では，製薬会社向けの全文検索AIがある。製薬会社が開発した新薬の販売にあたり，当局向けの申請書類を作成するため社内の有識者を探す必要がある。このときに，薬事担当の作成ドキュメントや業務メール内容から，適切な薬事業務の経験や知見がありそうな担当者を探すAIである。社内ドキュメントを検索する際に，情報収集や検索自体はAIの指示に従いRPAが実施している。当ソリューションは顧客である医師からの専門的な照会や任意のケースに類似する法務文案の作成など幅広いユースケースに適用でき，金融機関内の照会にも十分に応用できるレベルである（**図表2-3-6**参照）。

(d)　AI単独

　さらには，組み合わせではなくAI単独のソリューションであるが，自然言語の解析能力を活かし，ロールプレイ形式の問題の出題と音声による自由回答を採点する，研修AIも現れている。例えば，「火災保険変更届出書に関する顧客からの質問です。火災保険の解約に伴って，差し引き決済額は0円だったのですが，誤って返還保険料の振込先の「保険料振替口座」欄に○をしてしまいました。この場合も訂正署名が必要となりますでしょうか？」とスマホやタブレットを通してAIが営業担当者に質問する。営業担当者の「差し引き決済額が発生しなければ，訂正印は不要です。」のような自由回答をAIが自動で採点している。もともとの人手による受験者のスケジュール調整や試験問題の選定，成績管理などの20時間/週の負荷が1時間ほどに圧縮され，採点業務は廃止となった。

　ここで，紹介した事例は金融業界ではないが，企業内外の照会は金融業界でも同様に発生し，これらスキームを適用・応用できるシーンは存在する。金融

図表2-3-5　AI 親チャットボット

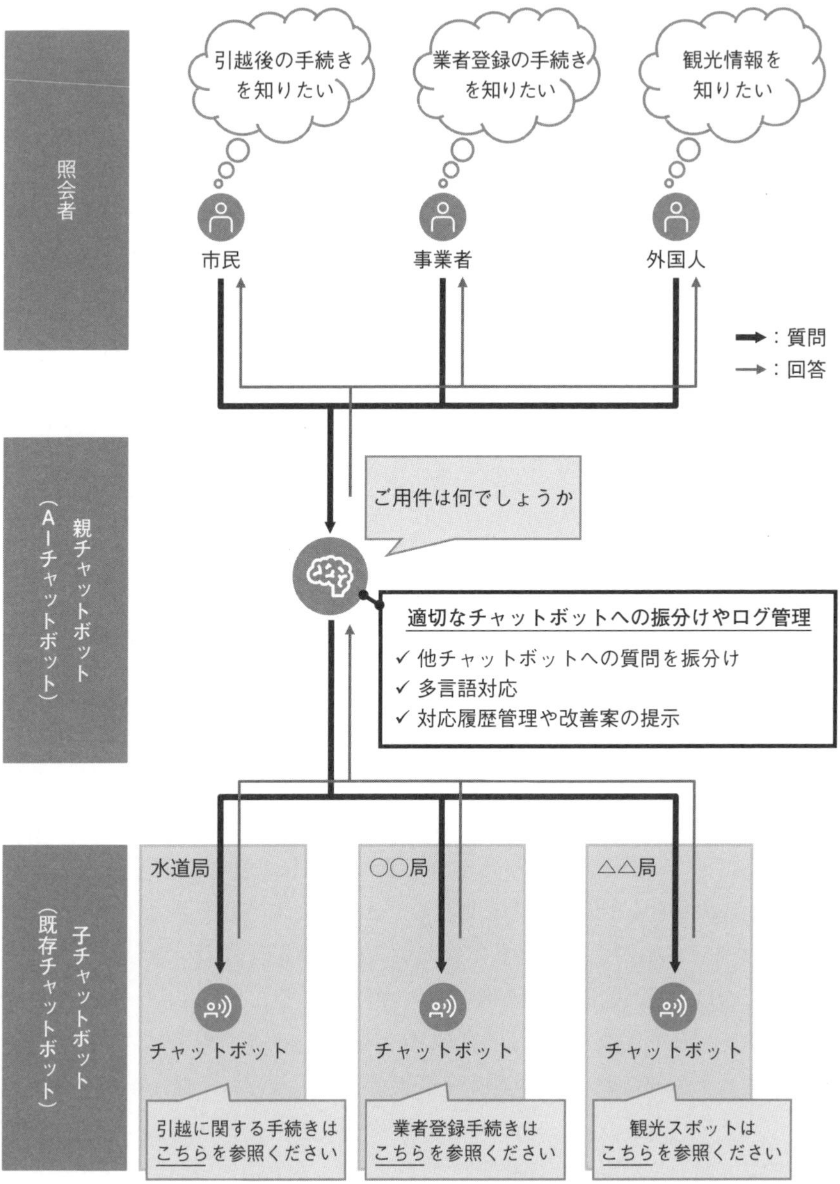

図表2-3-6　全文検索AIのユースケース

部門	業務上の課題	AIのユースケース
Commercial	【遅い回答】 医師からの専門的な照会に，適切な情報を迅速に提供できない	【検索代替による回答早期化】 医師向けの資料を自動検索し，回答候補の所在を提示（将来的には医師に直接アクセスしてもらう）
Drug Information	【新任の低い回答品質】 コールセンターの質とスピードが担当者の個々の能力と経験に依存し，新任の回答品質が低い	【カンペ表示による品質向上】 担当者の応答音声を自動収集し，関連情報をモニターにリアルタイム表示。タイムリーで適切な回答を支援する
Medical	【限定的な知識による偏った情報提供】 医師の求める，専門領域の最新情報を網羅できず提供情報が偏る	【曖昧検索による中立的な情報提供】 曖昧な入力に対し，関連情報を複数提示し中立的情報提供を支援する
Safety	【イベントドリブンな対応】 安全性に係る事象の顕在化（報告を含む）をトリガーに対応を開始している	【予測的な対応】 シグナルとしてCommercialやDrug Informationのログを解析し，安全性に係る対象の初動を早くする
コンプライアンス	個々の社員の業務遂行におけるコンプライアンス違反について発生／発覚後の事後対応に終始している	業務メールや業務上の資料におけるコンプライアンスのリスクを検出し，発生前に回避する
R&D	【有識者の埋没】 研究・開発の経験や知識・情報が必要な人に気付かれず価値が埋没している	【有識者の自動マッチング】 研究履歴・異動情報・研究ノート・発表資料などから有識者との情報交換機会を生み出す
RA	各国の当局対応など，ノウハウ化が難しい知見は属人化しており，有識者を探すことから業務が始まる	薬事担当者の作成ドキュメント，業務メールの内容から，任意の薬事業務の経験や知見がありそうな有識者を自動検索できる
法務	契約書レビューにおいて過去文書の調査に時間を要するうえ，有効活用もできない	任意のケースに類似する過去契約文書の条項，修正案を自動参照し，文案作成の工数を削減する
人事・IT・総務	【定型回答の頻発】 社内の各種手続きの照会に一定の工数が割かれており，不便さを感じている	【セルフサービス化】 社内規定や手順書を自動検索し，社員に公開する。社員はセルフで目的の手続きをいつでも照会できる

図表2-3-7 研修AIの自然言語理解

AI（D-Learning）
- ✓顧客からの質問を想定し営業担当者に出題
- ✓自由回答を自動で採点

受講者
- ✓顧客からの質問を想定し自分の言葉・音声で自由回答

AI
> 火災保険変更届出書に関する質問です。

AI
> 火災保険の解約に伴って，差し引き決済額は0円だったのですが，誤って返還保険料の振込先の「保険料振替口座」欄に〇をしてしまいました。この場合も訂正署名が必要となりますでしょうか？

> 差し引き決済額が発生しなければ，訂正印はいらないです。

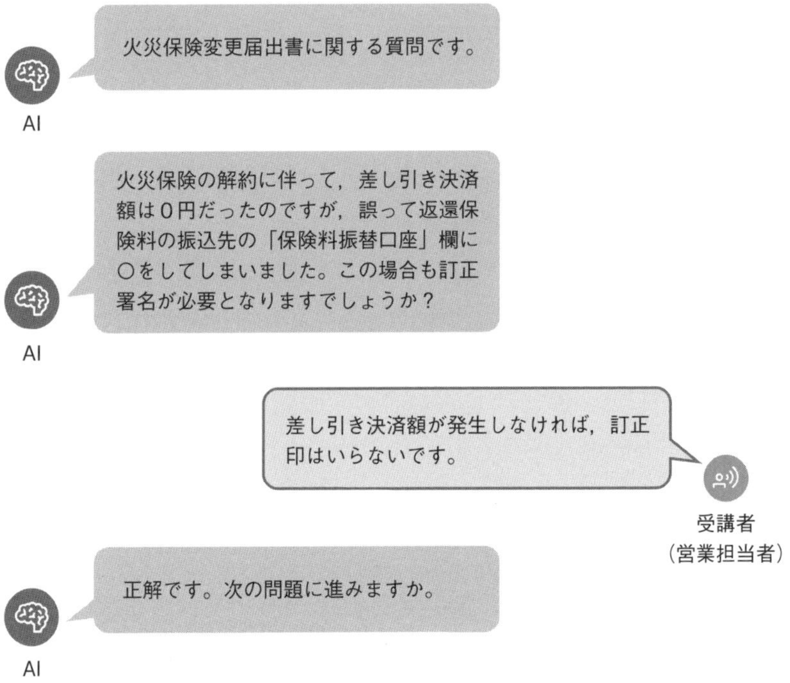

受講者
（営業担当者）

AI
> 正解です。次の問題に進みますか。

業界に限らずどんな業界でも業務効率化にAIを活用し，これまで効率化が難しかった，アナログ業務の自動化に乗り出している（**図表2-3-7**参照）。

（2）領域ごとの徹底的な業務改革の手法

① **本部向けの手法**

ⓐ **目指す本部組織の姿とは**

　金融機関における本部組織の役割は，主に，①会社組織としてのインフラ機

能，②最前線（営業店やダイレクトセンター，Webチャネルを含む）のリード／統括，③戦略的活動の推進，④全社の統制／対外コミュニケーション，に分類される。金融機関の経営環境が激変する中では，②や③の機能をいかに強化していくかという視点に加え，①や④をいかに効率的に少人数で推進するかが論点となる。

　定型業務や，過去からの慣習により残っている業務を定期的に自己点検し，現場サポートや将来に向けた戦略的活動など，本来のミッションに集中できる環境を整える。本部の効率化，業務改革を担当する部門やタスクフォースにおいては，そのミッションの実現のためにはあらゆる手段を活用して，結果を出すことが求められる。

　一般的に，本部人員は過去のキャリア形成において，現所属の本部部門業務に加え，営業店や他本部部門など，異なる種類のキャリアを多層的に積み重ねているケースが多い。その意味で，本部の業務改革により人員の創出に成功した場合，営業最前線の強化やデジタル対応などの戦略領域の強化が可能となる。創出余力の活用先としては，営業店，本部フロント（法人の高度なソリューション系，富裕層系のプライベートバンキングなど），IT・デジタル部門などが想定される。その点においては，比較的同種の業務で経験を積んでいる事務集中センター人員や営業店事務人員とは異なる意義が存在する。

　これまでの取組みの度合いにもよるが，本部人員の効率化の目安としては，2〜3割を基準として活動をスタートすべきと考えている。デロイトが調査をしたところ，本部組織の業務改革を積極的に実施している金融機関は，おおむね3割程度をターゲットとしている。一般的に，BPRにおいて3割の効率化を実現するには，既存の延長線上の改善ではなく，抜本的な改革が必要とされており，まさにその視点での活動が求められている。

⒝　本部組織の業務改革（断捨離）のアプローチ

　本部組織に向けた業務改革は，大規模なシステム化や業務の集約化といった組織横断的に進めるような手法ではなく，断捨離と呼ばれる業務の取捨選択を断行することが効果を実現させるためのポイントとなる。本部組織は，各組織／部門により異なる業務を行っており，業務改革に際しても，少量多品種な業

務運用が大きな壁となる。本書執筆中のCOVID-19の影響下において，多くの金融機関でも一部在宅勤務を実施しているが，各組織／部門での業務ラインナップに優先順位をつけ，必須ではない業務のサービスレベルを落とす等の対応を実施した。COVID-19の影響が収まった以降も，その割り切りを継続するという考え方も有効になるものと考える。

　本部組織の業務改革を推進するためには，(i)トップダウンによる目標設定，(ii)ボトムアップによる施策抽出，(iii)現場を巻き込むための仕掛け，(iv)実現性を高めるための工夫，がポイントとなると考えている。

(i)　トップダウンによる目標設定

　多くの金融機関では，その中期経営計画の中で本部人員の削減，営業人員へのシフトが謳われているが，その全体目標に加え，組織／部門別の目標値にも落とし込み，各組織のリーダーと合意を図ることが重要である。その際，同規模の競合他行の部門別人員数と比較することにより，実現可能かつ必要な効率化目標とすることも重要なポイントである。

　また，目標設定においては，原則として，聖域なくすべての組織／部門を対象とすべきと考えている。戦略上重要な組織・部門や，設置後間もない組織を対象外としたくなるところであるが，その存在が業務改革の実行に対する甘えを生んだり，対象部門のモチベーションを下げたりというケースを多く見てきた。そういった観点でも，マネジメント・役員層が，多くのしがらみを断ってでも進めるという強いリーダーシップが必要である。

　提示した目標は，本部各組織／部門の管理職や担当者の評価項目として，可能な限り処遇に反映させることも重要である。各組織／部門のモチベーションにつなげることはもちろんであるが，これまで定常的に実施してきた業務改善／効率化の取組みと一線を画し，組織を挙げた取組みであることを明示する効果もある。

　ここに挙げた「トップダウンによる目標設定≒リーダーシップ」は，業務改革のための必須条件となる。経営トップ自らが，自社の置かれている経営環境を踏まえ，その目標の必要性を言葉で伝えるとともに，その活動自体をサポートすることは，何よりも重要である。

(ii)　ボトムアップによる施策抽出

　本部組織の改革に向けての具体的な施策は，現場リーダーのアイディアや現場の声をベースとして，ボトムアップ的に施策を積み上げていくことが求められる。業務特性や人員構成／必要スキルが異なる本部組織においては，設定した目標に対して，どういった取組みが有効か，実現可能かは現場に答えがあるケースが多い。一般的に使用されるBPRに関する検討ポイント／抽出の視点を使いながら，現場リーダーにより施策案を抽出していくことになる（**図表2-3-8**参照）。

　設定した目標が積み上げた施策により充足する場合はよいが，積み上げが不足する場合は，われわれコンサルタントの活用をご検討いただきたい。

(iii)　現場を巻き込むための仕掛け

　業務改革の主役となる各現場リーダーや担当者の巻き込みに関しては，前述のとおり評価を処遇に反映させることに加え，業務効率化後の目指す姿，変革ビジョンを明確にして，現場に対してしっかりとコミュニケーションすることが非常に重要である。変革ビジョンに示された目標と方向について共通の理解を持ったとき，大きな力を持つ。ビジョンを簡潔・明確に示し，繰り返しコミュニケーションを粘り強く実施することにより，共通理解を得られるように努力することが重要なポイントとなる。

(iv)　実現性を高める工夫

　業務改革の実現性を高めるため，現場に対して"使ってもよい"手段／ツールを明示することも，同様に重要となる。例えば，システム投資，外部化／アウトソーシングの活用，戦略的な出向やグループ間の人材交流等，現場の施策検討の制約となる事項をあらかじめ明確にし，施策検討や実行に向け，現場に武器を与えることも重要である。

＜施策抽出の着眼点＞

　本部各組織／部門の業務がどちらかというと少量多品種型で，組織を横断した共通業務が少ないことは前述のとおりであるが，施策抽出の観点という意味

図表2-3-8 業務効率化の検討ポイント概観

観点			考え方
廃止・簡素化	目的/必要性不明瞭	①目的不明業務のゼロ化	・そもそも必要性が低く，廃止可能な業務はないか？
	重複	②類似重複業務の見直し	・業務が類似重複しており，統廃合可能な業務はないか？
		③多重チェックの見直し	・アウトプット確認が必要以上に重複実施されていないか？
		③1アイテム1インプット化	・1つのアイテムに複数回入力を行っている業務はないか？
	代替可能	④ペーパーレス化	・不必要に，紙による出力/処理を行っている業務はないか？
		⑤非対面処理化	・会議等で，必ずしも対面で行う必要性がない業務はないか？
		⑥DIY化（セルフサービス化）	・発生源完結等で，不必要な連携排除が可能な業務はないか？
	割切り・絞込み	⑦業務/商品/サービスの割切・絞込	・ルール/サービスレベル等を割り切ることが可能な業務はないか？
		⑧例外対応の割切・絞込	・例外/個別対応している業務で，割切可能なものはないか？
外部化	単価低減	⑨低職位への業務移管	・総合職等の業務で業務移管/権限委譲可能な業務はないか？
		⑩外部リソースへの業務移管	・一般職等の業務で外部委託可能な業務はないか？
	適切人員配置	⑪人材の適材適所化	・スキル・経験等に鑑みて，人材配置を見直す余地はないか？
		⑫管理スパンの最適化	・組織毎の管理体制・ルール等を見直す余地はないか？
標準化・集約化	標準化・統一	⑬標準化/統廃合	・不必要な帳票/項目，不適切なフォーマット等はないか？
		⑭非定型業務（判断業務）の定型化	・非定型な業務/判断基準等を統一/明確化することは可能か？
	業務集約	⑮単純/定型業務の集約化	・作業単位でまとめることで，効率化可能な業務はないか？
		⑯ピークの平準化	・異ピーク業務の組み合わせで平準化が図れる業務はないか？
自動化		⑰定型業務の自動化	・定型化されており，システム/ツールで代替可能な業務はないか？

では共通項として見出せる部分も多い。例えば，本部組織と現場（営業店など）とのコミュニケーションは複線的に数多く発生しており，そのやり方やコミュケーションルートの整流化／一元化することや，本部組織内の報告／周知のための資料削減，標準化といったことが挙げられる。また，過去の業務ミスや不正に対する再発防止策が長期間放置され，重層化しているケースも多くみられ，業務改革を機に現時点での有効性や代替策の有無をチェックしてみることも，一定の効果をもたらすと考えられる（**図表2-3-9**参照）。

　これまで見てきたように，本部組織の業務改革においては，個別の施策の内容に加え，進め方や効果を実現させるための仕掛け／仕組みづくりも重要となる。重要かつ大きな取組みであることの演出や，事務局と現場部門の信頼関係醸成など，各金融機関の特徴や統合などの経緯を踏まえたカスタマイズも必要となる。

②　営業店向けの手法

　金融機関にとっての営業機能を有する有人店舗（以下，営業店）は，長らく顧客接点の中心であったが，バブル崩壊後より長い時間をかけて，各社は店舗数を徐々に減らしてきている。また，ATM・ネットバンキングや，スマホ，フィンテックなどの浸透による非対面チャネルでの手続きや取引の代替手段が増えたことにより，"事務・手続きの場"から"コンサルティングや相談の場"へと機能選別が行われてきている。

　生き残りのためのコスト構造改革において，店舗費用の改革は必須事項であり，店舗の賃料／光熱費／什器等を含めた設備費用や，人件費をいかに効率的に活用するか，多くの金融機関においても取組みが進められている事項である。

　ここでは，2つの重要テーマである「営業店事務の削減」と「店舗統合／共有化」について，論点や進め方を述べる。

⒜　営業店事務の削減

　営業店を"コンサルティングや相談の場"に変化させていくために，店頭で実施している各種の事務手続きを大幅に削減していく必要がある。その進め方としては，(ⅰ)基本的に営業店に存在する事務手続きは，バックヤードに集約す

図表2-3-9　効果を生む本部業務改革の進め方

失敗する本部業務改革の進め方

- ボトムアップで施策を積み上げる
- 達成可能な目標を設定してしまう
- 施策のアイデアに限界がある
- 自部門完結で考えてしまう
- 現状の業務・人員ありきで考えてしまう

効果を生む本部業務改革の進め方

トップダウンによる目標設定・推進	・トップダウンで全体および部署別の効率化目標を設定し，必達事項としてフォローを行う ・効率化目標の達成を人事評価に紐づけ，期末に評価する
削減前提のオペレーションモデル構築	・できることだけを挙げるのではなく，人員が減った前提でどう業務を回すか？の視点で具体化する
他社・他業種との徹底した比較	・同業の他社と徹底的に比較し，「なぜ違う？なぜ多い？それで生き残れるか？」を徹底的に問い続ける ・他業種の先行事例を積極的に取り入れる
部門横断での施策出し	・業務カテゴリ（例：月例報告資料，再発防止策見直し）単位で部門横断的な主管部を設定し，横串施策を検討する ・部門横断施策による効果を評価上加点する
全社挙げての必要性の見直し	・業務の目的・必要性が明確でない業務はゼロベースで検討 ・コロナ禍において中止している業務／継続必須の業務の抽出 ・タスクフォース等の完了後の継続配員の必要性の検討

る。そのうえで，(ii)営業店に残存する事務については，行員・社員が営業・対顧客サービスの時間に割けるように業務を効率化・自動化する，という2ステップで進める。

(i)　後方への事務集約

　営業店に残存する各種の事務手続きを本部や集中センター等のバックヤード
に集約することにより，「集約化／標準化に伴う生産性向上」，「単価差による
人件費削減（集中センター活用の場合）」，「RPA等の自動化による工数削減」
が効果として期待できる。

　営業店事務の後方集約を推進する際のポイントとして，㋐該当業務を営業店
から取り除くことから始める，㋑大型店舗での標準モデルの作成，㋒推進力を
生むためのインセンティブ設計の3つが挙げられる。

㋐　該当業務を営業店から取り除くことから始める

　同じ金融機関とはいえ，営業店により組織構成や人数規模が異なり，同一の
事務作業を同じ手順，役割分担で実施しているとは限らない。そういったケー
スにおいて，標準化（やり方をそろえる）が先か，集約化（業務を移管する）
が先か，が論点となる。営業店の事務に関しては，まずは該当の業務を後方の
集中センター等に移管することから始めるべきである。

　前述のとおり，事務作業部分の手順の差異や変更は，組織的な制約や現在の
担当者間の工夫により存在しているが，求める結果が異なるものではない。そ
のため，営業店現場から業務を取り除いたうえで，集中センター側で業務手順
の差異を吸収，変更していく形でも業務への影響は少ない。

㋑　大型店舗で標準モデルを作成する

　該当業務を全店で初めて集約をかける場合に，取り組みやすい小規模店舗で
モデル設計や試行を行うケースもよく見るが，逆に大型店舗で標準モデルを構
築することのメリットは大きいと考えている。小型店舗では，大型店舗と比較
して取扱いサービスや顧客層が限定されている場合が多く，小型店舗での成功
が大型店舗に展開できないため，再度業務設計や試行を追加実施する必要に迫
られる。また，大型店舗は組織的にも行内・社内規程に近い役割分担で業務を実
施しており，ルールや規程を変更すべき箇所も明確になりやすい。

(ウ) 推進力を生むためのインセンティブを設計する

　集約に向けた，営業店と事務センターのインセンティブをそれぞれに設計し，動機・推進力を担保することが必要となる。営業店に対しては，基準人員の削減目標を課し，集約を促進していくことがポイントとなる。事務センターに対しては，集約する業務量に対して，集約する人員を少なくすることで，単純な業務移管とならないよう，効率的な業務運営を課していくことが必要となる。

(ii) 営業店に残存する事務の効率化，自動化

　後方への事務集約を行ったうえで，営業店に残存する事務作業をもう一段効率化する際には，営業支援業務や，店舗統合に踏み込んで議論を行う必要がある。ここでは，営業支援業務について，具体例を交えつつ紹介する。

　営業店においては，後方集約の検討対象となる手続関係の事務処理に加え，営業活動の準備や事後処理の位置づけの業務が多く発生している。こういった事前，事後の事務処理を効率化，自動化することにより，全体の必要人員を少なくすることに加えて，後述する営業活動そのものの変革，高度化への効果が見込まれる。

　当社の支援事例の中では，特に，「法人・個人営業向けの往訪前準備の自動化」で，業務工数を大きく減らしているケースがある。例えば，個人顧客の投資商品の償還期日や，ライフイベント等を自動的に抽出し，顧客の運用方針に沿った参考情報を各営業担当者に自動的に届けるようなシステム，RPAを開発しているケースがある。

　このようなイベントドリブンでのアプローチや，そのための準備の実施有無やその準備レベルは，現場営業担当者の判断に任されており，営業レベル自体のバラツキに加え，担当者独自の準備作業が全体として大きな工数を発生させている。

　営業支援業務の効率化・自動化を実現し，現場に浸透，実効させるためには，現場業務実態の理解と標準ケースと特殊ケースの見極め，割切りが重要なポイントとなる。アンケートや定点観測のような形ではなく，業務改革を推進する立場の部門，担当者が現場の営業担当者とチームを組み進めていく必要がある。

⒝　店舗統合／共有化

　店舗の維持コストを直接的に削減する取組みとして，同一金融機関内の店舗統合に加え，他金融機関や他業種との店舗共有化の取組みがある。2017年の金融庁の監督指針見直し以降，遊休スペースの有効活用を目的とした店舗共有化も進んでいる。カフェの併設型店舗や，ビルの他フロアを賃貸オフィス・マンションとするようなケースも出てきている。

　今後，この延長線上の動きとして，異なる金融機関との店舗共有化の取組みが進むと考えられる。各種手続きのペーパーレス化，デジタル化が進むことで，受付や単純手続・取引の共通化が可能となり，すでに都心における地方銀行の共同店舗や，ネット銀行と地方銀行の共同店舗などの事例が出始めている。

　銀行を例とすると，ハイカウンターで実施される預金の入出金，振込や，税金の支払いなどは，非競争領域であり，共通の受付機やタブレット，共有窓口などで運用コストを下げる取組みのハードルは比較的低いのではないかと考えられる。ローカウンターで実施される複雑な手続きや運用相談などについては，共有化が難しい領域と考えらえるが，応接スペースの共有など，コスト削減につなげる取組みは実施可能であると考える。

　首都圏，大阪，名古屋，福岡など，競争の激しい地域において，地方銀行・証券や，ネット銀行・証券等を巻き込んだ店舗の共有化が進んでいくものと考えられる。業務改革の視点では，そういった動きを先行・追随可能な柔軟性を確保するため，後方事務の集約化や各種手続きのデジタル化を着実に進めておくことが重要となる。手続きのデジタル化と店舗運営コストの削減ニーズの高まりにより，こういった動きがより加速していくと考えられる。

　営業店の施策は，対顧客チャネルのあり方／目指す姿に大きく関係するものであり，特に地域銀行などにおいては，顧客との重要な接点と位置付けられ，これまで抜本的な取組みが行われてこなかった。とはいえ，営業店に向けた抜本施策は，投資金額もさることながら，一定の時間を要する取組みとなる。生き残りのために，企画構想をスピーディーに実施し，早い段階で実行に移していくことが必要である。

③ センター向けの手法

ⓐ 業務の廃止や簡素化

　金融機関では収益の伸び悩みにより，しがらみが多くアンタッチャブルであった事務センターにおける業務効率化を推し進めている。事務センターは出向先の役割を持ち，「大先輩」が多く在籍しているため，そこに手を付けることはかつて禁じ手であった。にもかかわらず，である。

　このような背景からセンター内の業務はブラックボックス化し，意義の不明確な事務や前例を踏襲した事務であふれている。事務センターを効率化するためには，事務の意義を再定義し，過剰な事務を廃止・簡素化することにより，ホワイトボックス化することが必要である。さらに，全社の事務を集中すべきセンターでは，業務量が多く従事している人員数も多いため，1センターの全業務を一度にBPRするのではなく，先に紹介したアジャイル的に効率化ポイントを探し続けることが肝要となる（**図表2-3-10**参照）。

　特に金融機関では，処理スピードよりも100％の正確性を追求し，過剰な点

図表2-3-10 効率化観点の優先順

	業務改善の観点	施策例
廃止・簡素化	■業務の目的を明確化することにより，不要・過剰な業務をスリム化する ■必要に応じて，部門のミッション，保有すべき機能の再定義まで行う	・業務の必要性の見直し ・業務頻度・範囲の見直し
外部化	■SSC・外部委託の活用により，リソース単価を下げると同時に，従業員を他の付加価値業務へ再配置する	・定型業務の外部委託 ・庶務業務の外部委託 ・専門業務の外部委託
標準化・集約化	■業務ルール・プロセスを簡素化，標準化することで，作業量を削減する ■集中実施により，作業効率を高める	・ベンダー・サプライヤーの共通化 ・業務プロセス・ルールの統合 ・帳票の統合
自動化	■システムやロボティクスにより処理を自動化し，人的工数を低減する ■属人的運用により生じるミス・エラーを排除する	・基幹システムの改修 ・RPA導入 ・Excelツールの有効活用

検・検証があふれている。受付から保管まで拠点や業務フローを跨ぐたびに同様の点検・検証を繰り返しているが，後方の点検では不備を検知した実績がない場合もある。例えば，融資契約の場合，受付時に顧客と営業担当者が契約書の契約日や押捺の有無，極度額などを点検しているにもかかわらず，センターでは同内容を点検・検証したうえで実行判断している。さらには，実行後も不正検知のために事後点検し，金庫に契約書を保管する前にも同内容の点検を行っている。預為の場合も同様で，顧客申込情報をデータ化する，委託先企業と同じ点検を銀行のセンターで行っているケースもあった。

　これらの重複する点検・検証は，一気通貫の業務の中で回数を見直し，各フェーズで行う点検内容も重複しないよう再定義する必要がある。そもそも人手による転記や配送が発生するために生まれた点検が多いため，受付からなるべく電子化し，人手を介在させないことで点検自体の廃止を目指すべきである。

⒝　外　部　化

　また，金融機関の非競争領域であれば，外部化することも有効である。顧客から受け付けた手書きの申込書類を社内システムに転記する事務は，それ自体が業界の競争原理にはなりえない。むしろ，先に挙げた点検・検証をいたずらに増やすだけである。紙書類のデータ化サービスを提供している企業は数多あるため，早々に外部委託するべきである。

　さらに，外部委託に留まらず，機能を丸ごと売却する余地がないか検討したほうがよい。例えば，現金の警送や社内便の配送を事務センターが担うこともあるが，金融機関の人員では宅配業界との単価差は大きく，すでに外部に委託しているケースもある。今後も単価差は拡大していくため，宅配機能自体を売却することも考えられる。

　警送業務をはじめ債権回収など業界の寡占化が進みシェアがモノを言う世界では，金融業界における非競争領域の機能を欲しがる企業も少なくない。好条件で売却でき単価差による非効率な事務を実質廃止できる外部化は絶対に検討するべきである。ここまで紹介してきたように，廃止・簡素化，外部化を検討した後も残った真に必要な業務について，標準化・自動化し，従事する人員を極小化すべきである。

(c) 自動化

　センターが担う事務は，手書き書類やFAXにこだわる顧客向けも多く，自動化が難しい場合も少なくなかった。しかし最近では，このような場合もAI OCRとRPAを組み合わせ，自動化することができるようになった。

　従来のOCRでは，電子印字の文字であれば8割程度を読み取ることができたが，手書き文字については，乱雑であったり入力欄からはみ出していたり，ほとんど読み取ることができなかった。このため，手書き書類を伴う後続の事務をRPAにより自動化したとしても，効果を発揮することが難しかった。一方，近年のAI OCRでは，崩れた手書き文字の読み取りは8割を超え，電子印字については9割を超えている。複写式の申込書や透かしの入った書類であっても読取可能な製品も多い。

　これらAI OCRとRPAを組み合わせることで，デジタル化の波に取り残された顧客やサービスも電子化された自動化の事務ラインに統合することが可能となる。一定数存在する，FAX，紙にこだわる顧客についても，多くの人員を割かずに自動化できるチャンスが広がってきている（**図表2-3-11**参照）。

　また，自動化するためには，システムやOCR導入など大規模開発が発生し，投資に対し大きな効果が必要だが，センターは事務が集中されており業務量が多いため，新テクノロジーを適用できる可能性は本部よりも高い。例えば，AI OCR導入には，PoCやライセンス料，基盤構築など初期投資費用も膨大になるが，日に何万件も紙帳票を受け付け，これに伴う入力事務などを行っている事務センターでは，投資に対する大きな効果を見込むことができる。

　ポストCOVID-19にも鑑みると，将来の事務センターは紙面書類や受信したFAX紙をスキャンする機能だけが残り，AI OCR読取結果の補正や承認は自宅などリモートで行うことも考えられる。顧客情報をセンター外で照会・更新することは，個人情報の漏洩などが懸念されるが，氏名や住所，生年月日などの個人情報は1セットで個人情報たらしめる。このため，個人を特定できないよう書類のイメージを氏名や住所などバラバラに事務員に提示し，転記後に統合するようなプラットフォーム構築が必要となるが，このような大規模な投資も，効果の大きい事務センターから始めることが現実的である。

図表2-3-11　AI OCRの手書き文字の読取例

読取要素		読取結果
数字	対象	 (〒100-279)
	結果	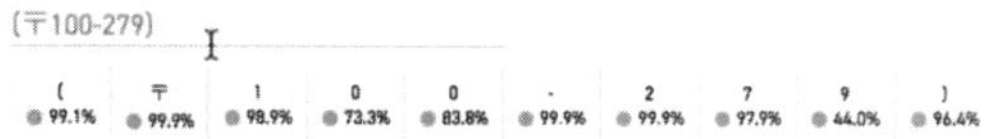 (〒100-279) (99.1%　〒 99.9%　1 98.9%　0 73.3%　0 83.8%　- 99.9%　2 99.9%　7 97.9%　9 44.0%　) 96.4%
漢字数字	対象	 東京都 世田谷区上馬1-5-3
	結果	東京都世田谷区上馬1-5-3
漢字	対象	 営業部
	結果	営業部
	対象	 本店営業部
	結果	本店営業部
ひらがな	対象	 さいとう そのこ
	結果	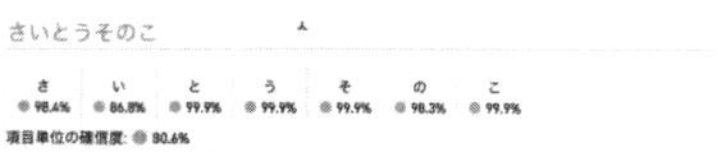 さいとうそのこ さ 98.4%　い 66.8%　と 99.5%　う 99.9%　そ 99.9%　の 98.3%　こ 99.9% 項目単位の確信度： 80.6%

※AI OCRの手書きの文字の読み取り例
（出所：コージェントラボ社　AI OCRサービス「Tegaki」による手書き文字の読み取り結果）

⒟　推進上の注意事項

　最後に，センターの業務効率化は人員のクビに直結するため，現場とのコミュニケーションに注意して進めるべきである。事務のような定型業務に従事する人員は，他の業務での再活用が難しい。このため，業務の廃止や自動化の末の人員削減を担当者が感じ取り，抵抗勢力化することがある。では，どのようなポイントに留意すべきなのであろうか。

　シンプルであるが，①トップダウンによる推進，②ボトムアップによる現場の巻き込み，③余力のエグジット先の検討，の3つを同時に実施し，スムーズに業務効率化する素地を作る必要がある。トップダウンによる推進については，経営層に近く，各部に顔の利く社員を推進責任者に据える等，経営層のコミットメントも重要だが，人事部も巻き込むことも重要なポイントである。なぜなら，業務効率化の取組みは，リソースシフトを実施してこそ完了するため，全社的にどの領域に人的リソースを充てるべきかという観点を常に持っている人事部とは常に緊密に連携を取る必要があるからである。新たな法令に対応するため，システム導入まで入力の人員が必要となるなど思わぬエグジット先がある場合もある。

　また，ボトムアップによる現場の巻き込みについてだが，これこそ「言うは易し，行うは難し」である。現場を抵抗勢力化させず，プロジェクトに協力的になってもらうことが目的だが，そのためには現場に対して，人員削減ではなく，あくまで現場の業務負荷を軽減する方向で説明するべきである。さらに，実感できる形で業務を変更する，業務変更時はトップダウンで押し切らず現場の納得感が醸成されるまで説明を繰り返すなど，できる限り丁寧に現場とのコミュニケーションを実施し，信頼関係を醸成していくことが必要となる。

④　業務改革が前に進むメカニズム

　ここまで述べた業務改革のアプローチや手法は目新しいものばかりではないが，包括的かつ徹底的に実行していくことが非常に重要である。筆者らも多くの金融機関，その他企業において業務変革・コスト削減のプロジェクトに立ち会ったが，成功をつかむケースには，一定の共通項がある。

　まずは，「全社的に危機感を共有できているか」という点が挙げられる。業

務変革の取組みは，多くの人や時間，投資を必要とする，非常に困難な活動となる。強烈な危機感や変化の必要性が共有されず，現状満足の空気が漂う中では，とても乗り越えられるものではない。変革の事務局は，マネジメントメッセージ，社内報等による発信，象徴的な施策（例：会社所有の保養所・食堂等の廃止）の断行，これまでの延長線上では不可能な業績管理指標や予算の提示等，あらゆる手段を用いて危機感の醸成に取り組む必要がある。

　2点目は，実際の推進局面において，「変革の推進力を現場・当事者に持たせる」ためのメカニズムを構築することにある。業務変革・コスト削減の活動を拡大させるためには，事務局ではなく，現場の部門長や担当者が自主的にアイディアを出し，計画し，実行するという環境をいかに作り出せるかがポイントとなる。PoCやPoVと呼ばれるような執行・検証段階においては，事務局や限られたメンバーがリードし，推進していくことが妥当であるが，多くの部門を巻き込み，複数の施策を同時並行的に実施するにおいては，事務局は，①活動に必要となるルール／評価体系／ITインフラの整備，②推進ルールの運営による活動統制，③全体プログラムマネジメント，④マネジメント報告やスムーズな意思決定の支援，に徹し，基本的には推進自体の機能は，当事者もしくは所管部門が担う形とする（**図表2-3-12**参照）。

（3）スマートワークと両立したBPR

① COVID-19により必要性を増すリモートワーク

　次世代のBPRは，COVID-19を機に，単なるコスト削減のためのBPRではなく，リモートでの業務継続性の観点も踏まえた，あるべき姿を描くことである。もちろん，COVID-19禍で優先度を下げた業務について，廃止・簡素化に向けた要否を見直すことは当然のこととしても，次の感染拡大に備え，主要業務の継続性を担保しなければならない。

　COVID-19禍で社会的距離が生じたことにより，本格的なデジタル化が急速に加速したため，活用に消極的だった顧客もデジタルチャネルへの移行を許容し始めている。このため，BPRとしての効果の大きかった，業務の廃止や外部化においても，ほぼ完全にデジタル方式で顧客にサービスを提供できるように

図表2-3-12 業務改革推進の要諦

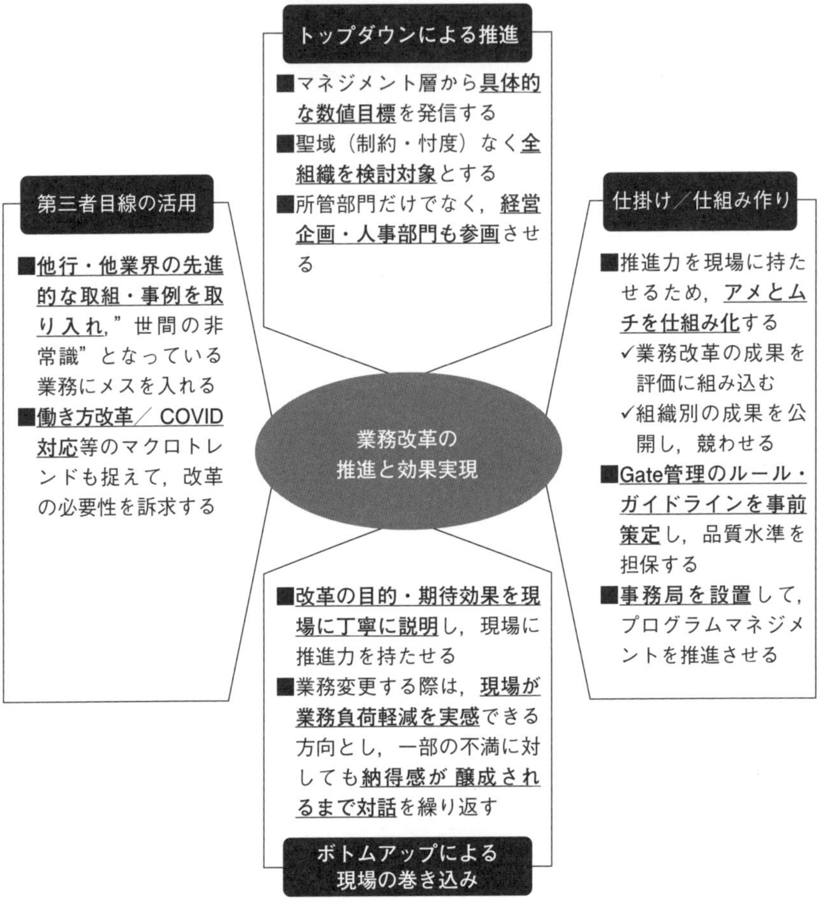

トップダウンによる推進

- マネジメント層から**具体的な数値目標**を発信する
- 聖域（制約・忖度）なく**全組織を検討対象**とする
- 所管部門だけでなく，**経営企画・人事部門も参画**させる

第三者目線の活用

- **他行・他業界の先進的な取組・事例を取り入れ**，"世間の非常識"となっている業務にメスを入れる
- **働き方改革／COVID対応**等のマクロトレンドも捉えて，改革の必要性を訴求する

業務改革の推進と効果実現

仕掛け／仕組み作り

- 推進力を現場に持たせるため，**アメとムチを仕組み化**する
  - ✓業務改革の成果を評価に組み込む
  - ✓組織別の成果を公開し，競わせる
- **Gate管理のルール・ガイドラインを事前策定**し，品質水準を担保する
- **事務局を設置**して，プログラムマネジメントを推進させる

- **改革の目的・期待効果を現場に丁寧に説明**し，現場に推進力を持たせる
- 業務変更する際は，**現場が業務負荷軽減を実感**できる方向とし，一部の不満に対しても**納得感が醸成されるまで対話**を繰り返す

ボトムアップによる現場の巻き込み

整備してから取り組むべきである。残置する紙やFAXを伴う業務についても，AI OCRにより極力電子化し，既存のデジタルチャネルに合流できるようなオペレーションを策定しなければならない。

② BPRとリモートワークの両立は物件費の圧縮

一方，単に業務継続性を考えたあるべき姿を作るだけでは，効率化効果が減少してしまう。そのため，店舗や拠点の閉鎖，縮小も含めて考えることで，効

率化効果を担保することができる。むしろ，リモートワークの環境が整うことにより，店舗や営業拠点の配員数を減少させることができるため，店舗統廃合などによる物件費のスリム化を図ることができる。例えば，店舗統廃合を通じて物件費を圧縮するには，賃料やOA機器，システム保守などを徹底的に相見積りし，最安値のテナントへの統合やOA機器や専用端末などの廃棄をすべきである。先述したように，富裕層向けの相談業務に店舗の役割を軽量化する場合でも，賃料が高く広い空間の店舗は必要なく，築浅の新しいテナントへの引越しがよい。

　さらに，これからは，ハイカウンター業務の窓口を他社と共有することまで検討すべきである。もちろん，受付後の後続事務や勘定系システムは個別に存続するかもしれないが，受付窓口について他社と店舗を共有することにより，賃料などを極限まで圧縮できる。地域銀行連合内においては，異なるシステムを有する銀行がオープンクラウドにより勘定系システムを共用する例や，他行の勘定系システムを利用する例まで出始めており，決して非現実的な策ではなくなってきている。

◆コラム　物件費のコスト削減における費目ごとの徹底的な相見積り ──

（1）見落とされがちな物件費にも着目する

　銀行における物件費は，銀行全体のコスト構造において割合が高くないことから，コスト削減の対象から見落とされがちである。特に，水道光熱費（電気料金や水道料金），委託費（人的警備や清掃等），消耗品費といった，企業活動において「あって当たり前」となっている製品や役務の調達は，前例踏襲で見直しされずに高止まりしていることが多い。

（2）物件費のコスト削減に取り組む意義

　物件費のコスト削減は，人件費や設備・インフラ関連費に比べると目立たないため後に回されがちだが，組織として本格的に取り組むと，短期間で大きな効果を持続的に享受できる可能性がある。
① 　短期間で成果を得やすい

　早ければ即時，年間契約の場合でも１年以内に，効果を得られる。違約金を懸念して検討が進まないケースもあるが，条件や金額を精査することで，新規サプライヤーが違約金を実質的に負担してくれるケースもよくある。

② 積み上げると意外と大きな効果となる

　調達する製品や役務ごとでの削減効果は数十万円から数百万円のものが多いと考えられるが，積み上げてみると数千万円の効果となることもある。

③ 一過性ではなく，持続的な効果となる

　一度，そのコストを削減すると，その効果は翌年以降も持続するため，単年の効果は大きくなくても，中長期で捉えると大きな効果となる。

（3）組織全体の取組みとする

　コスト削減には暗いイメージがつきものである。当該コストの調達担当部門からすると，これまでの調達価格・調達活動を否定されるとも捉えられるため，さまざまな理由を付けて反発が起き，コスト削減が進まないケースも多い。しかし，従前の調達は予算や稟議で会社として承認されて行われたものであり，特定の部門に非があるものではない。現状を見つめ直し，将来のために起こすポジティブな行動としてのイメージを醸成し，組織全体のプロジェクトとして推進するといった仕掛けが有効な場合も多い。

（4）サプライヤー心理を突いた相見積りが物件費のコスト削減の王道

　最も効果的な手法は相見積りであるが，固定観念にとらわれないことが重要である。例えば，エレベーター保守は当該メーカー系の保守会社でなければならないといった思い込み（保守専門に比較的安価に保守委託ができるサプライヤーも多数存在するが，理由なく切り替えを回避），地元企業から調達すべきといった思い込み（全国でサプライヤーを探せば，送料を加味しても十分にコストメリットが得られる調達も多い）といった固定観念にとらわれていることは多い。

　また，相見積りにあたっては，ボリュームディスカウントや複数年契約といった，サプライヤーの心理を考慮し，サプライヤーにとってのメリットも併せて提示することで，より魅力的な提案がなされることが多い。ボリューム

ディスカウントであれば，支店ごとの調達をエリアや法人全体と取りまとめる，ホールディングスで取りまとめるといった手法も有効である。

　物件費の多くは，企業間の競争力の差や業種業態に関わらないものが多いため，一般的に，同業他社や異業種他社と共同調達するといった事例も増えてきている。複数年契約であれば，サプライヤーにとっては営業コストの低減や安定収益の確保につながるため，戦略的な価格を提示してくれることが多い。

　なお，キャッシュアウト以外のスイッチングコスト（サプライヤーを切り替える際のコミュニケーションや一時的なオペレーションの混乱対応等）を懸念し，他のサプライヤーからの魅力的な見積りを入手しても，サプライヤーの切り替えを行わないケースも考えられる。このような場合でも，他サプライヤーからの安価な見積りを既存サプライヤーに提示し，交渉することで，同等水準までディスカウントしてもらえるケースも多々ある。

　相見積りにあたっては，既存のサプライヤーや条件等にとらわれず，幅広く可能性を検討することが効果の最大化につながる。

（5）相見積り以外のコスト削減の手法の例
　前述の他では，次のようなコスト削減の手法も有効である。
① 推計原価との乖離分析
　役務系の調達の場合，地域の求人情報で人件費単価を推定し，必要工数や人数，役務提供者の交通費や諸経費，サプライヤーの利益等を推計し，現状の委託費と比較すると大きく乖離しているケースがある。この場合，推計結果を提示してサプライヤーと交渉することで，推計結果に近い水準まで委託費を低減してもらえる可能性がある。
② 再委託構造分析
　例えば，設備保守等の委託の場合，包括的に契約することでコスト削減を図るケースがある。しかし，包括的にしたために，受け皿となる委託先が大手に限られ，大手が元請けとなって地場中小企業に再委託され，大手のマージン分だけ高づかみとなっているケースもある。場合によっては，分散発注を行うほうがトータルのコストを低減できる場合もある。
③ ユーザーマネジメント

　物件費に係る調達の場合，その製品や役務がコストとなっている意識が希薄になりがちである。無駄遣いが発生していないか，必要以上の仕様となっていないか，といったユーザー側の改善でコスト削減効果を得られることも多々ある。

第 3 章

DX（デジタルトランスフォーメーション）の処方箋

第1節　DXの全体像とは

（1）そもそもDXとは何か？

①　DXの再定義の必要性

　すでに多くの企業において「DX（Digital Transformation）」は喫緊かつ重要な経営アジェンダとして捉えられており，DXと銘打ったさまざまな取組みが進行中であるという企業も多いのではないだろうか。一方で，一口にDXといっても，RPAを活用したオペレーションの効率化や既存事業のサブスクリプションモデルへの変換，新規事業開発など幅広く，目的や位置づけが異なる多様な取組みが部門や部署のレベルで動いていることが多いと想定される。そしてその結果，本来的にはDXとあるようにデジタルを梃子として経営モデル・企業活動を変革して進めていくべきところが，部分最適な「デジタル活用」に留まっていることが危惧される。

　このような状況を脱し，DXの本来の意味に立ち返り，経営モデル・企業全体の変革活動として推進していくためには，多様な取組みの位置づけを明確化し，自社の取組み状況を振り返るところからスタートすることが求められる。そのためには，DXの全体像を捉える枠組みが必要になるわけだが，デロイトではデジタルを梃子とした経営モデル・企業全体の変革であるという点を改めて明確にするために，「DX」を「dX= Business Transformation with Digital」と再定義した**図表3-1-1**の枠組みを用いて現行の取組みを整理することを推奨している。そこで本節では，今一度，本来的な意味に立ち返っていただきたいとの含意を込めて，「DX」ではなく，「dX」と表現していく。

②　業務・ビジネス・企業文化

　図表3-1-1の中で，左側の2つの象限（AおよびB）は，「業務のTransformation」と呼ばれるものである。すでにある業務プロセスを所与としつつ，それらのさらなる高度化や効率化を追求するためのケイパビリティを獲得することを目的とした変革の取組みである。このうち，Aの「社内業務の

図表3-1-1　dXの全体像

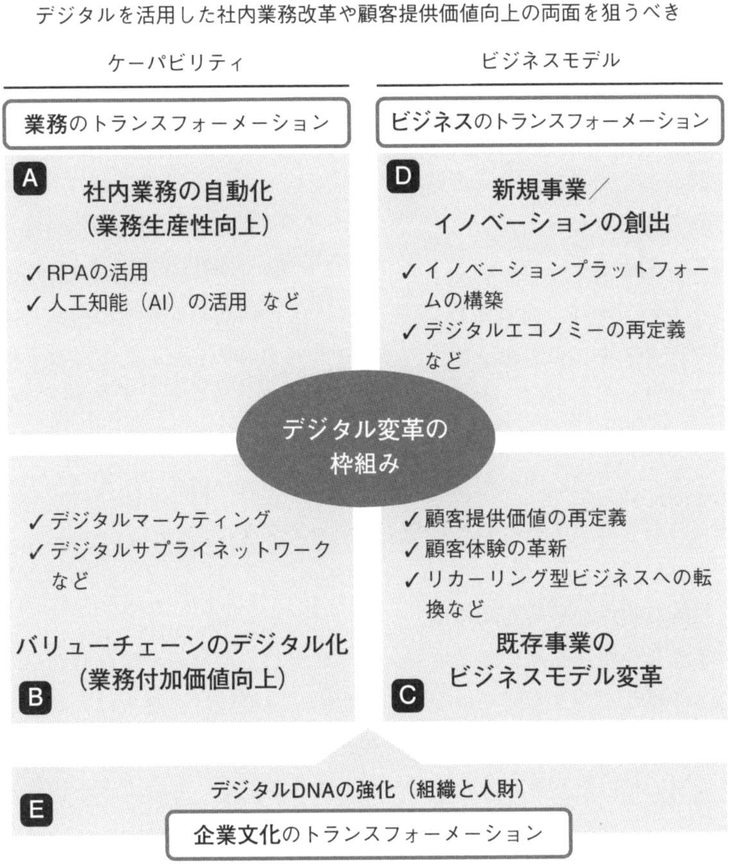

デジタルを活用した社内業務改革や顧客提供価値向上の両面を狙うべき

ケーパビリティ　　　　　　　　　　ビジネスモデル

業務のトランスフォーメーション　　ビジネスのトランスフォーメーション

A 　社内業務の自動化
　　　（業務生産性向上）

　✓ RPAの活用
　✓ 人工知能（AI）の活用　など

D 　　新規事業／
　　イノベーションの創出

　✓ イノベーションプラットフォームの構築
　✓ デジタルエコノミーの再定義など

デジタル変革の
枠組み

　✓ デジタルマーケティング
　✓ デジタルサプライネットワークなど

　✓ 顧客提供価値の再定義
　✓ 顧客体験の革新
　✓ リカーリング型ビジネスへの転換など

バリューチェーンのデジタル化
（業務付加価値向上）
B

既存事業の
ビジネスモデル変革
C

デジタルDNAの強化（組織と人財）
E
企業文化のトランスフォーメーション

自動化」は，RPAやAdvanced Analytics，AIソリューションなどを活用して
さまざまな社内業務の効率化・自動化を推し進め，生産性向上を目指すもので
ある。また，Bは，自社の業務プロセスを超えた「バリューチェーンのデジタ
ル化」であり，顧客や取引先・サプライヤーなどを巻き込んだデジタルマーケ
ティングやデジタルサプライネットワークの構築を通じて，既存のバリュー
チェーンから生み出される付加価値の向上を目指す取組みである。
　他方，**図表3-1-1**の右側の2つの象限（CとD）は，「ビジネスの
Transformation」と呼ばれるもので，ビジネスモデル自体の変革を目指す取

組みとなる。このうち，Ｃの「既存事業のビジネスモデル変革」は，既存の事業ドメインを所与としつつ，カスタマーエクスペリエンスの革新やサブスクリプション型ビジネスへの転換などを通じて，事業モデルの抜本的な変革を目指すものである。また，Ｄの「新規事業／イノベーションの創出」は，イノベーションプラットフォームの構築やデジタルエコノミーの中での自社の提供価値の再定義などを通じて，既存事業とは一線を画した，今後の成長のドライバーとなりうる新たなビジネスを立ち上げることを目指す変革の取組みである。

さらに，**図表３−１−１**の下部にあるＥは，「企業文化のTransformation」と呼ばれるものである。全社規模で本格的にDXを推進していくためには，これまでのワークスタイルや組織風土・カルチャー自体の見直しと変革が必要とされる。Ｅに該当するのは，本章第５節で紹介する，デジタルネイティブプレーヤーが有する組織風土・カルチャーである「Digital DNA」を浸透・定着させることを通じて，組織間の相互連携のあり方やそれを構成する人材１人ひとりの意識と行動を変革することを目指す取組みとなる。

③　全社的な視点からの方向付け

このような枠組みを用いることで，すでに進行中のものや現在計画中のものを含め，多様なデジタル変革の取組みの目的や位置づけ，さらにそれらの間の相互の関係性などを，組織横断的に可視化して整理することが可能になる。バラバラに進めていたり計画したりしていたことの間で，どのような相乗効果を生み出していくべきなのか，あるいは，現時点で欠落していて，今後新たに強化すべき取組みはどのあたりにあるのか，といった議論を，経営の俯瞰的な視点から行えるようになる。

例えば，デジタル変革の取組みが**図表３−１−１**の左側の象限の「業務のTransformation」に重きが置かれており，RPAなどを活用した「社内業務の自動化」（Ａ）に偏っているようであれば，右側の象限の「ビジネスのTransformation」における新たな取組みの可能性を検討してみる価値があるだろう。また，「既存事業のビジネスモデル変革」（Ｃ）に関わる取組みが本格化しているようであれば，それに呼応する形で「バリューチェーンのデジタル化」（Ｂ）を加速させる必要性の有無について考えてみることも必要かもしれ

ない。

　「デジタル活用」を部分最適な改善施策に終わらせることなく，環境変化を視野に入れた経営モデル・企業全体の変革，すなわちdXとして推進していくためには，全社的な視点から方向付けを行うことが重要になる。

（2）dX推進の基本ステップ〜Think big, Start small, Scale fast〜

　それでは，部分的な「デジタル活用」の域を超えて，さまざまな取組みを目指すべき方向性にアラインさせて本格的なdXとして推進していくためには，どのように進めていくべきだろうか。これまではグローバルや他業界において参考となる事例があり，ソリューションとしても確固たる実績がある取組みが中心であったかもしれないが，dXに係る取組みの多くは事例も乏しく，先進的なソリューション活用が求められるものである。そのため，まず始めにプロジェクトゴールまでを含めた包括的で年単位の計画を緻密に立案し，その計画に沿って推進するという進め方が適しているかというと，そういうわけではない。これは，dXに係る取組みの多くは一定程度の不確実性を包含したものとなるため，当初に立案した計画どおりに進まないリスクが高いためである。

　そこで，dXの進め方として，「Think big（大局で考える）」，「Start small（小さく始める）」，「Scale fast（一気に広げる）」という3つのステップに分けて示すようにしている。まず，今後のビジョンやそれを実現するための戦略を大局的に構想するところからスタートし（Think big），その有効性や実現可能性を最も成果に結びつきやすいと思われる小さな単位でプロトタイプ化して示し（Start small」，それを踏まえて軌道修正を重ねながら迅速に規模拡大と成果の実現につなげる（Scale fast）というものである。当たり前のことをいっているように聞こえるかもしれないが，これまでの進め方に慣れ親しんだ企業において，このようなステップでdXに関わる取組みを構想し，実行しきるのはそれほど容易ではない。

　ここで，実際にこれまでクライアントを支援していく中で見てきた失敗例に触れてみたい。ある企業では，デジタルを活用した新サービスを立ち上げるにあたり，Think Bigで構想を練り，Start Smallでアプリ開発する方針を掲げた

ものの，最終的には開発費は10数億円に膨れ上がり，その投資に見合うほどの効果が得られなかった。別の企業では，とにかく「小さく始めてみよう」ということで，Think bigを飛ばして，いきなりStart smallから入ってしまい，プロトタイピングが行われ，実証実験（PoC：Proof of Concept）が繰り返されていくが，戦略的な大局観に下支えされていないため，企業全体の中ではいつまで経っても周辺的な領域でのトライアルという扱いをされ，大きな成長につながってこない。また，Scale fastを実現するような組織的な態勢が整っていないため，せっかく成果が生み出されても，それをタイムリーに規模拡大に結びつけられず，その結果，「PoC倒れ」「PoC疲れ」と呼ばれるような状態になり，関与するメンバーの士気が失せ，取組み自体も進退きわまってしまうということもあった。

　dXの初期ではこのような失敗も致し方ないところがあったかもしれないが，今後取り組んでいくにあたっては失敗から学び，このようなパターンを回避して成功確率を上げていくことが求められる。そのためにも，3つのステップを正しく理解して，一貫した取組み姿勢で実行していく必要がある。以下では，それぞれのステップで具体的に何をするかについて解説する（**図表3-1-2**参照）。

① Think big（大局で考える）

　Think bigは，大局的な視点から自社のビジネスデザインを行うフェーズであり，まず10年から20年の長期の時間軸（ズームアウト）の中で，自社の世界観を固めるところから始める。自社を取り巻く社会がどのように変わっていくのか，人々の抱える課題や本源的な欲求はどうなるのか，そして，その中で，自社は，その固有の強みを活かしつつどのような大義を掲げ，どのように社会の課題の解決やニーズの充足に貢献していくべきなのか，を徹底的に考えていく。

　次に，3年から5年後を見据えて，長期で思い描く世界観の一端において，どのようにして顧客ニーズを満たし，価値提供を行っていくのか，すなわちマネタイズされる瞬間（ビジネスモーメント）を思い描いていく。その顧客はどこに存在して，何に困っているのか，どのようにして未充足ニーズが満たされ

図表3-1-2 デジタル変革（dX）推進における基本ステップ

デジタル変革（dX）は，ビジョンを大きく掲げつつ，小さく・素早く
手を付けていくこと，加えて，デジタルテクノロジーの力を引き出し，
いかにスケールさせていくかが勝負を分ける

Think big
ビジョンを策定
し，注力領域お
よび戦略を検討

Start small
プロトタイピン
グ，パイロット
実行による最小
単位からの価値
実現

Scale fast
細かく軌道修正
を行いながら，
迅速に拡大し，
成果を上げる

ビジネスのデザイン　　　　　　　実行・実装力のデザイン

「収益機会」の探索
・社会課題（ソーシャルア
ジェンダ）標榜
・より高次の価値提案・大
義を掲げる

**顧客シナリオの
デザイン力**
・UX/CX志向，顧客体験の
設計
・"ビジネスモーメント"を
捕捉

価値協創へ向けた仲間作り
・既存の産業の壁を越えたつ
ながり
・新たなエコシステムの形成

"使いこなし力"・"使いこなされ力"
・外部の力・先進技術への目利き
（API活用・PF連携）
・情報を価値に変換／デジタル資
産を収益化（オープンAPIや，
公開アルゴリズム）

小さく始め，大きく育てる
・持続性と再現性を備える
"仕組み化"
・失敗を許容する組織風土
や文化

**モジュラーかつ
スケーラブルな基盤**
・脱着可能　　　・クラウド
・API Sandpit　・OSSベース
・コンテナ　　　・CI/CD・・・

るのか，それらを自社の事業領域でどうマネタイズするのかを具体的に想像し，
顧客に提供するカスタマーエクスペリエンスの全体像を策定していき，デザイ
ンすべき顧客接点のイメージも深めていく。そして，こうしたエクスペリエン

スを実現するうえにおいて，既存の産業の壁を越えてどのような新たなつなが
り（エコシステム）を構築しなければならないかを考えるのである。

②　Start small（小さく始める）

　Start smallは，プロトタイピングやパイロットを通じてMVP（Minimum
Viable Product：価値を実現する最小単位のプロダクトやサービス）を構築す
るステップとなる。Think Bigで構想したアイディアの全体像の中から個別の
ユースケースを切り出していき，ユースケース単位で試していく。この段階で
は，ユースケース実現に求められる全ての機能を完成させる必要はなく，優先
度が高い機能からプロトタイプ化を進めていき，そのユースケースの対象顧客
になりうる人々に実際に使ってもらう。そして，そこからフィードバックを得
ながら継続的な改善に活かしていく，言い方を換えるとユースケースアイディ
アの筋のよさを繰り返し検証することによって成功確率を高めていくことが有
効となる。そして，フィードバックを受けながら，Think bigのフェーズで組
み立てた世界観に立ち返りながら，提供しうる顧客体験をどんどん磨き上げて
いくのである。

③　Scale fast（一気に広げる）

　最後のステップであるScale fastは，Start Smallで得られた結果に基づき，
それにさまざまな軌道修正を重ねながら変革の成果を迅速に拡大していく
フェーズとなる。この段階では，構想したビジネスモーメントを具現化したエ
クスペリエンスを提供するという観点から，実行力・実装力を上げるための
アーキテクチャをデザインし，それを目指したアジャイル変革を推進すること
が鍵となる。
　こうしたアジャイル変革は，機能ごとにモジュラー化されて必要に応じて瞬
時に拡縮を可能にする（スケーラブル）テクノロジー基盤に支えられることで
初めて実現できるものである。また，目指すべきエクスペリエンスを短期間で
実現するためには，自前主義にこだわっている余裕はなく，Think bigのフェー
ズで検討したエコシステムの構築を念頭に置いて，個別企業や産業の枠を越え
て必要なデータや情報を収集し，それらを融合しつつ価値化し，さらに，それ

により得られたデジタル資産を収益に結び付けることが肝要になる。そのためには，他社が公開しているAPIやアルゴリズムなどを徹底的に活用する"使いこなし力"，そして自社のAPIやアルゴリズムをオープン化することで他社に活用してもらう"使いこなされ力"の両方が求められる。

（3）dXへの挑み方〜4つのアプローチ〜

　それでは，ここまでで述べてきたdXの全体像と，dX推進の基本ステップ"Think big, Start small, Scale fast"を踏まえたうえで，どのようにしてdXを進めていけばよいのだろうか。特に，企業規模が大きく，事業分野が多岐にわたる組織において，経営モデル・企業全体の変革は一筋縄でいかないものである。そのため，自社の置かれている環境や，活用すべき資産や強み，経営戦略上の必要性などを考慮しながら，最も実効性が高いと考えられる変革の「勝ち筋」を描き，それを実行しきることが重要となる。

　そこで，dXを推進していく中で発生する典型的な課題や陥りがちな罠を取り上げつつ，それらを乗り越えて変革を加速させていくための具体的なアプローチの類型とその概要を紹介する（**図表3-1-3**参照）。

アプローチ①：インサイト駆動型

　これは前掲**図表3-1-1**における象限Aと象限Bに力点を置き，単発のAI・アナリティクス導入に留まらず，組織として情報活用力の向上を目指すアプローチである。

　社内業務やオペレーションの生産性向上，マーケティングなどに関わる業務付加価値向上などを目指しており，すでに多くの企業において着手されていると推察される。このアプローチにおいては，個別の分析テーマに関してAIを利用したPoCなどから小さく始めつつも（"Start small"），単発のデータ処理・分析に終わらせることなく継続的かつ組織横断的な取組みへと広げていき，個別のユースケースから得られたインサイトに基づいて，ユースケースを次々に生み出して多層的につなぎ合わせ，組織全体の業務のあり方をゼロベースでデザインし直すような展開にまで持っていけるかどうかが重要となる。

図表3-1-3 dX推進アプローチの基本類型

陥りがちな罠を回避し，<u>dX</u>推進を加速させていくために，基本類型を参考にしながら，自社の取組み状況に応じて最適なアプローチを選択する

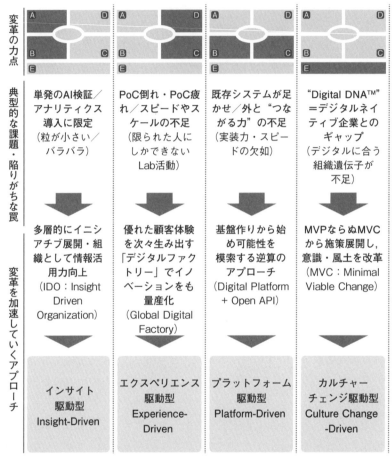

変革の力点				
典型的な課題・陥りがちな罠	単発のAI検証／アナリティクス導入に限定（粒が小さい／バラバラ）	PoC倒れ・PoC疲れ／スピードやスケールの不足（限られた人にしかできないLab活動）	既存システムが足かせ／外と"つながる力"の不足（実装力・スピードの欠如）	"Digital DNA™"＝デジタルネイティブ企業とのギャップ（デジタルに合う組織遺伝子が不足）
変革を加速していくアプローチ	多層的にイニシアチブ展開・組織として情報活用力向上（IDO：Insight Driven Organization）	優れた顧客体験を次々生み出す「デジタルファクトリー」でイノベーションをも量産化（Global Digital Factory）	基盤作りから始め可能性を模索する逆算のアプローチ（Digital Platform + Open API）	MVPならぬMVCから施策展開し，意識・風土を改革（MVC：Minimal Viable Change）
	インサイト駆動型 Insight-Driven	エクスペリエンス駆動型 Experience-Driven	プラットフォーム駆動型 Platform-Driven	カルチャーチェンジ駆動型 Culture Change -Driven

Digital DNA™：デロイトとMITとの共同研究によるベンチマーク手法
→デジタル企業の組織遺伝子を23の評価軸で測定・比較
MVC：Minimal Viable Change＝必要最小限の組織・カルチャーチェンジ施策

　また，このアプローチは，デジタル化を進めた結果，顧客タッチポイントが増えたり，他の企業とのオンラインでのつながりが拡大したりして，収集しうるデータ量が急増する中で，それらを効果的に分析して新たな価値創出に結び付けたいと考えている企業に適していると考えられる。そういった企業では，AIと高度なアナリティクスを担う専門部隊（CoE：Center of Excellence）を立ち上げ，自社におけるデータ活用のTo-Be像を見定めたうえで（"Think Big"）リソースの確保や道具立ての整備に着手していくところから変革に向けて歩み出していくことが効果的といえるだろう。

アプローチ②：エクスペリエンス駆動型

　これは前掲図表3-1-1における象限Cと象限Dに力点を置き，変革スピード／スケールの不足を補い，「デジタルファクトリー」で量産化を狙うアプローチである。

　このアプローチは，dXを推進する際の中心的なテーマとして効率化や生産性向上などではなく，イノベーションやビジネスモデル変革価値創造を重視したいと考える企業に適したものといえる。この場合，社会課題の解決などにつながる新たなエクスペリエンスを提供することを標榜し，次々と新しいサービスやイノベーションテーマをビジネスとして具体化しつつ急速な規模拡大を図ることで，他社とのエコシステムの構築なども絡めながら，経営モデル自体の変革を推進していく流れとなる。これは，「Think big」，「Start small」，「Scale fast」という基本ステップが最も当てはまる「王道的なアプローチ」であり，必要なリソースや仕組み，道具立ての整備を必要に応じて進めていくことになる。ただし，必要な整備が追い付かないと変革が上手く加速せず，経営の不満を募らせてしまう事態に陥りかねない。この事態を回避する方法として注目が高まりつつあるのが「デジタルファクトリー」を構築するやり方である。グローバルに目を向けると銀行業や保険業におけるデジタル化先進企業において実績が出てきており，国内金融機関においても有効な一手になりうると考えられる。これについては次節で少し詳しく説明することとしたい。

アプローチ③：プラットフォーム駆動型

　これは前掲図表3-1-1の下半分の2つ（BおよびC）に焦点を当て，dXの実装と変革スピードを抜本的に向上させるための基盤整備を最優先に考えるアプローチである。上述のエクスペリエンス駆動型では「王道的なアプローチ」に則り，dXに関わるリソースやテクノロジー基盤を必要に応じて整備していくと説明したことと対照的に，DevOps（デブオプス）やCI/CD（継続的インテグレーション／継続的デリバリー）を含むアプリ開発環境や，APIマネジメントに関わる機能を強化し，テクノロジー基盤の整備から始めていく。

　このアプローチでは，既存のデジタルアセット（データや機能）を外部でも使えるようにインフラをクラウド化・最新化していく変革や，オープンAPIを介して外部のスタートアップや他企業の情報や機能を使いこなしていくインテグレーション階層の構築などが重要となる。ひとたびこうした基盤を整えられれば，顧客やユーザーから得られるデータをもとにして迅速にアプリ開発につなげたり，産業の壁を越えて多様なステークホルダーと共創するエコシステムを構築したりすることが柔軟かつ機動的に行えるようになる。そのため，王道的なアプローチ（エクスペリエンス駆動型）では目指す変革の方向性に対する全社的な理解・合意がなかなか得られないような場合において，有効なアプローチになりうる。実際に，逆転の発想でまずリソースやテクノロジー基盤（Enabler）を用意してしまい，それらが可能にすることを追求するほうが上手くdXを加速できた，といった声も挙がっている。

アプローチ④：カルチャーチェンジ駆動型

　これは前掲図表3-1-1の下部の象限Eに注力し，企業文化や風土，組織，組織の構えから変革を推進するアプローチである。変革の担い手となるリーダーが圧倒的に不足していて，そもそも組織横断的なdXの動きを展開する素地が整っていないようなケースであれば，この「カルチャーチェンジ駆動型」と呼ばれるアプローチでdXの本格展開を開始することが効果的である。

　このアプローチでは，デジタル先進企業が持つ特徴である「Digital DNA」を組み込むことが重要であり，そのためにあるべき人材，組織，企業文化を見定め，Digital DNAで示す23の特徴のうち集中的に強化すべき要素を抽出・選

定したうえで，それらを強化するための新たな制度や取組みを前例にとらわれない形で導入していく必要がある。このようにして，必要なDigital DNAを企業の組織風土やカルチャーに埋め込むことができれば，業務の変革やビジネスの変革等の局面においてもdXを展開していける企業に生まれ変わることが可能になる。

（4）dXを加速させるデジタルファクトリー

　前項において，dX推進の「王道的なパターン」としてエクスペリエンス駆動型のアプローチを紹介したが，このアプローチで進めていくうえで注目度が増してきているものが「デジタルファクトリー」である。エクスペリエンス駆動型における陥りがちな罠として，「PoC倒れ」，「PoC疲れ」があると述べたが，この罠を回避するためには，PoCで止めるのではなく，実際にデジタルプロダクト・サービスを世に送り出し，顧客に使ってもらいながらフィードバックに基づいて改善を繰り返していくことが有効となる。これまで多くの企業はdX推進組織として「ラボ＝研究所」を設置してきたが，その名が示すとおりテクノロジー動向や他社動向を調査し，その調査結果に基づいて新しいアイディアを考えて，試してみる＝PoCを行うことがその活動の中心に置かれることが多かった。そこで，「ラボ」とは別に「ファクトリー＝工場」を設置し，実際に顧客に使ってもらえるデジタルプロダクト・サービスを作ることに主眼を置いてdXを推進していくというやり方である。実際にグローバルではデジタルファクトリーを設置する動きは多く，また最近では国内においてもその動きが出始めている。

　それでは，ここからはそれがどのようなものかを見ていきたい。まず，その全体像は，**図表3-1-4**のようなものとなる。

　デジタルファクトリーはプロダクトチーム，プラットフォームチームとファクトリーCoEの3つのチームから構成され，各々役割は以下のとおりとなる。

184

図表３-１-４　デジタルファクトリーの概要

dXの加速装置として，優れたUI/UXを備えたデジタルプロダクト・サービスを高速・継続的に世に送り出し，CXの改善を追求するデジタルファクトリーの導入が進みつつある

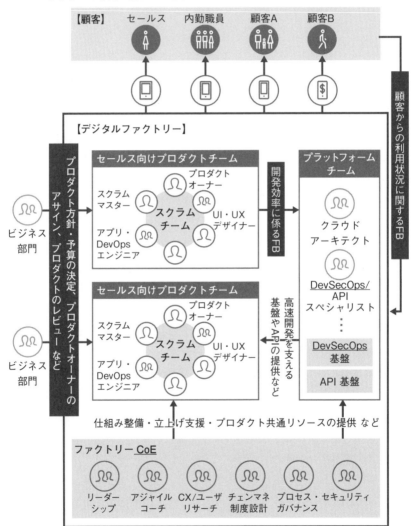

【プロダクトチーム】
特定のデジタルプロダクト・サービスのローンチ・継続的改善をリードし，よりよいCXを提供すること，別の言い方をすればNPSやeNPSの向上に責任を持つ
【プラットフォームチーム】
プロダクトチームがより効率的でアジリティの高い開発ができるように，APIやアプリ開発基盤（DevOps，CI/CD含む）を提供し，開発効率の向上やリリース期間の短縮などに責任を持つ
【ファクトリーCoE】
各種仕組み・制度の整備（セキュリティやプロセス・ガバナンスに加え，評価制度なども含む）やコーチングなどを通じて，プロダクトチームの立上げや自律的な活動の促進に責任を持つ

　また，このデジタルファクトリーは，これまでのようなプラン・ドリブンではなく，フィードバック・ドリブンな組織となることにより，その機動性をより高めている。具体的には，顧客からのフィードバック，プロダクトチームからプラットフォームチームに対する開発効率に関するフィードバックによって，デジタルファクトリーは自律的に動く。顧客からのフィードバックによって，プロダクトチームは自分たちがリリースしたプロダクト・サービスが期待どおりのCXを提供できたかどうかを把握し，次にどういった機能を提供すべきかを判断していく。また，プロダクトチームからのフィードバックによって，開発効率を上げるためのボトルネックをプラットフォームチームは認識し，その改善策を検討し，実行に移していく。加えて，ビジネス部門とは四半期ごとにQuarter Review Boardを開催し，ファクトリーで作っているデジタルプロダクト・サービスが期待どおりの効果を上げられそうかどうかを把握し，各プロダクトチームに対する予算や人的リソースの配分を機動的に変えていくのである。このようにフィードバック・ドリブンで動くためにデジタルファクトリーでは，**図表3-1-5**にあるような多くのメトリクスを収集し，定性面だけでなく，定量面からもその状況を可視化できるようにしておくことが重要となる。

図表3-1-5 デジタルファクトリーで測定するメトリクス（例示）

デジタルファクトリーを上手く機能させていくためには，各チームのKPI・KGIを明確化し，パフォーマンスやプロセス効率などの状況を可視化しておくことが重要となる

分類	アウトカム実現度を測定する指標	プロセス効率を測定する指標			開発品質を測定する指標	
主なメトリクス	**顧客満足度（NPS）** ・リリースしたアプリ／機能に対する顧客の満足度・他者への推奨度	**ベロシティ** ・ベロシティの絶対値と前回スプリントからの改善率	**サイクルタイム** ・タスク消化にかかる平均時間（Doingになっている時間）	**バックログの更新状況** ・リリースまでの間に実施したバックログリファイメントの実施回数	**コードカバレッジ** ・自動テストでカバーするソースコードの割合	**平均欠陥検出時間** ・新たな欠陥を検出するまでに係った時間の平均（≒システム信頼性）
	従業員満足度 ・ディスカバリ〜リリースまでの進め方に対するメンバーの満足度	**プランニング精度** ・バーンダウンチャートのベースラインと実績線がどの程度乖離したか定量化したもの	**リリースオーバヘッド** ・リリース作業に必要となる工数やコスト	**追加バックログの対応状況** ・追加したバックログのうちリリースに間に合った件数と割合	**コード複雑度** ・ソースコードの複雑性を定量化したもの（条件分岐の数／SLOC／ネストの深さ など）	**テスト成功率** ・実施した自動テストのうち成功した割合
	アプリ／機能利用率 ・リリースしたアプリ／機能に利用状況（あまり使われていない機能を開発していないか）	**ベロシティ安定度** ・各スプリントごとのベロシティのバラつき（安定した開発ができているか）	**フロー効率性** ・実働時間と待ち時間の割合	**標準ストーリーポイント生産性** ・標準的なストーリー（チーム横断）にかかる工数	**コードチャーン** ・ソースコードの追加／削除／変更の割合	**ビルド成功率** ・実施した自動ビルドのうち成功した割合
	クレーム発生率 ・リリースしたアプリ／機能に対する顧客の不満の割合（改善要望の数）	**リリース工数** ・1リリースに要した工数	**開発作業割合** ・スプリントの時間のうち，プロダクト開発に割いた時間の割合（開発工数÷全工数）	**評価ストーリーポイント安定度** ・ストーリーポイントと工数の相関に係るバラつき	**欠陥密度** ・開発規模（SLOC，FP，ストーリーポイントなど）あたりの欠陥の数	**Escaped Defects** ・リリース後に発見された欠陥の割合
		リリース頻度＆期間 ・1リリースに係る期間とリリースの実施回数	**平均欠陥修復時間** ・欠陥修復までの平均時間（問題発見から原因特定・改修・テストまでが円滑か）		**欠陥検出率** ・プロダクトの全欠陥のうち，開発の中で検出できた欠陥の割合	

　こういった話をすると多くの企業においては，プロダクトチームに焦点が当たることが多い。確かにプロダクトチームは実際に顧客に提供するプロダクトやサービスを作るため，重要であることに疑いの余地はない。ただ，デジタルファクトリーが顧客からのフィードバックに基づいて，継続的にCXを改善していくために欠かせないのはプラットフォームチームである。プロダクトチームに対して，プラットフォームチームがより効率的でアジリティの高い開発を行うためのサポートを行うことによって，短期間で繰り返してデジタルプロダクト・サービスを顧客に提供できるようになる。すなわち，迅速に，そして高頻度で顧客からフィードバックを受けることを可能にし，ファクトリーがフィードバック・ドリブンで自律的に動けるように支えている。

　最近では，プロダクトチームを組成する動きを見かけることも増えてきたが，プラットフォームチームについては後回しになりがちである。ぜひ，プラットフォームチームも含める形でデジタルファクトリー化を進め，PoCで終わらずに実際の成果も出しながらdXの推進をしていっていただきたい。目に見える効果を全社に広めることによって，カルチャーチェンジが進み，それがさらにdXを加速させていくことにつながるのである。

（5）dX推進の要諦

　本節では，こうした本格的なdXを構想し，推進していくためのフレームワークやアプローチを紹介してきたが，必要とされる変革の第一歩をどのように踏み出すべきかというイメージを多少なりとも持っていただけただろうか。これからは，求められるdXは部分的・単発の「デジタル活用」ではなく，「デジタル活用を梃子とした経営モデル・企業全体の変革」であり，それはすなわち自社の存在意義そのものに関わるものでもある。さらには，このdXの推進には「スピード」が極めて重要になることから，誰かに「丸投げ」して済むような話ではない。人任せにせずに，Digital DNAを組織に植え付け，変革能力を自社の内部に蓄えていかなければならない。

　一方で，dXという未踏の変革を進めるにあたり，自社のリソースだけで歩み出していくことが現実的ではないこともまた明らかである。そのため，先見

性と経験値を有した伴走者を見つけなければならない。この時に誤った伴走者とともに歩み出すと，最初はいいかもしれないが，徐々に外部依存が進み，中長期的には変革を自走できないがゆえに，本来目指した姿には到達できなくなる可能性がある。このような事態に陥らないためには，この変革をともに歩みながら自社へのケイパビリティ移転を進めて自走を促してくれる伴走者＝変革のパートナーを見つけられるか否かが肝となる。その伴走者＝変革のパートナーとともに，自社として目指すべきdXの全体像を描いたうえで，いち早く顧客やステークホルダーからのフィードバックを得て，それに基づいて継続的に改善を繰り返していき，よりよいエクスペリエンスを提供していく。そして，その過程で自社にケイパビリティを培っていき，中長期的には自走でdXを推進していくことが求められているのである。

第2節 DX時代の営業の型とは

（1）検討の背景

　金融機関の営業活動は長年，営業担当者の訪問や，店舗来店顧客との面談等，対面営業に依存してきた。2000年以降に登場したネット専業系を除き，従来型の金融機関にとって，有人店舗は営業基盤そのものであり，店舗網を広げることによって顧客の利便性を向上させる一方，店舗をベースに法人向け・個人向けの営業推進を行うことで，顧客・金融機関双方がWin-Winの関係を築いてきた。

　しかし，近年のインターネットやスマートフォンの普及に伴い，インターネットバンキングやモバイルアプリ等，非対面チャネルがその存在感を増したことで，有人店舗への来店顧客数は大きく減少している。店舗ごとの採算，ひいてはリテール部門の収益性は悪化の一途を辿り，メガバンクを中心に2010年代後半から大きく店舗数を減らす動きが出てきている。

　DXの進展に伴い，金融機関を取り巻く競争環境が大きく変化する中で，どのように顧客と接点を持ち，営業活動を進めればよいか。筆者らは，大きく以下の2点での営業の変革が，金融機関に求められるものと考えている。

　まず1点目は，担い手の能力により差別化されにくいシーン（取引・約定，情報提供等）においては，接点のデジタル化・自動化を進め，非対面チャネルを強化することだ。これには，リモート営業を実現するデジタル投資の拡充が必要となる。

　2点目は，対面営業により差別化が可能なシーン（関係構築・強化，提案等）においては，営業の「型」を構築して営業担当者の提案能力の向上に取り組むとともに，担い手をサポートするデジタルツールの導入を進めることだ。

　さらに，上記2点を実現するうえでは，顧客を囲い込み，データを収集・分析して営業活動に示唆を与えるような「データインフラの整備」が必要不可欠と考える。

　以下，営業変革の方向感について，具体的に述べていきたい。

（2）DX時代のあるべきチャネル活用の姿

① 非対面チャネル強化のトレンド

　インターネットやスマートフォンの普及に伴い，各金融機関がPC向けのインターネットバンキングやスマホ向けモバイルバンキング等のデジタルソリューションの開発を進め，生活のデジタル化に伴う顧客行動・嗜好の変化も相まって，非対面チャネルの存在感が大きく高まっているのは前述のとおりだ。こうした動きを加速させているのが，異業種のプラットフォーマーを中心としたフィンテック企業の金融業への参入であり，競争環境は有人店舗間の面取り合戦から，オンライン上の顧客接点の奪い合いへとますます激化している。各金融機関において，店舗や訪問等での対面中心の営業活動から，テクノロジーを活用した非対面営業へのシフトが進むことは論を待たない。

　2020年のCOVID-19の拡大により，企業活動は原則としてリモート対応を余儀なくされ，営業活動においても3密を回避するために対面営業が困難となったが，こうした状況も上記の非対面営業へのシフトを加速させている。

　以下，非対面営業への動きを進めている事例として，国内外の事例を紹介したい。中国平安人寿保険は，2018年より，顧客ニーズの複雑化や販売規制の強化といった外部環境の変化に対応するため，代理店サービスの品質向上やワークフローのデジタル化とともに，オンラインセールスへのシフトを加速させた。同社における保険商品の契約からクロージングまでのプロセスを全てオンライン化し，代理店専用のAIアシスタント・スマートQ&Aシステムを導入することで，年間約5,000万回・最短処理速度1分のカスタマーサービスを実現させた。この改革は，結果として後のコロナ禍においても，約8.3万件の請求のオンライン処理，1,000万回以上のQ&Aのオンライン対応，100万件以上のSMS送信を実現する等，代理店の営業力を維持することに寄与した。同社はコロナ禍に500万人の新規顧客の開拓に成功している。

　また，国内では，大手金融機関が，異業種のフィンテック企業と手を組む事例が出てきている。2018年11月，コミュニケーションアプリ大手のLINEは銀行業への参入を表明した。LINEの強みは8,000万人近い月間利用者数であり，メガバンク最大手の三菱UFJ銀行の顧客の2倍近い数字である。しかも，この

顧客層の大宗は生活の中で毎日頻繁にLINEを活用するうえ，モバイルサービスに慣れ親しんだデジタルネイティブ世代も多い。ここに目を付けたのが，新銀行に出資するみずほフィナンシャルグループである。傘下の銀行や証券の店舗来店顧客の高年齢化による顧客数減少に対応すべく，モバイルの世界で圧倒的な顧客基盤を抱えるプラットフォーマーとの提携に踏み切った。LINE側から見ても，コンプライアンス等の銀行特有のノウハウが得られる相手として思惑は一致したようだ。この新銀行は，その後に発表されたLINE・ヤフーの経営統合の影響もあり，開業延期が報じられているが，既存金融機関の非対面営業強化への大きな流れは止まることはないであろう。また，同じく，2019年8月にすでにサービスを開始しているLINE証券にも，野村証券を傘下に持つ野村ホールディングスが資本参加しており，同様の構図となっている。

②　非対面強化を進めるうえでの留意点

　金融機関は今後，上記のトレンドも踏まえ，非対面チャネルの比重を高めた営業を実現していく必要があるが，この取組みを進めるうえでは，既存のビジネスモデルをテクノロジーで焼き直すのではなく，顧客行動をベースにビジネスモデル自体を再構築すべき，ということに留意しなくてはならない。

　「World's best digital bank」（ユーロマネー）を2016年・2018年に受賞したシンガポールのDBS銀行は，異業種でありながら金融業に参入する“金融ディスラプター”の脅威に対し，2009年からDXに大きく舵を切った。同銀行のグプタCEOは，「金融ディスラプターと戦う最善の方法は，先んじて自らを破壊すること」と述べ，DXに際して，「Become digital to the core（会社の芯までデジタル化する）」「Embedding ourselves in the customer's journey（自らをカスタマージャーニーへ組み入れる）」「Creating a 22,000 start-up（従業員2万2,000人をスタートアップに変革する）」という3つの標語を掲げた。銀行目線のトランザクションジャーニーから，顧客目線のカスタマージャーニーへと発想を転換し，“簡単・シームレス・目に見えない”をコンセプトに，顧客の生活にストレスなく溶け込むことで，優れたカスタマーエクスペリエンスを提供している。金融機能を備える異業種のフィンテック企業は，ECやSNSといった祖業を軸に，「時間・手間が掛からない」「取引をしていると感じさせな

い」「楽しい」といった，従来とは異なる金融機能を提供しており，既存の金融機関が自社の金融機能をただオンラインに乗せるだけでは不十分であることは明白である。

　また，非対面チャネルを強化するうえでは，顧客データを収集し，自動で分析できるようなインフラをセットで整備することも重要だ。データインフラ整備の効果は，営業の非対面化によって生じる，これまで足で稼いできた情報が蓄積されづらくなる，といったデメリットの軽減に留まらない。それぞれの顧客にとって最適な提案を行うパーソナライゼーションの実現に寄与し，さらには適切な提案による顧客満足度の向上に伴う顧客の囲い込みからさらなるデータの収集・蓄積といった好循環を生み出しやすくなる。

③　あるべきチャネル活用の姿

ⓐ　真に顧客ベースのチャネルへ

　筆者らは，これからの金融機関には，対面と非対面の双方の特長を活かした「ハイブリッド型営業体制」の構築が求められていると考える。チャネル戦略として目指すべきは，「オムニチャネル」からさらにその先の世界である。すなわち，店舗，コールセンター，インターネット，モバイルアプリといったさまざまなチャネルが独立している「マルチチャネル」の状態，各チャネルでの顧客とのコンタクト履歴が共有される「オムニチャネル」の状態を越えて，"顧客の企業行動や生活するうえでのニーズをデータとして捉えられる接点を持っている""顧客データの収集・分析に基づき提案のパーソナライゼーションを実現できている""顧客は自由にチャネルを切り替えられ，最適なチャネルでサービス・提案が受けられる"といった真に顧客目線・顧客行動ベースに沿った状態である（図表３-２-１参照）。

　上記のような将来像を目指すにあたり重要な論点は，いかに顧客の行動や生活に密着した接点を持つか，ということだ。個人向け営業を例に取ると，自宅やウェアラブル端末，自動運転車内において，AlexaやSiriのような音声ユーザーインターフェースを通じてさまざまな情報・オプションが人間に提供される将来では，金融機能も提供される情報・オプションの１つとして組み込まれることが想定される。例えば，「来週金曜の朝７時台の福岡行きの航空券を

図表3-2-1　あるべきチャネル活用の姿

シングルチャネル	マルチチャネル	オムニチャネル	真に顧客ベースのチャネル
・顧客との接点は店舗が中心	・店舗以外のチャネルのシェアも相応にあるがそれぞれ独立	・各チャネルが顧客／取引情報を共有し，一貫したサービスを提供	・顧客行動に沿ったチャネルから，データに基づく顧客1人ひとりに最適な提案を実施

買っておいて」とスマートスピーカーに話しかければ，何かを購入するという生活行動に付随した決済行為が，決済していると意識することなく自動的に完結する。こうした世界が到来すると，機能の真のオーナーが従来の金融機関よりも優位に立つことになる。店舗やATMに行って何かの金融取引をする，という日常生活にとって本来"不自然"な動線は間違いなくなくなり，デバイス，インターフェース，データプラットフォーム，AIプログラムといった機能が鍵を握る。金融機関は，他社がオーナーとなる接点を間借りし，その中で独自の金融機能を提供するのか，あるいは自ら主導して新たな接点を作りにいくか，の選択を迫られることになる。

(b)　各チャネルごとの業務分担

　また，各チャネルにおいて，どのような業務を分担させるのが適切か，ということもまた重要な論点となる。各チャネルにフィットする業務を検討するには，前述のカスタマージャーニーの目線に立ち返り，顧客行動をベースに分析することが有用だ（**図表3-2-2参照**）。

　口座の開設や決済といった「取引受付・処理」は，インターネットやモバイルアプリの主戦場となるだろう。ATMや店舗のカウンター・ロビーに置かれるタブレット端末も，店舗を訪問することを厭わない顧客が取引を行う際には重要なチャネルとなり，ヒトが店舗で自ら事務処理する頻度は減少していくと

図表3-2-2 各チャネルで扱う業務分担の将来像（例）

自動化の度合い（イメージ）　小 → 大

	対面（店舗）	電話（CC※）	チャット（CC）	店頭タブレット	ATM	インターネット	スマホアプリ
取引受付・処理	—	—	—	○	○	○	○
広宣活動	—	—	○	—	—	○	○
リード（見込客）創出	—	△	○	△	—	○	○
ニーズ喚起	△	○	○	—	—	—	—
商品提案・アドバイス	○	○	—	—	—	—	—

<凡例>○：積極的に対応　△：限定的に対応　―：消極的に対応または対応せず
※コンタクトセンターの略

思われる。情報提供や勧誘を企図した「広宣活動」は，顧客属性を把握し，パーソナライズしたうえで，前述のモバイルアプリやインターネット上で行うことが効率的だ。ホームページの各画面の閲覧や広告のクリックをデータとして捉え，「リード（見込客）創出」を効果的に行うことも同時に可能になる。「ニーズ喚起」には，創出されたリードに対して素早く電話やメールでアプローチする等，コンタクトセンターを従来以上に積極的に活用していくことが考えられる。具体的な「商品提案・アドバイス」といった営業活動は，店舗や訪問での従来型の対面接触の他，オンライン会議ツールを活用したコンタクトセンターからのテレビ電話も有効であると思われる。

　繰り返しになるが，何より重要なのは，これらのチャネル１つひとつが顧客にとってバラバラではなく有機的に連携し，いつでもどのチャネルでも，すぐに最適なサービス提供が受けられるように設計することである。

④　次世代の営業の手法

　これまで述べてきたようなDX時代のチャネル戦略やデータインフラ整備の方向感をどのようにビジネスモデルに落とし込むか，ということについて，法人顧客向け営業を例にとって説明したい（**図表3-2-3**参照）。

　筆者らが考える次世代の法人顧客向け営業のコンセプトは，非対面チャネルを含めて「チャネルを最適化」し，「データ利活用」で顧客を囲い込みつつ，「グループ連携」でグループ会社の幅広いソリューションも活用しながら，真に顧客ニーズに基づく「コンサルティング営業」を行う，ということだ。

　チャネルについてはすでに述べてきたとおり，今後は，真に顧客ベースなものになっているか，という観点で構築する必要があるが，個人のみならず法人営業についても，対面のみならず，コンタクトセンターやデジタルチャネル等

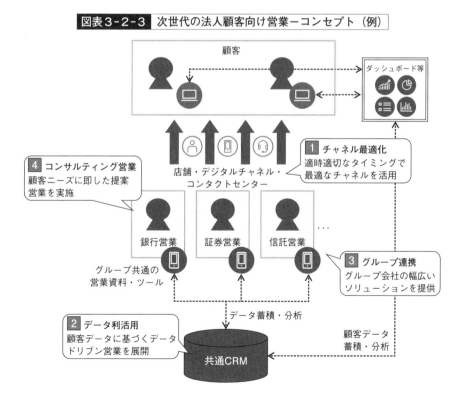

図表3-2-3　次世代の法人顧客向け営業－コンセプト（例）

の非対面チャネルの検討の余地がある。非対面チャネルは不要不急の対面接触を極力避けるWithコロナのニューノーマル時代に適したものであると同時に，コミュニケーション頻度の向上といった対面営業とは異なる価値を提供できる。さらに，永年の親密先といった最重要顧客に対しては，対面営業を効果的に使いヒトの手によってリレーションを構築しつつ，マス顧客に対してはリスクの高い局面を除き原則非対面チャネルで対応するといった営業の生産性向上も可能である。

　また，データ利活用についても，繰り返しになるが，自社サービスの機能強化や外部サービスとのAPI連携といったインフラ整備を通じて，顧客データを収集・分析のうえ，高付加価値な提案につなげる取組みは，自社サービスを不可欠なものとし，顧客を囲い込むうえで重要である。一例として，中小企業向けに日々の経営状況を可視化する経営ダッシュボードのようなツールを金融機関が外販し，経営管理のデジタル化を支援するとともに，購買・会計・人事情報といった金融機関が従来把握しにくかったデータの流れを収集・分析し，別の付加価値の高い提案につなげるといった，金融機関と顧客双方がWin-Winとなる営業が考えられる。

　グループ会社間の連携も，メガバンクや地銀にとっては重要といわれて久しいテーマである。異なるグループ会社の営業担当者同士が営業資料・ツールも含めシームレスに連携しながら，各々のソリューションの中で最適なものを顧客に提案していくのが理想であるが，それが十分にできていると自信をもって答えられる金融機関は少ないであろう。特に銀行の傘下に系列証券会社がぶら下がるような地銀の場合，極端な銀行主導により，グループ一体の営業やリソース最適化ができているとは言い難い。打ち手として，持株会社（HD）を設立して各子会社を並列化し，HD主導によるグループ一体での営業の最適化を目指すのも一案である。HDを作らなければ得られない実務上のメリットは限定的であるが，経営陣の本気を示し変革をドライブさせるために選択されることが多い。他方，すでにHD体制に移行している金融機関の場合は，グループ連携に係る業績・人事評価上の取扱いやカルチャー醸成等，現行の運用の中でボトルネックとなっている箇所の特定・対処を行う必要がある。また，今後ファイアーウォール等に係る規制緩和が進めば，CRM等の情報系システムを

グループ会社間で共通化することで情報共有がしやすくなり，グループ全体で同一顧客に対してより一貫したアプローチを取ることも可能となるであろう。

　最後のコンサルティング営業は，伝統的な自社商品ありきのプロダクトアウト型の営業でなく，本業支援や金融商品以外も含めて顧客ニーズに即したマーケットイン型の営業にシフトすべき，という論点であるが，実現するには「営業担当者のスキルの底上げ」が必要であると考えられる。営業の型の構築・型の実践支援などの具体的な進め方も含めて，次項で詳述する。

　ここで挙げたビジネスモデルは1つの例であるが，チャネル・データ・グループ会社連携を有効に活用して効率的かつ高品質なコンサルティング営業を実現する，という方向感はどの金融機関においても重要になっていくのではないか。

（3）DX時代における対面営業

①　依然として重要な対面営業

　これまで金融機関の非対面チャネルの比重が高まるトレンドに言及してきたが，将来的に非対面営業のデメリットが全て解消され，従来型の対面営業がなくなるかというと，以下の理由から，それは現実的ではないと思われる。

　1点目は，顧客とのリレーションの観点である。特に法人向け営業において，従来から対面で関係を深めていた既存の取引先とのリレーション維持・深耕や，新規開拓先とのリレーション構築が，全てオンライン上で完結するとは考えづらい。コロナ禍で急減した対面機会がそれまでと同等水準まで回復するかはまだ見通せないが，重要な提案や大口の新規先との初めての面談，接待交際，苦情対応等，要所となる局面では依然として対面が残るのではないか。

　2点目は，対面でのアドバイザリーニーズの観点である。ライフイベントに重要な影響を与えるような金融商品の選択時や，インターネットリテラシーが低い顧客の場合は，プロからの対面でのアドバイスがより求められる。老後を見据えた年金保険の契約や住宅ローンの借入，遺言信託等の相続関連サービスの検討等において，対面で向き合いながら，顧客の悩みや不安な心情に共感し，寄り添って適切な商品に導くのは，まさに営業担当者の腕の見せ所である。

しかし，非対面営業に比べて個々の営業担当者の能力や経験の差が出やすい対面営業では，その優劣が営業生産性の高さに直結する。対面営業を効果的に活用し営業力で競合他社との差別化を実現するには，「営業担当者の**スキル底上げ**」と「**データドリブン営業の実践**」といった営業の変革が必要となる。

② スキル底上げ
ⓐ 新任・若手担当者の育成がうまくいっていない理由と対応策

対面営業の強化に向けて，その担い手である営業担当者1人ひとりの営業スキルの強化は急務である。しかし，以下の理由から，各金融機関において，経験の浅い新任・若手担当者の育成は思うように進んでいない。

1点目は，労働時間の制約である。働き方改革の取組みの進展に伴い，資料を持ち帰って徹夜で稟議書を書く，休日に顧客の自宅を訪問する，といった前時代的なワークスタイルは許容されなくなり，労働時間は今の上司が若手であった頃と比べて大きく減少している。支店の営業担当者は，限られた時間の中で，目標達成に向けて営業活動を行いつつ，付随する事務作業をこなさなくてはならない。時間に余裕がないことから，「担当者が自分なりに試行錯誤を繰り返しながら我流のやり方で成長していく」という回り道を伴う育成が困難となっている。

2点目は，歪な人員・年齢構造である。基本的にどの金融機関においても，就職氷河期の世代を中心に，支店で営業課の課長や代理となる中堅層の人数が少なく，ワイングラス型の人員構造となっている。新任・若手担当者1人当たりの上司・先輩社員の人数が減っており，かつ上司・先輩も上述のとおり営業活動や事務作業に追われていることから，OJTにおける指導機会の減少につながっている。

3点目は，営業の効果的な指導法が存在しないことである。今の上司の世代は，丁寧に体系立てて営業活動に係る指導を受けた経験がないため，部下を育成する役割を期待されても，何を教えればよいかを模索するしかない状況に陥っている。中には，育成が得意な上司もいるが，そうではない上司も多く，OJTの質がばらつき，新任・若手担当者にとっては配属された支店によって「当たり外れ」が生じることとなる。また，新任の営業担当者には研修も行わ

れるが，その内容は営業マンとしての心構えやマナー・エチケット，金融商品の基礎知識，社内システム・ツールの操作方法，といった内容に留まり，"いかに顧客と関係を構築し，そのニーズを聞き出し，商品を提案するか"という営業の「肝」の部分までカリキュラムとして落とし込めている会社は少ないように思われる。

　十分に育成が進んでいない新任・若手の営業担当者をいかに効率的にスキルアップするか，という点に加えて，近年，支店が「事務の受付窓口」から「コンサルティングの場」にその位置付けを変えつつある中，いわゆる事務職（一般職）に営業推進の役割を課す傾向が強まることが見込まれ，各金融機関にとっては，営業の経験が少ない・営業に苦手意識のある事務職の社員を営業担当として早期に戦力化する必要も生じている。

　上記のような育成面の課題に対して，金融機関はどのような手を打てばよいか。それには，「営業の型を構築する」こと，および「型の実践をデジタルツール等で支援する」ことの2点が重要と考える（**図表3-2-4**参照）。

　ここでの営業の型は，"全社的に標準化された，業績向上につながりやすい営業プロセス・行動"を指し，実践を通じて体得することで，営業経験の浅い社員のスキルを底上げし，営業の基礎を最短距離で身に付けられるものを意図している。型という言葉を使うと，"型に嵌めることで担当各人の個性が失われるのではないか"という指摘を受けることがあるが，しっかりとした基礎を身に付けてこそ，それを土台にした応用が可能になることから，むしろ個々の

図表3-2-4　営業の「型」の構築・運用の進め方

営業の「型」の構築	「型」の実践支援
・あるべき営業プロセスの標準化 　✓ 社内の優秀な営業担当者にインタビューし，日々の営業活動の進め方をヒアリングしたうえで，実績につながっている"成功要因"を抽出 　✓ 「業績向上につながりやすい営業プロセス・行動」として全社的に標準化（マニュアル化）	・デジタルツールの導入 　✓ 構築した型を全営業担当者が実践できるよう，各種サポートツールを導入（RPA・タブレット・スマートフォン等） ・現場での活用 　✓ 現場でのOJTや研修の教材として活用し，型を横展開

強みや資質を活かして創造性を発揮しやすくするものである。

(b) 「型」の構築

　型の構築にあたっては，社内の優秀な営業担当者複数人にインタビューし，日々の営業活動の進め方やマインドセットをヒアリングしたうえで，実績につながっている "成功要因" を抽出する必要がある。型を構築するうえでの重要なポイントは，「営業担当者の人選に妥協しない」ことと，「成功要因は他人が実践可能なものを抽出する」ということだ。

　インタビュイーには，複数の現場で高い実績を上げているような，成果に再現性のある社員を選定するべきである。そうした社員は，えてして自分なりに工夫して培ってきた営業の方法論やマネジメントツールを活用しており，あるべきプロセスやノウハウをまとめる参考になりやすい。逆に，実績は今ひとつだが本命の社員は忙しいので，と中途半端な人選をしてしまうと，課題は挙がるものの得られる解決策が抽象論に留まりやすい。

　また，成功要因については，各担当者に固有の資質を活かした営業スタイルを聞き出しても，他人が実践することは容易でないため，そうした内容は好事例として紹介するに留め，基本的な営業の進め方や，各営業シーンで取るべき行動とそうでない行動といった，新任・若手担当者でも営業活動全体の大枠が理解でき，日々意識すれば習慣化できる基礎的なプロセス・ノウハウを抽出したい。

(c) 「型」の実践

　構築した営業の型は，標準的な営業プロセス・行動としてマニュアル化し，現場でのOJTや研修の場で活用することで横展開していく一方，型の実践を，デジタルツールで支援することも併せて検討すべきである（**図表３-２-５**参照）。

　例えば，「顧客を訪問する前には当該顧客に係る社内の情報や公開情報を必ず確認する」といった行動を型化する場合，優秀な営業担当者が訪問前にチェックしているさまざまな情報ソースをマニュアルに落とすことに加えて，RPA等の機能で，訪問の前にそうした情報を自動でメール配信することが考

| 図表3-2-5 | 営業の型の実践を支えるデジタルツール（例） |

RPA

✓情報配信
　訪問前資料準備，レコメンド）

・訪問予定スケジュールに基づき，訪問予定顧客に持参すべき資料や確認すべき資料を，担当者に事前に自動で配信
・顧客情報等をもとに，一定のロジックに基づく，該当顧客の潜在ニーズや提案すべきアプローチに係るレコメンドを担当者に提示

次世代タブレット

✓ペーパーレス提案／顧客面談時の柔軟な対応

・ドアノックツールや提案書等をデータベース化し，ペーパーレスでのヒアリング・提案を実現
・顧客先での急な話題展開にもその場で対応可能

✓自己学習支援

・各種商品セールスのロールプレイングに係る動画コンテンツやトークスクリプトを配信し，担当者の自己学習を支援

営業担当者

CRM 🖥

✓案件（在庫）情報／顧客情報の見える化・一元化

・潜在ニーズを含めた在庫管理により，案件の進捗情報を提案前から成約・実行まで見える化（提案漏れの防止）
・コールセンターやインターネット等，あらゆるチャネルの顧客情報を一元的に管理（顧客理解の深化）
・本部で営業予測・実績を含めてデータを収集可能に（営業店から本部への報告を廃止）

スマホ 📱

✓隙間時間での報告／顧客情報の事前確認

・外出先でも社内システムにアクセスし，隙間時間を活かして業務を実施
　➢上席宛報告，訪問記録の作成
　➢メール確認，スケジュール確認・アポ調整
　➢飛び込み営業の際に企業情報を事前に確認（外訪の生産性向上）

えられる。また，別の例としては，「訪問時にはヒアリング・提案したいテーマに即した資料を持参する」ことを型化するにあたり，営業担当者向けのタブレットを通じて資料データベースにアクセスできるようにしておき，社外でもペーパーレスで顧客に資料を提示できる機能を持たせる，といったことが考えられる。AIによる音声認識の技術発展が進めば，顧客との会話をAIが聞き取り，顧客のニーズを分析して自動的にタブレット上で適切な資料を表示する，

といったことも可能になるだろう。

　このように型をデジタルツールに組み込むことで，新任・若手担当者に半ば強制的に型の実践を習慣化でき，かつ実践にあたっての作業負担（上記の例では，情報収集や持参資料の準備を行うこと）を軽減することが可能になる。将来的には，優秀な担当者からの型の抽出自体も，ウェアラブル端末や社内のCRMが取得する行動データの解析により自動化が進み，デジタルツールへの組み込みがより容易になることも想定される。

　また，構築した型自体は，新任・若手担当者をターゲットにしたものであり，優秀な担当者の行動を型に嵌めるものではないが，上記のデジタルツールの負担軽減の効果は，優秀な担当者にも営業余力の捻出という恩恵をもたらすこととなる。

⒟　定着化のポイント

　最後に，営業の型の実践を定着化させ，その効果を最大限発揮させるうえで留意すべきポイントを指摘したい。

　1点目は，構築した型が陳腐化しないよう，継続的にブラッシュアップする仕組みを入れ込むことだ。営業のプロセス自体は普遍的ともいえるが，各プロセスでのノウハウや商品・テーマには，内外の経営環境の変化に伴いアップデートしなくてはならないものもあるため，定期的に見直す必要がある。

　2点目は，マネジメント層の意識改革である。いかに担当者が型を実践し顧客と中長期的な関係構築を行おうとしたところで，上司から短期目線で収益を追う（いわゆる"お願いセールス"をする）ようなそぐわない指示があったりすれば，型の実践は困難になる。こうした営業への意識やカルチャーは，こと金融機関においては支店業績評価や人事評価から多大な影響を受けるため，型に即した行動が取れているか，をKPIとしたプロセス評価を評価制度に織り込む等の見直しを行い，型の実践を是とする意識を組織に浸透させていく必要がある。

③　データドリブン営業

　従来の対面営業では，提案の質について，営業担当者の能力・スキルに大き

く依存してきたが，今後は型の構築によるスキルの底上げに加えて，顧客デー
タを収集・分析・活用することで，より高付加価値な提案を行えるようなス
キーム作りが重要となる。

　具体的には，顧客からデータを自動で収集できるようなスキームを作り，顧
客を囲い込んだうえで，顧客のトランザクションデータや行動データを分析し，
営業担当者に適切なタイミングで取るべきアクションのレコメンドを出すと
いった形で，営業活動をサポートすることが可能になる。

　また，営業担当者は，上記のレコメンドに基づく提案営業に加えて，上記の
スキーム自体をソリューションとしてセールスすることで，見込顧客を広げて
いく取組みも求められる。

　具体的な事例をいくつか紹介したい。

ⓐ　中国の平安保険の事例

　まず，自社で開発したアプリを軸にプラットフォームを確立し，個人顧客の
行動データを取得して営業担当者をサポートしている，中国の平安保険を紹介
する。

　中国・上海では，開業医が提供する医療サービスの品質にばらつきがあり，
悪い医者にあたるとまともな治療も受けられないまま高額の医療費を請求され
ることから，総合病院に患者が殺到している状況であった。平安保険は，そう
した状況を打開すべく，アプリ「平安好医生（グッドドクター）」を開発し，
以下の機能を市民に提供した。1つ目は，アプリ上で医師に「病院に行くべき
か」「何科に行くべきか」等を無料で相談できる機能である。2つ目は，病院
のオンライン予約機能である。この機能では，実際にその病院にかかった人の
評価・口コミが見られるようになっており，患者にとっても腕利きの開業医に
とってもWin-Winのサービスとなった。他にも，医薬品のEC機能や，毎日の
歩数が商品購入に使えるポイントとして還元される機能を備え，コロナ禍では
最新の情勢を配信する，COVID-19関連の保険商品の販売や請求をアプリ上で
受け付ける等，その使い勝手のよさから，グッドドクターは2020年現在，中国
で最も使われているヘルスケアアプリとなっている（中国テレコム調査）。

　営業支援の観点から見たグッドドクターの強みは，アプリの操作を通じて潜

在顧客の行動がデータとして把握できる点にある。例えば，どういった病気の情報を調べたか，オンライン上で医者にどのような相談をしたか，いつどの病院を予約したか，といった行動が把握できるため，営業担当者は顧客に寄り添い，適切なタイミングでアプローチを掛けることが可能になる。また，営業担当者は，保険商品の提案の傍ら，顧客をこのプラットフォームに乗せるべく，アプリの紹介や使い方の説明を積極的かつ丁寧に行っている。一度グッドドクターを使うようになれば，平時の主なチャネルはアプリに任せ，営業担当者は関係構築・提案といったシーンに注力することが可能となる。平安保険は，直近期においても営業担当者を増加させており，DX時代における新しい対面営業の方法を提示しているといえよう。

(b) 北國銀行とfreeeの事例

　また，金融機関が自社単独で構築したスキームではないものの，フィンテック企業と連携してデータ活用を行っている事例として，北國銀行とfreeeの業務提携を紹介したい。

　クラウド会計ソフト大手のfreeeは，中小企業の経理・会計や人事労務をインターネット上で支援するベンチャー企業である。メガバンク・地域金融機関や会計事務所，アプリケーションベンダー等とアライアンスパートナーとして手を組むことで，パートナーの取引先・顧問先へ営業網を広げるとともに，スモールビジネス向けのエコシステムを形成し，freee本来の機能以外のさまざまな機能もパートナーとのAPI連携を通じて提供している。データ活用におけるfreeeの強みは，個々の金融機関では取りえない，金融機関横断でのトランザクションデータや会計データを自動で収集可能な点にある。

　2017年に発表された北國銀行との共同開発ソリューション「リアルタイム経営シグナル」は，freeeが保有する顧客の財務データを自動で分析し，資金繰りや経理状況等の経営状況に変化が起きた際に銀行にそのアラートが共有され，銀行の営業担当者が自身の知見と合わせてタイムリーにコンサルティング営業ができるようになる，というものである。また，北國銀行の営業担当者は，freeeのプロダクトを取引先に紹介・販売することで，本業支援（業務効率化）を切り口に顧客開拓を進めており，データドリブン営業の対象先の裾野をさら

に拡げている。

　未来の金融機関のテンプレートは，店舗ベースの文化やインフラを持たない途上国を中心に誕生しつつある。歴史と伝統がある日本国内の金融機関が，ゼロベースで一からビジネスモデルを再構築するには大きな困難を伴うが，いち早くその変革に着手しなければ，次の10年を生き残ることは不可能となるかもしれない。金融の知識に精通した営業担当者というリソースを強みに変え，対面営業と非対面営業双方の強みを生かしながら，真にニーズに沿ったコンサルティング営業を，顧客にとって適切なタイミングで提供できれば，非対面チャネルを中心に金融に侵食するフィンテック企業に対して座して死を待つような将来は避けられるはずである。

第3節　DX時代のデータ利活用とは

（1）データ利活用の重要性に気づいた組織は取組みを始めている

　企業におけるデータ利活用の重要性が叫ばれて久しいが，昨今AIなどのテクノロジーの発展も追い風となり，さらに注目が集まっている。データ利活用が得意な企業としては，NetflixやSpotifyといった企業が有名であり，ユーザーの行動履歴データと機械学習などを駆使して，コンテンツ作成等のユーザーエクスペリエンスの改善や効果的な広告表示で成果を出していることはよく知られている。日々増えるデータと，そこからインサイトを導くテクノロジー，AIの発展を背景に，高度なデータ利活用は，企業に浸透しつつあり，金融業界もその例外ではない。

　金融機関は従来，データ利活用に積極的に取り組んでいる業界であり，DWHやBIツールの導入が進んでいるが，扱えるデータの範囲の拡大，テクノロジーの発展を背景に，これまでよりデータ利活用の幅は広がりを見せている。**図表3-3-1**に示したとおり，取引データ等のいわゆる構造化データに加え，自然言語や画像，動画などをAIで処理することにより，これまで行っていた意思決定や業務の改善に取り組んでいる。

　先進的な金融機関では，特定業務を改善するためのデータ分析やAI適用にとどまらず，組織的にデータ利活用を推進しているのが特徴だ。

①　シティバンク[1]（米国）

　今後のデータ利活用案件を見据えて，企業にデータ文化を根付かせることを目的に，戦略的にプロジェクトを立ち上げている。取組みの第一歩として，顧客企業の資金管理効率化のためデータを活用するプロジェクトを組成しており，具体的にはビジネス部門とテクノロジー部門とが協力して機械学習を用いて企業取引を分析し，定期的に発生する取引かイレギュラーな取引かを識別して通

1　Celent April 16, 2020, CITI OPPORTUNITY INSIGHTS:FRONT OFFICE AI EXEMPLAR

図表3-3-1 データ利活用の例

領域	ユースケース	活用データ		効果	
		構造化データ	非構造化データ	収益性向上	業務効率化
リテール	行動予測	顧客属性, 取引履歴	—	✔	
	スコアリング高度化	同上	—		✔
	ローン審査高度化	同上	—		✔
	債権回収高度化	同上	—		✔
	コールセンター対応支援	—	電話音声		✔
	顔認証	—	画像		✔
企業	資金繰り管理支援	取引履歴, 財務情報	—	✔	
	取引ネットワーク分析	取引履歴	—	✔	
	ニーズ予測	取引履歴	ニュース記事	✔	
	ビジネス・マッチング	顧客属性, 取引履歴	—		✔
市場系	アルゴリズム・トレード	マーケット	—	✔	
その他	ボイスモニタリング効率化	—	電話音声		✔
	不正検知	顧客属性, 取引履歴	—		✔
	議事録作成	—	会議音声		✔
	経費モニタリング	経費, スケジュール	—		✔

知するソリューションを開発している。本取組みの中で体制やプロセスなどの
検証を行い，効果的な推進方法のノウハウを蓄積している。

② DBS[2]（シンガポール）

　CIO主導のもと，テクノロジー企業としての立ち位置の確立，データドリブ
ンな意思決定，効率化された業務プロセス実現のため，ビジネス部門とテクノ

2　https://www.dbs.com/iwov-resources/images/investors/annual-report/dbs-annual-report-2019.
　pdf?pid=sg-group-pweb-investors-pdf-2019-pursuing-the-greater-good

208

ロジー部門との協業体制を敷いている。200のユースケース実行，700人のデータ・分析，従業員への教育，環境整備等の取組みを通じて，組織の分析力を向上させ，顧客体験やリスクポートフォリオ把握・対応などの改善につなげている。

③　三菱UFJフィナンシャル・グループ[3]

フィンテックに関する子会社Japan Digital Design（JDD）にAI専門チーム「M-AIS」を立ち上げ，AIに係る人材および技術を集中させ，モデル開発および研究事業を推進している。グループ内には，分析・モデル開発だけでなくデータ分析基盤も展開しており，具体的な成果として財務諸表不要の法人向けオンラインファイナンスや，動画を活用した営業のハイパフォーマー分析などを出している。

④　みずほフィナンシャルグループ

データ分析に強い技術者を擁するみずほ第一フィナンシャルテクノロジー社，フィンテック領域に注力するBlue Lab社をグループ内に抱え，データ利活用を推進している。AIスコア・レンディング「J.Score」のリリースや取引や面談記録から最適提案を行う営業支援システム[4]などの成果につなげているほか，データ分析に基づくデジタルマーケティングにも積極的に取り組んでおり，顧客のビヘイビアに関する分析手法「みずほDNA」の開発も行っている[5]。

こうした取組みの背景には，テクノロジーが巻き起こすディスラプション（破壊）への危機感がある[6]。金融機関はこれまで，資金規模や規制による参入障壁もあり，守られた世界で，安全なサービスをいかに低コストで提供するかという点にフォーカスしてきていた。しかし，他業種からの金融参入も進みつつあり，データとテクノロジーを武器にした企業が，より深く顧客を理解し，

3　https://www.boj.or.jp/announcements/release_2018/data/rel180914a2.pdf
4　https://www.nikkei.com/article/DGXMZO56067130W0A220C2EE9000/
5　https://www.boj.or.jp/announcements/release_2018/data/rel181213b1.pdf
6　http://www3.weforum.org/docs/WEF_New_Physics_of_Financial_Services.pdf

多様化，複雑化する顧客ニーズに合った商品やサービスを，適時適切に提供するビジネスモデルを金融業界で展開するようになったら，どうなるだろうか。現時点で優位性を保っている金融機関においても，戦い方の変化が余儀なくされることが予想される。このような環境変化を捉え，メガバンクだけでなく，地域金融機関などにおいても，データ利活用の重要性は浸透し，何かしらの対応が必要という認識を持ちつつある。しかしながら，具体的なアクションにまでつながっている金融機関はまだ限定的であり，今後ケイパビリティ（能力）の開発を進めていくことになるだろう。

（2）データ利活用を推進するためには何をすべきか？

　データ利活用で必要となるケイパビリティとは具体的にどのようなものだろうか。デロイトでは，グローバルでのベストプラクティスをもとに，データ利活用の推進のための「インサイト・ドリブン・オーガニゼーション（IDO）」[7]という方法論を提案している（**図表3-3-2**参照）。IDOとは，データ・分析・合理的判断を，日々の意思決定に浸透させている組織と定義しており，これを実現していくためには，戦略策定とあわせて，人材・組織，プロセス，データ，テクノロジーの全般的な育成が重要と考えている。以下では，5つの要素それぞれについて，先進的な企業を参考に，考慮すべきポイントを確認していこう。

① 戦　　略

　まず戦略では，データ利活用によって実現すべきビジョンを明確にし，効果（バリュー）やその測定方法を具体化する。組織活動として運営していくためには，データをビジネスに還元するための運営方法（オペレーティングモデル）や，ステークホルダーである関係部門の担うべき役割を具体化し，変革（イノベーション）を起こすフィードバックサイクルを根付かせる。これらを通じて，その実現のためのケイパビリティ（人材・組織，プロセス，データ，テクノロジー）を引き上げるためのアプローチを明確にする。当然のことなが

7　https://www2.deloitte.com/us/en/pages/deloitte-analytics/solutions/insight-driven-organization.
　　html

図表3-3-2　インサイト・ドリブン・オーガニゼーション実現のための観点

戦略	ビジョン	バリュードライバー	ステークホルダーマネジメント	オペレーティングモデル	イノベーション
人材・組織	リーダーシップ	組織設計	人材開発	意思決定プロセス	ナレッジマネジメント
プロセス	要件管理(優先順位付け)	機動力とスケーラビリティ	プロセス再構築	ガバナンス	利益の実現化
データ	情報モデルとデータソース	データ品質と管理	データマネタイズ	倫理と共有	規制とコンプライアンス
テクノロジー	ソリューションアーキテクチャー	新しい技術探索	サンドボックス	クラウド vs. オンプレミス	セキュリティ,実現性と継続性

らデータ利活用自体は手段に過ぎない点に注意したい。

　データ利活用が難しいところは，取組み前の時点では，本当に効果を発揮するかが見えない中で始める点にある。この前提のもとに，円滑に進めていくためには，新規ビジネス開発などと同様，経営層がリーダーシップをとり，ビジネス目標とデータ利活用の位置づけについて，組織内に発信していくことが必要である。戦略策定においては，ビジネス戦略に加えて，推進するための基盤として，以下で述べる「人材・組織」「プロセス」「データ」「テクノロジー」を育成するアプローチの検討も行い，具体化していく。

②　人材・組織

　人材・組織について考えよう。データ利活用に造詣が深い経営層のリーダーシップのもと，関係部門の連携を円滑化する組織設計を行い，これと足並みを揃えた意思決定プロセス，テクノロジー・分析・ビジネスそれぞれの領域をカバーする人材開発プログラムを実装する。活動を通じて日々蓄積されるノウハウを定着させるためのナレッジマネジメントの仕組み作りも忘れてはならない。

　人材開発においては，分析で必要となるスキルが，分析に係る知識（数学および統計学など）およびテクノロジー素養（SQLやプログラミングなど）だけでなく，問うべき課題，つまりビジネスの深い理解，さらに成果につなげる実行力であることに留意したい。当然ながらこれらのスキルを兼ね備えた個人は非常に少ない。いたとしても企業間で取り合いとなり，高い報酬が必要となる可能性も高く，実際にはチームを組成して各メンバーで必要なスキルをカバーすることが現実的となる。したがって，このようなチームをまとめ上げ，引っ張っていくマネジメント力も重要となる。

　組織形態としては，いわゆるCoE（Center of Excellence）型のチーム組成が，先行事例からも効果的な手法の1つである。チームの力を企業内で最大限発揮していくためには，部門横断でのチームとして位置付け，各事業部門との円滑なコミュニケーションを確保することが有効であり，CoE型が力を発揮しやすいからだ。現状のデータ分析スキルは，マーケティング領域などの特定の専門部署に偏っている金融機関も多いと考えるが，蓄積されたノウハウを組織内で共有し，有効活用していくためにもCoEスタイルは効果を発揮する。なお，一口にCoEといってもカバーする機能は，分析の企画・実行からデータやテクノロジーの整備までと多岐にわたる。自社のスキルや方向性に合わせて組成のうえ，徐々にスケールアップしていくやり方が，実行性の面でもおすすめである。

③　プロセス

　第3の要素がプロセスとなる。データ利活用のプロセスとしては，アイディア出しと優先順位付け（要件管理）から，実行，利益の実現化までの一連のプロセスを構築したうえで，これにガバナンスを効かせ，組織に浸透させることが必要となる。活動が拡大しやすいよう，機動力とスケーラビリティに備えた運営方法を設計しておく点も重要である。

　データ利活用はともすると成果が見えづらく，先に述べたCoEの場合は特に，他部門からの理解が得づらい組織にもなりがちである。これは「戦略」パートで述べたとおり，経営層が率先して組織内に活動をアピールすることが欠かせないことを意味する。担当者においても，経営層に対して具体的な成果に関する報告を随時行い，方向性について認識を合わせることが求められる。成果は

組織内に理解してもらいやすいものが理想的で，そのためには取り組むべき
テーマを設定する段階で，データが答えるべき良質なビジネス課題を洗い出し，
効果とリスクの観点からプライオリティの高いものをテーマとして選出する。
そのうえで，実行後のフェーズでは，効果を定量的に評価する。

　プロセス上，もう1つ留意したい点は，決めたテーマをどの程度追求し続け
るかのルール決めである。現場はプライオリティが高いと評価されたテーマに
心血を注ぐことになるが，成果が出ない中，リソースを割くのは組織としては
もったいない。あらかじめ継続するか中止するかのルールも作っておき，効果
が出ないものは思い切って中断する，「損切り」も重要だ。データ利活用に熱
心な中国の金融機関には，2～3か月で成果が出なければそのテーマは断念し，
次のテーマに移ることを繰り返すところもあると聞く。このようなやり方を成
り立たせるにあたっては，組織内に，チャレンジと失敗を許容する文化がある
ことが前提となる。日本の金融機関が苦手な部分になるため，リーダーシップ
をとる経営層がこの点を組織内に喧伝することも成功のカギであることも記し
ておきたい。

　より実務的な観点では，データ利活用を進めた組織では生み出した数々のモ
デルの管理が課題となる。説明可能性や精度などモデル自体の品質もさること
ながら，昨今ニュースで見聞きする，人種や性別等に偏らない公平性や，AI
の判断結果が想定外に第三者に公開されるといったプライバシーの問題への対
処も迫られる。このような課題はAIガバナンスと呼ばれ，現時点で国内外の
機関，企業でさまざまな枠組みが提唱されており，おおむねコンセプトが似
通っているものの業界標準として定まったものはまだない。AIを活用したモ
デル構築が活発に進んでいる現状を踏まえると，今後の論点となることは間違
いない。

④　テクノロジー

　次にテクノロジーについて考えよう。テクノロジー領域のポイントは，いか
に新しいテクノロジーを取り込み成果につなげるかという点にあり，ベンダー
からの情報提供を受け身で待つだけでなく，自社で主体的に情報収集を行い，
検証していく仕組みの構築が重要となる。

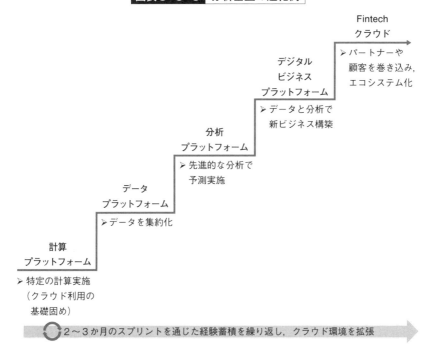

図表3-3-3 分析基盤の進化例

Fintech
クラウド
➢ パートナーや
顧客を巻き込み,
エコシステム化

デジタル
ビジネス
プラットフォーム
➢ データと分析で
新ビジネス構築

分析
プラットフォーム
➢ 先進的な分析で
予測実施

データ
プラットフォーム
➢ データを集約化

計算
プラットフォーム
➢ 特定の計算実施
（クラウド利用の
基礎固め）

2〜3か月のスプリントを通じた経験蓄積を繰り返し,クラウド環境を拡張

　データ利活用を考えた場合,まず検討すべきは,分析に係るソリューション（ストレージやETL,分析ツール,可視化ツール等）が揃った分析基盤,別途お試し環境（サンドボックス）を,クラウドを活用して,セキュリティ等の品質を確保のうえ,整備する。これに加え,近年のデータサイエンティスト不足という課題を背景に,広がりを見せている機械学習を自動化するツールなども検討の余地がある。しかし技術は日進月歩で進んでおり,「雨後の筍」のごとく登場するさまざまなAIツール,量子コンピュータ等の新しいテクノロジーも追跡する必要があり,これらを取り込んでいくためのベンダーとの関係構築も重要となる。金融機関においては,目利き力を発揮して自社にとって本当に有用なテクノロジーを見極め,ビジネスでの活用方法を明確にして,ビジネスプラットフォームとして発展させていくことが競争力向上に不可欠である（**図表3-3-3**参照）。

⑤ データ

　最後の要素となるデータは分析の要であり，その品質やアクセス容易性，データソースの信頼性およびカバレッジが成果を左右する。多くの金融機関はDWHを構築し，品質やアクセス容易性を確保するためのデータ管理に取り組んでいるが，必ずしも十分とはいえない。さらに昨今は，分析において，このような構造化データと呼ばれるデータに加え，SNSや日報等の文章や電話の音声などの非構造化データも使用するケースも増えている。構造化データと非構造化データをまとめて管理するデータレイクも一般的になりつつあり，外部データを含めて分析に見合う品質確保が求められている。また，顧客や従業員といった個人の情報も含まれるため，規制対応とあわせて，倫理的な使い方を促す仕組み作りも忘れてはならない。

　以上，5つの要素それぞれを強化する必要があるが，全方位的に取り組むのは，リソースが限られた中で難しいのが実情だ。先行企業から学んだ効果的なアプローチは，5つそれぞれの要素に関して，ビジネスニーズを起点とし，小さく始めて大きく育てるという方法である。従来は，分析のためのデータ基盤や管理態勢をきっちりと構築したうえで分析に取り組むというような，データ起点のケースが見られたが，このやり方は，さまざまなテーマに対応可能というメリットがある一方，効果が出るまでに時間がかかるという課題がある。そこで，最近は短期間で成果を出すことを狙い，まずは効果を見込めるテーマを選定し，そのテーマ実行に必要な最低限の人材・データ・テクノロジーのみ整備し，テーマを実行するという方法が主流である。成功体験を積み重ねる中で，人材・データ・テクノロジーといったリソースを強化していき，データ利活用を徐々にスケーリングしていく。

（3）高品質かつ価値あるデータをいかに集めるかが将来の優位性を決める

　データ利活用が目指すゴールは，他社との差別化を実現するビジネスとなるはずだ。これを狙っていくためには，5つの要素のうち，「データ」は重要な要素となる。今後，AIを活用したパーソナライズ等の新たな顧客体験の創出

はますます進むことが想定されるが，そういったサービスを構築するための「タネ」となる高品質なデータを獲得できる企業のみが一歩前に進むことができるからである。他の要素である人材やテクノロジー，プロセスは，外部の力を借りることにより，（予算さえあれば）短期間でのレベルアップが一定程度は可能であるが，データについてはそうはいかない。差別化を導く付加価値は，自社が活用できるデータの独自性からもたらされるはずであり，この価値を獲得するためには第三者とのパートナーシップも視野に入れ，質の高いデータを蓄積することが肝要である。

　質の高いデータ獲得のために考えるべき観点は，「自社の既存データの質をいかに高めるか」，「既存データだけでなくより幅広いデータをいかに集めるか」の2点となる。前者は，一般的にデータマネジメント[8]といわれる施策であり，大手金融機関では専門部署を立ち上げて取り組んでおり，一方，後者については，さまざまな方策があり，各金融機関が模索しているところである。この2点をしっかり考え，対応することが，未来の勝敗を決めるカギになるであろう。以下で，それぞれについて見ていこう。

①　データマネジメント

　まず自社データの品質を高めるデータマネジメントについて考えよう。データ利活用で突き当たる大きな壁の1つは，データの品質の問題である。分析などでデータを利用する多くの場合において，保有データをそのまま使用できることはごくまれであり，大半の作業をデータの統合や加工に費やされることとなる。実際に分析に取り組んだことがある方は，前処理の大変さについて納得感を持っていただけるのではないだろうか。この手間は，そのままスピーディーな意思決定の阻害要因につながるケースも多い。

　解決方法としては，データ加工ツール活用のほか，データの品質向上を実現するデータマネジメントの実現がある。データマネジメントとは，データを，価値あるサービス提供や経営判断で必要不可欠な資産と考え，適時適切に使えるよう，データの状態を管理しておくことを意味する。具体的には**図表3-3-4**

8　https://www2.deloitte.com/jp/ja/pages/financial-services/articles/bk/data-utilization4.html

構成要素	内　　　容
データガバナンス	・データを常時利用可能な状態に維持管理するため，全社におけるデータマネジメントの方針やルール，CDOやDMOなど役割・責任を定義し，実行に向けた計画策定や指揮運営を行う
データアーキテクチャ	・システム全体を俯瞰したあるべきデータの配置やフローを定義し，システム設計指針を整備する
データアクイジション	・ユースケースに合った社内外データを探索し，また，保有データの価値を測定する
メタデータ管理	・データの意味定義や属性情報を可視化し，関係者間の認識共有を促す
マスターデータ管理	・業務やシステムを横断して使用するマスターデータを統合管理し，システム間のデータ連携や業務・拠点を横断したデータ分析を容易にする
データ品質管理	・データ品質に係る課題（欠損値，不整合など）を解消し，データの正確性や網羅性を担保する
リテンション・アーカイブ	・必要なデータを随時利用可能とするため，データの保有期間，保有方法を適切に定義する
プライバシー・セキュリティ管理	・システムとデータの安全性確保のために，データの不正アクセス，漏洩，改ざんなどの脅威から守る
データ利用許諾・安全性管理	・データ利用ポリシーを策定する ・データの利用許諾を管理し，逸脱した利用がされて，レギュレーションおよびレピュテーションリスクにさらされないように管理する

図表3-3-4　AI時代のデータマネジメント構成要素

に示すとおり，全体の管理・統制に係るデータガバナンス，設計指針となるデータアーキテクチャ，およびデータアーキテクチャの実現をサポートする7つの要素により構成され，これらをもってデータ利活用を実現することができる（**図表3-3-5**参照）。これらの対応を完全に行うことは，非常に負荷が高い作業であり，時間もコストもかかるものであるため，取り組もうとする業務テーマに沿って必要最低限なスコープに絞り，抽出後の加工作業とのバランスも鑑みて，真に対応すべき事項を見極めたうえで，推進することが重要である。

図表3-3-5 AI時代のデータマネジメントとデータ利活用の関係性

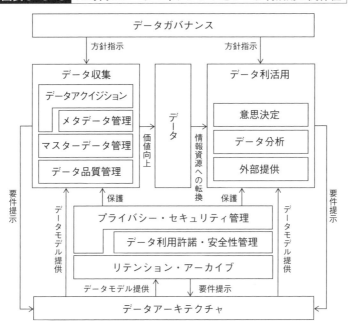

②　より幅広いデータの収集

　社内データだけでなく，より幅広いデータを集めるための方法の１つは，第三者から外部データを入手する方法である。データの入手元は，政府や研究機関，他の企業に加え，データ収集・販売を生業とする業者までおり，データの種類も経済や人口，気候といったマクロデータから，個人のソーシャルメディア情報といったミクロデータまでさまざまであり，費用も無料のものと有料のものとがある。「使えるかもしれない」と思わせる外部データは幅広くあるが，大事なのは「やるべきテーマに合っているか」「自社データとの相性がよいか」などを考慮して，本当に必要なものを選択していくことである。つまり，データ利活用のユースケースに沿って，必要なデータを選別するとともに，自社データとのマッチングなど技術的な問題への対応も明確にしたうえで，自社のデータ利活用に取り込んでいく。

　これらのハードルは高いが，広告といった従来から第三者データ利活用に馴

染んだ業務だけでなく，新ビジネス開拓も出てきている。例えば，イギリスの大手銀行HSBCで行っている，Tradeshiftとの提携で得たサプライチェーン・データを活用した運転資金融資というような事例も出てきており[9]，外部データ利活用は，今後も進んでいくことが予想される。

　社内データ，第三者からのデータ入手だけでなく，プラットフォームを通じて，自ら必要なデータを主体的に獲得しにいく方法もある。顧客像をより明確に捉えるため，既存の業務を超えたプラットフォームを整備し，付加サービスやメリットを動機付けに顧客に利用を促してデータを取得するものである。このような領域は，現時点では進んでいるとはいえず，今後発展する領域となるが，該当するものしては，邦銀が展開している「XXコイン」といった決済サービスなどがあるだろう。

③　新しい金融ビジネスへ

　キャッシュレスや顧客ニーズの多様化が進む中，COVID-19ショックといった環境変化により，ますますヒトやカネ，モノの流れが把握しにくい状況が進んできている。こうした状況のもと，顧客が金融機関に期待してきた役割を別のプラットフォーマーに求めるようなゲームチェンジも起こりつつある。変化を捉え，データ利活用が進んだ先には，新しい金融ビジネスが広がっている。

例①　顧客ニーズを先読みして最適な提案を常時行うサービス

　法人およびリテールについて，顧客の入出金やインセンティブ（ポイント付与や振込手数料の無料化など）との交換で顧客から提供された資産情報や購買情報，各種ニュースなどをもとに顧客の将来の資産や資金需要の予測を行い，リアルタイムの信用度評価に基づく条件で，融資等の金融サービスをプッシュ型で提案する。

例②　AIフィナンシャルプランナーによる資産形成

　AIフィナンシャルプランナーは，おカネの管理に係る検討や事務手続きに

9　https://markets.businessinsider.com/news/stocks/hsbc-partners-with-fintech-tradeshift-on-financing-product-2017-3-1001881351

ついて，個人に代わって最適な支出計画を提案し資産形成を一手に担う。AIフィナンシャルプランナーは，家族構成や資産状況，リスク志向などに基づき，将来必要となるおカネを見据えた最適な支出を計算するとともに，自動的にローン返済や貯蓄用口座への振替，生活費支払いのための決済サービスへのチャージ等を行う。個々人はおカネの管理から解放され，あわせてより効果的な資産形成を行うことができる。

　このような新しい世界観が訪れた時に追い付いていないと，顧客をキープできないかもしれない。そうならないためには，その前提として上記で述べた人材・組織，プロセス，データ，テクノロジーといったケイパビリティの強化が必須となるが，一足飛びに成果にまでつなげることは難しく，相応の時間がかかる。いわゆるPoC乱発というような進め方ではなく，データを活用した新しい金融サービス像とそれを実現するための道筋を描き，この将来像を見据えて体系立ててケイパビリティをレベルアップすることが重要だ。劇的な変化が起き，危機が訪れてから動き出すことにならないよう，今から取り組むべきである。

第4節　DX実現を支えるITとは

（1）DXに向けた課題意識

　あらためていうまでもなく，金融機関を取り巻く環境は，消費者の動向や技術の革新に伴い激変している。顧客の体験価値を高めるべく，海外金融機関はいち早くDXに着手し始めている。国内金融機関でもこれまでの堅牢・堅確なシステムの構築・運用という視点から脱却していくことは待ったなしである。

　IT部門としては，どのようなケイパビリティを身に付けていくことが求められているか。また，システムアーキテクチャはどのように変わっていくべきか。IT部門のあり方およびアーキテクチャの２つの観点を確認する。

① 金融機関を取り巻く環境

　消費者であるわれわれの生活は日々変化している。あらゆる企業が提供しているサービスは革新に満ちており，昨日までなかったサービスが彗星のように現れ，生活に密着不可分な存在になることがしばしば起こっている。スマートフォンが浸透し，消費者は生活に関わるあらゆるものが手のひらで行われることに何の躊躇もなく，生活の中に自然と取り込まれている。衣食住に関わる手配，旅行や暇つぶしのためのエンターテイメントなど，日々生み出される新しいサービスとともに日常生活を送っているのではないだろうか。それらのサービスを生み出す企業は，消費者に飽きられないよう，常に利便性の向上や新しい体験を提供すべく，日々サービス改善を行っている。

　金融サービスを提供する企業ではどうであろうか。例えばキャッシュレスという社会的要請などを背景に，新しい顧客体験の創出や利便性の向上に向けてQR決済サービスなどを浸透させる新興企業などが続々と現れたり，さまざまな金融サービスを利用している消費者の利便性を向上させるために，金融口座をアグリゲートして一元化するサービスを提供する新興企業なども現れたりしている。やはり他の業界サービスと同様，金融業界のサービスを享受する消費者も日々新しい体験に触れ，日々の生活に取り込み始めているのではないだろ

うか。

　技術面の革新も日々起こっている。他の企業と連携したエコシステムをベースとしたサービス展開可能なAPI技術の普及や，業務の高度化・効率化を推進するためのAI，初期投資を必要としないで大規模な基盤を保有できるクラウド技術，入力チャネルをより自然にするための音声技術の進化など，技術分野の例を挙げるだけでも枚挙にいとまがない。これらの技術要素を活用して変革を目指している企業は多く，金融機関も積極的に取り入れるべき技術として認知されてきている。

　一方で，これまでの金融機関では，堅牢・堅確にシステムを構築・運用することに主眼を置きすぎてきたきらいがあるのではないだろうか。重要な社会インフラである金融機関のシステムが止まることは社会的インパクトも大きく，新しい技術やサービスへの冒険を行うことへのハードルが高かったと思われる。また，金融機関のサービスでは，新しい顧客体験などを提供せずともお金の入出金や送金などを正確にこなす機能を提供しさえすればよい，という考え方が金融機関内に定着しているのではないだろうか。顧客が新しい体験に日々触れている中で，これまでどおりのサービスを抜け出し新しいサービスを行うためには，システムの作り方ならびにそれらを構築するための要員なども含めデジタル化の推進を阻害している面もあるのではないだろうか。

②　海外金融機関の変革

　海外に目を向けると，GAFAなどのプラットフォーマーによるサービス提供を身近で感じている海外金融機関では，顧客体験を迅速かつ柔軟に提供することの重要性を感じ，DXの必要性を訴えている企業が多い。一部の金融機関のトップマネジメント層からは，コンペティターはGAFAであり，金融機関自身がソフトウェア会社に転身することを宣言している会社もある。

　当然，外部向けのメッセージとして発信しているだけではない。ある欧米の金融機関では，行内に向けたさまざまな打ち手のもと，DXに突き進もうとしている。例えば，柔軟な要件取り込みを可能とすべくユーザー部門・IT部門の両従業員にe-Learningなどを通じたアジャイル開発を理解させるといった開発手法の変革，コラボレーションが生まれるように同一のワークスペースで

ユーザー・IT部門が作業を行うといった働き方・働く場所の改革，スピーディーに意思決定を成し遂げるために権限をより現場に委譲するなどといった権限委譲システムの変更など，地道な努力の結果デジタル化が結実している（図表3-4-1参照）。

また，他の金融機関でも，ビジネス部門からのニーズを柔軟かつ迅速に対応するためには，より内製化の重要性を認識し，行内での対応が可能な自社エンジニアの能力向上を目指している。

これらのように，DXに向けては，トップマネジメント層の危機意識からのコミュニケーションや現場に根付かせるためのさまざまな施策など，多様な取組みを行っており，何かこれを1つ行えばよいという有効施策があるものではない。

③ 国内金融機関の取組みに向けた課題

日本の金融機関においても，これまでの金融検査マニュアルでのシステムリスク管理態勢の遵守といった守りを中心としたスタンスから，ITシステムを企業価値創出にもつなげるようシフトするよう，金融庁からも文書などが発遣され始めている。

金融機関のIT戦略は金融機関のビジネスモデルを左右する経営課題として捉え，経営者のリーダーシップのもと，より経営戦略とIT戦略を結び付けて企業価値創出につなげていくことの必要性を訴えている。従来の安定稼働をメインにした「ITマネジメント」という枠組みに加え，環境の急速な変化を踏まえ，今次枠組みでは企業価値の創出を実現するために「ITガバナンス」という枠組みで定義し直し，経営者がビジネス戦略とIT戦略を両輪から組み合わせて議論すべき経営課題として認識することが必要とされている。

こうした中，日本の金融機関におけるIT部門の課題感はどのようになっているだろうか。

新しいものに敏感な現場ではDXに関連するキーワードに触れることがあるものの，経営陣がデジタル化によりもたらされるビジネス変革の方向性に意識が薄いということはないだろうか。検討主体が形式的には組成されるものの，DXにあたり金融機関が行うべきものが何か，どこから手を打てばよいか実行

図表3−4−1　欧米金融機関のDXの施策（例）

機動性の向上とリスク受容

■失敗を恐れずに新しいことへ積極的に挑戦し，イノベーションを創出していく風土を自社に根付かせ，行員1人ひとりの成長を促す

より一層の顧客中心指向

■アジャイル化の推進
短期間でサービス開発を行うスクラムプロジェクトに全世界で1万人以上が参加

■オフィス環境の整備
アジャイル／デザインシンキング志向のプロジェクトを遂行するのに適した専用ワーキング・ルームを設置

分散型組織への移行

■柔軟な予算配賦
イノベーション予算は，あらかじめ配賦されるのではなく，重要性等に鑑み，都度配賦される

■チームへの権限委譲
課題解決に向けたアプローチ方法をチーム独自で設定（判断の説明責任あり）

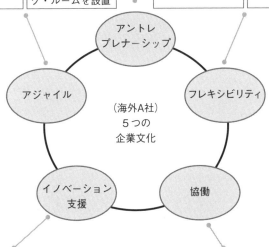

（海外A社）
5つの
企業文化

アントレ
プレナーシップ

フレキシビリティ

協働

イノベーション
支援

アジャイル

機動性の向上と分散型組織への移行

■e-Learning
延べ300万時間超の充実した受講コースを全グループ従業員がモバイルで利用可能

■組織再編
イノベーションセンターやデジタルバンキング部門を設置し，協働モデルやデジタル化を推進

協調の促進

■グローバル・ハッカソンの主催
3日間で延べ36時間にわたるグローバル規模のハッカソンを主催

■APIの本番開放
母国およびUS向けにホームページ上で10種のAPIを開放し，積極的に外部企業との協働を図っている

■協働環境の整備
クラウド上に作成ツールやプロジェクト事例を共有できるコラボレーション環境を構築（行員のプロシューマー化）

までのアイディアが沸かず，掛け声だけで終わってしまうことはないだろうか。はたまた，ベンダーとの受発注の関係で物事を推進することが浸透しており，機動的に変革することができないということはないだろうか。

　IT組織がビジネスを加速させるためには，こういった課題をクリアしていく必要があると考える。

（2）IT部門の変革

　では，IT部門が顧客に価値を発揮し続けていくためには，具体的にどう変わらないといけないのか，何をしないといけないのだろうか。

　今求められていることは，「顧客ニーズの変化をいち早く捉え」，「早く市場に出す」といったサービスへの感度や，そのサービスをいち早く実現するために「保有から利用」することへの思考の変化，また新たなサービス価値提供を狙い「つながって価値を広げる（コラボレーション）」ことの4点がキー要素と考える。このキー要素に対応し，IT部門はそのケイパビリティを進化させていく必要があるが，具体的に何を進化させ，どう変えていくべきであろうか。

①　IT部門が備えるべきケイパビリティの広がり

　IT部門が今求められるべきケイパビリティとして捉えるべき領域は7つである。ケイパビリティには，アナリティクスのように昨今重視されている観点もあるが，当然従前から保持しているケイパビリティも含まれる。ただ，これら従前から保持するケイパビリティについても，後段のデジタル変革で求められるキー要素をもとにケイパビリティの中身を変化していかねばならない。どういった領域のケイパビリティがデジタルに直結しているのかは，デジタル変革のキー要素の議論を踏まえて再度見直すこととし，まずは今求められている7つの領域を紹介する（**図表3-4-2**参照）。

(a)　Vision & Innovate（企画・構想）

　ビジネス成長を促進する「テクノロジーの全体的ビジョンおよび戦略を設定する能力」。具体的には，世界中のビジネスにおいて前例のないペースでイノ

図表3-4-2　IT部門が備えるべきケイパビリティ

サブケイパビリティ

(a) Vision & Innovate 企画/構想	IT戦略策定	エンタープライズアーキテクチャ	デマンドとリソース管理	IT予算・投資	プロジェクトポートフォリオ管理	イノベーションとプロトタイピング	
(b) Trans-form 導入	プログラム・プロジェクト管理	要件管理	ユーザーエクスペリエンス	システムとサービスの設計	システムの開発と構成	品質保証とテスト	デプロイ・移行・変更管理
(c) Operate 運用保守	インフラ保守	アプリケーション保守	ユーザーとの接点の管理	オペレーションセンター	資産管理・構成管理	コストマネジメント	継続的なサービス向上	災害復旧とサービスの継続性
(d) Protect セキュリティ/ガバナンス	サイバーセキュリティ	データ保護マネジメント	リスクマネジメント	監査・コンプライアンス	ITガバナンス	サービスとシステムの性能管理	
(e) Analyze 分析/アナリティクス	データ管理	インテリジェントレポーティング	データの可視化	データ分析とインサイト	ナレッジ管理		
(f) Grow Talent 人材育成	人材戦略	人材の育成と採用	研修・人材開発	社員の実績管理	リーダーシップ開発	文化と変革	
(g) Collabo-rate 連携	業務提携	カスタマーエクスペリエンス	エンドユーザーコラボレーション	サービスとサプライヤーの統合	外注の実行	サプライヤー関係管理	サプライヤーのパフォーマンス管理	契約管理

ベーションが起きている環境において，テクノロジーを活用して新しいビジネス機会を生み出すためのビジョンを策定し，投資やリソースを割り当てるための重点領域を見極める，企画・構想の能力が求められる。

(b) Transform（導入）

　新しいテクノロジーの製品とサービスを管理・設計・構築し，「ビジネス部門や消費者が求めるシステムを提供する能力」。具体的には，ビジネス要求を実現するため，さまざまなフレームワークや方法論を活用し，ビジネスに適切な速度で価値提供をする，システム導入の能力が求められる。

(c) Operate（運用保守）

　コスト効率の高い方法で「オペレーションの信頼性とパフォーマンスを維持する能力」。具体的には，日々のビジネスのニーズと要件を満たす堅牢なテクノロジーサービスとインフラストラクチャーを維持・運営する，運用保守の能力が求められる。

(d) Protect（セキュリティ・ガバナンス）

　「標準化された安全安心なコンプライアンス環境を維持する能力」。具体的には日々のサイバー脅威やシステム上のリスクからビジネスを保護する，セキュリティ・ガバナンスの能力が求められる。

(e) Analyze（分析・アナリティクス）

　データを管理および分析し，重要なビジネス上の「意思決定をサポートするための有意義な洞察を手助けする能力」。具体的には，ビジネス部門がデータを使用し実用的で有意義な洞察を行い，より高度なビジネス上の意思決定を可能にする，分析・アナリティクスに必要な基礎を提供する能力が求められる。

(f) Grow Talent（人材育成）

　「優秀な人材を引き付け，維持し，意欲を高める能力」。具体的には，技術革新やビジネスニーズの変化を踏まえたシステム提供が求められる中，それらを

実現するIT人材のあり方を定義し，適切な人材プールとなるようカルチャーの変革を含めた人材の育成・確保・維持を行う能力が求められる。

⑧　Collaborate（連携）

テクノロジーのすべての「主要な利害関係者と協力して影響を与え，変化を推進し，可能にする能力」。具体的には，パートナー，サプライヤー，エンドユーザーとの緊密なコラボレーションを実現して，テクノロジーの価値を引き出し，連携を行っていく能力である。

②　デジタル変革に向けた変革のキー要素

では，従前のIT組織が保持していたケイパビリティなどに対し，デジタル化の中ではどのような要素を検討しなければいけないだろうか。消費者のニーズ変化が激しいデジタル化の社会においては，ITが求められるのは消費者やビジネス部門の「ニーズ変化をいち早く捉え」，「早く市場に出す」といった観点がある。また，そういった新しいサービスを展開するにあたり，アジリティを高めるために「保有から利用へ」といったIT設備に関する観点やサービスを，自社のみならず他と「つながって価値を広げる」という観点も求められている。

デジタル化で求められるキー要素の内容およびそれらを実現するために必要と思われるケイパビリティを見ていくことにする（**図表3‐4‐3**参照）。

ⓐ　ニーズ変化を捉える

スマートフォンやタブレットなどのデバイスが十分に普及している中，常に金融機関と顧客が密なつながりを構築することができるようになっていることは異論がないと思われる。そのような環境下において，顧客ニーズの変化をいち早く捉えシステムへ反映させていくプロセスが，DX実現を支えるITに強く求められている。社内外のデータ分析を通じ顧客ニーズの変化をタイムリーにキャッチすることや，より顧客目線で要件をシステムへ反映させていく手法の採用などが，その実現手段となりうる。

では，ニーズ変化を捉えるために必要なケイパビリティとはどのようなものであろうか。「顧客ニーズを正確に把握」し，サービスとして取り込んだ結果

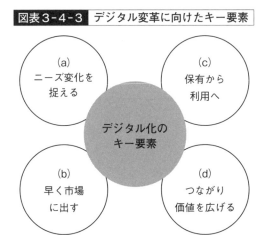

図表3-4-3 デジタル変革に向けたキー要素

をきちんと「ニーズの把握結果を評価する」ことが必要なのではないだろうか。

まず「顧客ニーズを正確に把握」することをみていく。顧客目線に寄り添ったシステム要件を定義する際，従来の機能・非機能のみならず，顧客の行動・思考などの取込みを意識すべきである。顧客の声としてのみ意見を収集することとは異なり，各顧客の行動・動作・他社サービスにおける振舞いなどからもニーズの把握が可能となっている。また，内部で保有するデータのみならず，2nd Partyや3rd Partyのデータとの組み合わせによりニーズを顕在化・具体化する動きが，金融機関を含む各業界で加速している。取得したデータを活用できるように，データ管理の社内ルール・プロセスやそれらを活用できるようなシステムインフラ環境の整備を社内展開していくことが必要となる。

ケイパビリティ	サブケイパビリティ	変更ポイント
Analyze（分析／アナリティクス）	データ分析とインサイト	外部データ活用および顧客セグメントニーズから個別顧客ニーズへの移行
Transform（導入）	要件管理，ユーザーエクスペリエンスとインサイト	顧客ニーズ，行動・思考・感情のシステム要件取込

次に，ニーズをいかに捉えられているかの「評価」の観点をみていく。これまでは堅牢・堅確なシステム運用こそが顧客が求めているものだと捉えられて

いた。そのため，システム運用の安定稼働を測る指標こそがKPIとなることが多かった。しかしながら，顧客ニーズが多様化していく中では，顧客が得ている満足度を測る指標が必要になっているのではないだろうか。各種サービスの提供やそのサービスの改良・改善がもたらす価値向上の変動幅をNPS等の指標で計測しモニタリングを継続することで，顧客ニーズの変化および顧客ニーズに対する提供サービスが機能しているかを把握することが必要となる。

ケイパビリティ	サブケイパビリティ	変更ポイント
Collaborate（連携）	カスタマーエクスペリエンス	顧客価値計測の指標導入

(b)　早く市場に出す（アジリティ）

　オンラインサービスの活用が盛んになっていることで，消費者の興味を惹くサービス提供や顧客体験価値を高めることを意識しているプレーヤーは他業種には多い。利便性の高いサービスや使いやすいUIなどに慣れ親しんでいる消費者をつなぎ留め，また新しく呼び込んでいくためには，消費者が求めているニーズをスピード感をもってローンチし続けていくことが，DX実現を支えるITに強く求められている。Time to Marketを最短化させる開発スキームの導入や，開発工程を繰り返し実行するための自動化ツールの導入などが，その実現手段となりうる。

　では，早く市場に出すために必要なケイパビリティとはどのようなものであろうか。「意思決定を早く」し，継続的な改善を行うために，ビッグバンではなく「頻度の高いリリース」を「適切な開発体制」にて「極力自動化された開発」をしていくことが必要ではないだろうか

　「意思決定を早く」するためには，承認プロセス・権限委譲と投資予算管理を見直すことが考えられる。従来であればプロジェクトベースでの予算管理・投資決済が行われていると思われるが，プロダクトベースに移行し，顧客ニーズに即座に対応できるような意思決定を行えるようプロダクトオーナーに権限委譲し，その権限の中で予算執行をすることも一考と考える。

ケイパビリティ	サブケイパビリティ	変更ポイント
Vision & Innovate（企画／構想）	IT 予算・投資	プロジェクトベースからプロダクトベースへの移行
Transform（導入）	要件管理	承認プロセスの簡素化・権限の委譲

　「頻度の高いリリース」を実現するためには，一度のリリースで全てを完結させるのではなく，MVPなどの考えにある実用最小単位のプロダクトを複数回にわたり継続的にリリースしながらサービスを構築するアプローチを採用することが考えられる。また，そのような場合には，品質評価やリリース判定の基準を一定程度の省略や主体者への権限委譲で対処する必要も出てくる。

ケイパビリティ	サブケイパビリティ	変更ポイント
Vision & Innovate（企画／構想）	イノベーションとプロトタイピング管理	最短リリースを重視した企画構想の組立
Transform（導入）	品質保証とテスト	実施担当の役割分担最適化

　常に外注のみを選択していると，開発のたびに受発注のリードタイムなどが発生し，迅速なサービス提供ができない。そのため，内製化・外注の使い分けなど「適切な開発体制」で行うことも必要になると考えられる。今までは堅牢・堅確なシステムを安定稼働させるため，技術力の高い外部ベンダーに委託しシステム開発を行うことでサービス品質を高めてきたが，今後，さまざまなサービスアイディアや消費者の反応を試しながら継続的に開発を進めていくためには，サービス・プロダクトに一定の要員を張り付かせ内製化で実施することが有効なケースが多いのである。実現するには，内製化基準や内部要員のスキルアップを目指したナレッジマネジメントの仕掛けを見直すことも必要になるだろう。

ケイパビリティ	サブケイパビリティ	変更ポイント
Collaborate（連携）	外注の実行	内製・外注の基準策定，外注すべきリソース要件の具体化
Analyze（分析／アナリティクス）	ナレッジ管理	内製実施タスクの特定，ノウハウ蓄積

「自動化された開発」に向けては，開発リリース環境の整備が必要になってくる。システム開発からリリースのサイクルを短縮化させるため，DevOpsなどテスト・ビルド・デプロイ自動化ツールの導入，各ツールのメンテナンスルール・プロセス整備やそれらを実現するために利用するスキルの育成などを行うことも重要となる。

ケイパビリティ	サブケイパビリティ	変更ポイント
Transform（導入）	テスト，デプロイ・移行・変更管理	新たな開発思想・プロセスに適応するツールの選定

⒞　保有から利用へ

　企業内で全てのリソースを保持・所有するのでなく，外部サービスを有効活用することで市場変化に柔軟に対応できるようにしておくことも，DX実現を支えるITに強く求められている。自社のビジネスに必要な時に必要なサービスを必要な期間だけ利用することができ，かつ早期にサービス提供を実現することができるパブリッククラウドやSaaSなどがより有効となる。

　では，保有から利用を促進するために必要なケイパビリティはどのようなものであろうか。どのようなシステムを外部サービス活用して実現するべきか「判断基準」のもと移行し，移行後は「外部サービスならではのコントロール」することが求められる。

　外部サービスの「判断基準」として，クラウド化判定の考え方を定めることが有用と考える。判断基準には，ビジネスの適合性，アプリケーションの活用可能性，データの重要性，インフラ基盤の拡張有無など総合的に判断することが必要になる。堅牢・堅確なサービス提供にあたっては自社コントロールが効きやすい環境が望まれることもある一方，柔軟にサービス展開を考えるにあたっては早期に立ち上げ可能なクラウドなどの外部サービス活用が望ましい場合もある。また，データを外部に置くことに対して，センシティブになる場合もあるだろう。金融業界は社会インフラとしての存在意義の側面から，データの漏洩やシステムの不具合は風評被害に遭うことが多いため，データの性質や特徴ごとのリスクを明確化し考え方などを整理しておくことが望ましい。

ケイパビリティ	サブケイパビリティ	変更ポイント
Protect（セキュリティ／ガバナンス）	データ保護マネジメント	データを外部に置くリスクの評価と対策

　「外部サービスならではのコントロール」という観点では，運用面とコスト面が考えられる。運用面では，外部サービスとの責任分界点がある。これまで自社データセンターなどであればセンターの内部へのアクセスが可能であったが，クラウドなどの外部活用ではそうはいかない。自社にてコントロールがしやすい「所有形態」から，アンコントローラブルな事項（パッチ適用などのタイミングやプラットフォームとしての障害）が内在する「利用形態」へのトランスフォームには各種制約や障害を前提としたオペレーション構築が必要となる。

　コスト面では，買い切りの考え方から，利用量に応じた予算策定・管理の仕組み構築の考え方を整えておく必要がある。ビジネスの進展とともにサービスが増加することは喜ばしいことであるが，突発的なサービス増加によっても利用量が増加することも起こりうる。また，データ量が継続的に増加していくことで想定外にランニングコストが嵩むということも考えうる。

ケイパビリティ	サブケイパビリティ	変更ポイント
Operate（運用保守）	災害復旧とサービスの継続性	サービス停止の発生頻度，復旧時間の正確な見通しとそのオペレーション体制
Protect（セキュリティ／ガバナンス）	サイバーセキュリティ	自社の目指すセキュリティレベルとサービスの提供するセキュリティ対策の評価
Vision & Innovate（企画／構想）・	デマンドとリソース管理	買い切りモデルから従量課金に代わることによるリソース配分の仕方
Operate（運用保守）	コストマネジメント	従量課金を前提とした予算計上方法と支払処理手続き

⒟　つながって価値を広げる（コラボレーション）

　外部サービスや企業とのコラボレーションを通じた顧客への価値提供を多様化・最大化させるために，それを実現可能とするシステム環境の整備がDX実現を支えるITに強く求められる。ビジネスを推進させるために外部企業と連携したサービス提供，ワークロード補填に留まらない戦略的提携による相互強化，社外ステークホルダーとの多様なコラボレーションを実現するシステムアーキテクチャの採用などが必要となる。

　では，つながり価値を広げるために求められる必要なケイパビリティはどのようなものであろうか。外の企業と連携していくためにはビジネス企画面での構想力が必要になることがまず必要であるが，システム面では「サービス・技術を活用するための目利き力」を持っておくこと，また金融機関のサービスを「活用されるための土台」も整備しておくことが必要になるのではなかろうか。

　「サービス・技術を活用するための目利き力」としては，技術革新が盛んな中で利用できるサービスをいち早く認識し，ビジネス面を後押しできるテクノロジードリブンでのビジネスアイディアの推進も可能であろう。外部利用サービスは多くの場合，新機能・新サービスについてメジャー・マイナーを問わず頻繁にリリースする。こうした先端的・革新的テクノロジーを，自社の事業ビジネスにいかに活用するか，ビジネスとテクノロジーの橋渡し・ビジネスへの提言ができる体制と人材の確保は，つながって価値を広げるうえで必要となろう。

　また，金融機関として求められる品質の担保も必要となる。外部利用サービスは，業種業態を問わず利用されることを前提としており，必ずしも金融機関特有のセキュリティレベルや監査データ保持・抽出等に対応しているわけではない。各種規制や当局指導はDXに合わせて形を変えてきており，タイムリーに理解するとともに，外部利用サービスを正しく評価する必要がある。

ケイパビリティ	サブケイパビリティ	変更ポイント
Transform（導入）（運用保守）	品質保証とテスト	自社の目指す品質保証レベルの見極めと外部サービス評価
Grow Talent（人材育成）	人材戦略，人材の育成と採用，研修・人材開発	テクノロジードリブンの事業・システム企画

「活用されるための土台」としては，他社が使いやすい状態で外にサービスを開放することが求められる。オープンAPIのように銀行サービスを切り出す仕掛けを幅広く取り揃えておくとともに，それらを宝の持ち腐れにせず他社とのコラボレーションが企画されるよう，ビジネスサイドの理解を促すようにするための社内知識レベルの向上に向けた動きも必要であろう。

APIのような技術は，外部とのコラボレーションという観点でも有効であるが，内部の部門間でサービスをつなげ，新たなサービスを生み出すためにも有効であろう。

ケイパビリティ	サブケイパビリティ	変更ポイント
Transform（導入）（運用保守）	システムとサービスの設計	他社が活用しやすいような機能の切り出し方
Collaborate	業務提携	新サービスを生み出すような他社との連携方法
Grow Talent（人材育成）	人材の育成	自社サービスへの理解

③ IT部門のケイパビリティを整備するに向けて

金融機関個社ごとに現状の取組み状況は異なるであろう。ただ，これまで以上に顧客への要求に迅速かつ柔軟に対応していかないといけない中では，IT部門としてケイパビリティを備える必要性をご理解いただけたかと思う。

デジタル化を選好している欧米の金融機関でも，一足飛びにそれらのケイパビリティを身に付けてきたかというと，そういうわけではなく，さまざまな手を打った結果，成しえたことである。自行のデジタル化推進の方向性と現状のケイパビリティを鑑み，一歩ずつでも前進できるようCan-Beに向けた成功体験を積みながら現実的な着地点を目指していくことが望ましい。

（3）アーキテクチャの変革

次にアーキテクチャの観点からみてみる。金融機関のシステムは，いち早くシステム化されビジネスを支えてきたこともあり，大規模かつ複雑となっている。そのため，なかなか刷新することが困難であったがゆえに最大のレガシー

資産となっている可能性がある。デジタライゼーションを促進させるためには，システムの特性に合わせたアーキテクチャの変革の方向性を確認したい。

① アーキテクチャにおける課題認識

多くの金融機関は，勘定系を中心とした基幹システムによって中核的な業務サービスが提供されている。基幹システムは，大規模システムであるがゆえにタイムリーに更改することが困難であることが多い。

世間や規制当局からのニーズや要請が，業務の堅牢・堅確さを求められることに加え，新たなビジネス創出や顧客体験の提供に対する迅速な対応が求められている中，これまでのように基幹システムに手を付け対応するといった経営判断を迅速に行っていくことは難しく，このレガシー資産となったシステムの取扱いに頭を悩まされていることが多い。

② SoE領域におけるレガシーモダナイゼーション

これらを解決するために，これまでのようにモノリシック（一枚岩）に考えられていたシステムを，顧客接点に近い柔軟性・機動性を重視したSoE（System of Engagement）のシステム領域と，金融機関のコア業務を担い堅牢性・堅確性を重視したSoR（System of Record）のシステム領域に区分して考えていくことが多い。

SoEの領域では，基幹システムやその他のシステムからの影響を受けにくくなるよう，疎結合化させたアーキテクチャのもとサービス提供を行おうとすることがある。CRMなどで外部ベンダーのサービスがメジャーになったり，周辺の便利な外部サービスを提供する企業が現れたり，サービス活用するという観点も相まって，古いものを捨て新しいものに置き換えていくことが進んでいる領域でもある。

また，社内外の他のサービスからも使われやすいように，サービスとして切り出してAPI化させ公開するような取組みも進み始めている。これらはレガシーのシステム群が近代化されることを待つことができない中で，いかに既存資産を活用してビジネスを推進させるかという観点も多分に含まれていると考えられる。マイクロサービス化させ，より柔軟に価値提供を行うための部品が

整えられているのも，この領域が主流であろう。

　金融機関内外でこのように新しい動きがあることからSoE領域ではいち早くデジタル化の波にさらされ，モダナイゼーションが進みつつある。これまでに金融機関で取り組まれた新サービスは，こういった顧客接点に近い領域であるフロントオフィスやカスタマーチャネルを中心としたものであり，これからも一層進んでいき新しいサービスを生むべき領域である（**図表3-4-4**参照）。

図表3-4-4 レガシーモダナイゼーション

現行

モノリシック（一枚岩）システム

機能分割されたシステム

機能ごとに適切な更改方針を
選択・組み合わせる

更改後

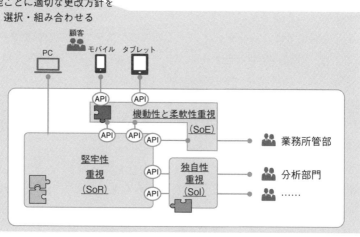

③ SoR領域におけるレガシーモダナイゼーション

　一方，今後革新的な商品・サービスを提供し続けていくためには，これまでのように大規模な新規サービス・サービスを提供するたびに基幹システムに手を入れないで済むよう，SoRの領域も何かしらの手当てを行う必要が出てくることも想定される。現に，基幹系システムのアーキテクチャは，従来のモノリシックなものから，サービス志向型（SOA）やマイクロサービスをベースとした，より柔軟性や機動性を確保できるように変化してきている。

　しかしながらSoRの領域にあるレガシー資産のシステムでは，文書化されていない膨大なカスタマイゼーションや，COBOLやメインフレームなどの旧来テクノロジーのスキルを持つ要員の減少などの問題にも直面しており，金融機関はレガシー資産の近代化が必要だと認識しているものの，莫大な投資・時間・労力を要することから着手できていないのが実情であったのではないだろうか。

　では，レガシーシステムの近代化を通じたデジタルトランスフォーメーションを加速させようと考えた場合，どのような選択肢が取りうるであろうか。

　(a)　Replace／リプレイス

　　既存のプラットフォームを最新かつ近代的なソリューションに切り替える。この取組みにより，ビジネスニーズへの対応を加速させることが可能となる。

　(b)　Augment／増強

　　既存プラットフォームでは提供されていない高度なニーズを満たす新たなプラットフォームを並列して構築する。この取組みにより，既存の商品やサービスを維持しながら，迅速な変革を目指すことが可能となる。

　(c)　Re-factor／リファクタ

　　勘定系システムプラットフォームのプログラム資産を，既存機能を変更することなく，近代的な技術へ（例：COBOLからJavaへ）置き換える。この取組みにより，可読性・保守性・拡張性を向上させる。また，潜在的ではあるが，プラットフォームのクラウド対応に備えることにもつながる。

(d) Re-Platform／リプラットフォーム

アプリケーション機能，もしくは採用技術の変更を最小限としつつ，既存のプラットフォームのアップグレードや新たなプラットフォームに移行する。この取組みにより，取組みによる影響を最小限に抑え，将来のアプリケーション機能の大きな変革への足掛かりを作る。一方でアプリケーション機能などは変更しないことから，取組み自体において新たなビジネスニーズに対応するものではない（**図表3-4-5**参照）。

既存プラットフォームをリプレイス，増強，リファクタ，リプラットフォームするかどうかの判断は各企業の状況・環境を踏まえて考える必要がある。現在のインフラストラクチャ，市場動向，顧客ニーズなど「ビジネス変革の必要

図表3-4-5　レガシーモダナイゼーションの判断軸

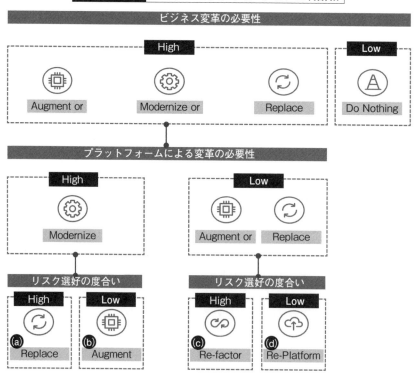

性」，現在の自社のインフラの対応可否など「プラットフォームにおける変革の必要性」，および自行のケイパビリティなどを踏まえた「リスク選好の度合い」が判断するポイントとなろう。

④　アーキテクチャの整備に向けて

　アーキテクチャを一斉に変更していくことは困難なのは，いわずもがなである。将来的にどのようなビジネスを描いていくのかはそれぞれ金融機関で異なる中で，そのビジネスビジョンを支えるITシステムのブループリントを描き，そのブループリントに向けたロードマップを描き着実に進めていくことが求められる。

第5節　DXを支えるデジタル組織とは

（１）金融機関の目指していくデジタル組織とは何か

①　デジタルによる業務革新をリードできる組織をまずは目指そう

　一般的にデジタル組織とは，①ビジネスに紐付いた新しいサービス・ソリューションを開発する組織，②新しいデジタル技術を研究する組織，③デジタルテクノロジーを活用して既存業務を改善していく組織の３つに分類される。

　金融機関においては，①ビジネスに紐付いた新しいサービス・ソリューションを開発する組織，③デジタルテクノロジーを活用して既存業務を改善していく組織，を中心に組織を立ち上げているケースが多いように思われる。デジタルテクノロジーを活用した新しい業務のありよう，さらにいえばそのような業務改革の前提となるデジタルテクノロジーを踏まえたうえでの新しいサービスおよび商品開発の実現を目指す組織という位置づけだ。

　どの組織タイプが主流になるのかは，業界によっても異なる。多かれ少なかれ，どの業界もデジタルテクノロジーの影響を受けるはずだが，金融業界が受ける影響は前述のとおり，他の業界よりも計り知れないぐらい大きい。デジタルテクノロジーの影響を直接的に受ける金融業界という側面が，組織の形成にも多分に影響しているといえよう。

　日本の金融機関は，基幹システムの制約もあり，もともと社内業務のデジタル化が欧米に比べて立ち遅れていたが，COVID-19によりDXの世界においても時計の針が加速していくことを考えると，残された時間はそれほどないように思われる。

　新しいサービス・商品開発の領域と業務効率化の領域が非常に密接しているというのが金融機関の特徴であり，その強力な推進を担っていくことがデジタル組織に求められる喫緊のミッションであるといえよう。

②　Digital DNAを活用して自社らしいデジタル組織を立ち上げよう

　このような金融機関におけるデジタル組織の特徴を紐付ける大きな考え方と

図表3-5-1 Digital DNA

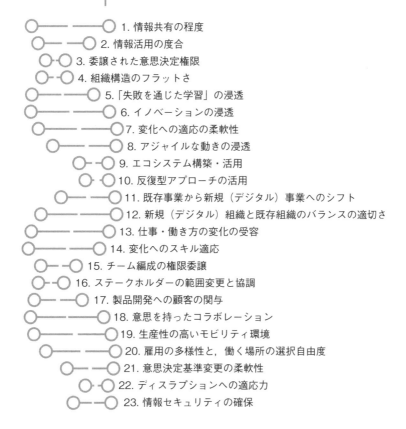

23

Digital DNA
"Being"を体現するデジタル組織の特徴

1,000件の研究活動・15カ国15,000人の
サーベイに基づいて，デジタル組織・
カルチャー変革の指針となる特徴を抽出

1. 情報共有の程度
2. 情報活用の度合
3. 委譲された意思決定権限
4. 組織構造のフラットさ
5. 「失敗を通じた学習」の浸透
6. イノベーションの浸透
7. 変化への適応の柔軟性
8. アジャイルな動きの浸透
9. エコシステム構築・活用
10. 反復型アプローチの活用
11. 既存事業から新規（デジタル）事業へのシフト
12. 新規（デジタル）組織と既存組織のバランスの適切さ
13. 仕事・働き方の変化の受容
14. 変化へのスキル適応
15. チーム編成の権限委譲
16. ステークホルダーの範囲変更と協調
17. 製品開発への顧客の関与
18. 意思を持ったコラボレーション
19. 生産性の高いモビリティ環境
20. 雇用の多様性と，働く場所の選択自由度
21. 意思決定基準変更の柔軟性
22. ディスラプションへの適応力
23. 情報セキュリティの確保

して，Digital DNAを紹介したい。

　Digital DNAとはデロイトグローバル，Facebook，マサチューセッツ工科大学の共同研究で開発した，デジタルネイティブ企業が兼ね備えている23個の特徴を整理したものである（**図表3-5-1**参照）。

　これらの23個の特徴を細かく見ていくと，これからのデジタル時代を生き抜くために組織が具備すべき特徴が見えてくる。

　23個の特徴の中でも，特に「失敗を通した学習」「アジリティ」の２つについては，これまでにさまざまな業界や企業とのディスカッションを通して，日本の伝統的な企業が特に強化しないといけない特徴として挙げられるケースが多い。

　特に金融機関においては，どちらかというと失敗しないこと，慎重かつ丁寧に業務を遂行することが尊重されてきた。これまでは自社の強みの源泉であったこれらの特徴が，環境変化の激しい「VUCA」のデジタル時代においては強みの源泉ではなくなり，下手をすると足枷になっていく可能性が高まっている。

　これからのデジタル時代を生き抜くためには，今後必要とされる組織的な特徴がこれまでとは何が違うのかを見極めたうえで，意図的に組織に組み込んでいくことが必須となる。自社に欠けている，もしくは潜在的には持っているが顕在化しておらず，強化していかなくてはいけない特徴とは何かを，Digital DNAなども参考にぜひ明らかにしていって欲しい。実際に，海外でDXを成し遂げた金融機関においては，業務面の改革ももちろんだが，組織の変革を成し遂げた事例も散見される。

　このように，Digital DNAの活用はグローバルではいくつかの金融機関で実際に行われている。まずは，自らの組織がデジタル時代に適応できる土壌があるのか，見つめ直していただきたい。日本の金融機関においても，これまでのデジタル時代以前の環境から，デジタル時代にふさわしい環境に合わせた，新しい特徴を持った組織に再構築していくことが求められているといえよう。

（2）デジタル組織を構成する人材の集め方

①　人材調達のカギは社内に埋もれている人材のリ・スキル

　デジタル組織を運営するために適した人材をどのように集めてくればよいのであろうか。

　ここで興味深い調査データを紹介したい。デロイトが日本マーケットを対象に調査したデジタル人材志向性調査だ。これは，企業におけるデジタル人材の

確保に向け，すでにデジタル領域で活躍するデジタル人材と，今後育成対象となる非デジタル人材の両者の特性と実態を調査したものだ。この調査によると，日本の就業者人口約3,000万人のうち，デジタル人材は約367万人存在すると推計され，世の中に12％ほどしか存在していないということが明らかになった（**図表3-5-2**参照）。

　そもそもこの程度しか母数がないことや，デジタル人材マーケットが活況を呈していることを鑑みると，外部からの登用だけでデジタル組織を運営するための規定の人数を集めることは難しいといえる。実際に，外部からの人材獲得に苦労している，どのように獲得していけばよいのか，という相談は当社にも多く寄せられる。

　では，社外ではなく社内に目を向けた場合はどうであろうか。前述のデジタル人材志向性調査によれば，非デジタル人材のうち，デジタル人材に育成できそうな候補（潜在デジタル人材）が，20％程度はいそうなことがわかってきた。非デジタル人材をデジタル人材化するために，潜在デジタル人材のうち，行動・意識・特性の合致度と関与意向が高い層から優先的に育成する必要があると想定した場合，該当する層が20％程度存在することが判明した（**図表3-5-3**参照）。

　社外からの人材獲得が難航するなか，これらのデジタル人材への適合性が高そうな潜在デジタル人材をいかに早く社内から見つけ出すのか，また見つけ出したうえでいかに早くリ・スキルをしていくのかが重要となる。

　デジタル人材の獲得を実現するためには，社外からの獲得のみならず，社内における非デジタル人材の中からデジタル人材になりうる人材を早期に特定し，リ・スキルしていくことが成功の鍵といえよう。

②　リ・スキルには首尾一貫したストーリーが必要

　しかしながら，社内人材のリ・スキルには，いくつかのハードルが存在する。

　前述のデジタル人材志向性調査からも，リ・スキルおよびリ・マインドすることに対するモチベーションを感じない，もしくはキャリア上のメリットが見出せないというような傾向も明らかになってきている

　具体的には，非デジタル人材にデジタル領域への関与意向を聞くと，「関わ

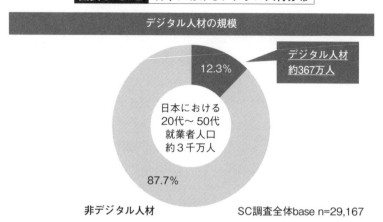

図表3-5-2　日本におけるデジタル人材分布

デジタル人材の規模

12.3%

デジタル人材
約367万人

日本における
20代〜50代
就業者人口
約3千万人

87.7%

非デジタル人材　　　　　SC調査全体base n=29,167

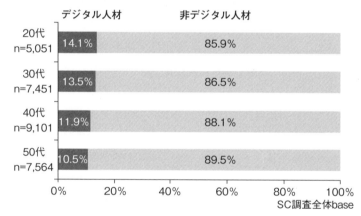

デジタル人材の年代別割合

デジタル人材　　　　非デジタル人材

20代
n=5,051　　14.1%　　　　　85.9%

30代
n=7,451　　13.5%　　　　　86.5%

40代
n=9,101　　11.9%　　　　　88.1%

50代
n=7,564　　10.5%　　　　　89.5%

0%　　20%　　40%　　60%　　80%　　100%

SC調査全体base

*1：国勢調査の人口動態を踏まえ、アンケート結果から推計

　　日本の就業者人口は，平成27年国勢調査より，日本でフルタイムに働く男女20代〜50
　　代の就業者（会社役員・正社員・業主）人口を29,848,439名と算出。本調査ではデジタ
　　ル領域での業務経験がある者を「デジタル人材」と定義している。

SC12：あなたが，SoEの領域で過去に経験したことがある業務内容として，あてはまる
　　　ものをすべてお知らせください。（複数回答）

図表3-5-3　潜在デジタル人材の分布

デジタル領域に関わる意向

	低	中	高
高	18.9%	**二次的候補** デジタル領域への理解促進と意欲喚起が必要となる 11.9%	**最有力育成候補** 今すぐにでも育成を開始することが推奨される 7.9%
低	38.1%	17.2%	6.0%

（縦軸：デジタル領域との行動・意識特性の合致度）

□ 潜在デジタル人材：19.8%
デジタル人材として育成する候補

【軸の定義】

■ デジタル領域に関わる意向：
「あなたは，職業として，Systems of Engagementに関わってみたいと思いますか？」への回答で3類型化
・高：「関わりたい」「どちらかというと関わりたい」
・中：「どちらともいえない」
・低：「どちらかというと関わりたくない」「関わりたくない」

■ 行動・意識特性の合致度：
志向性とコンピテンシーの分析結果であるタイプ分けをもとに定義
・高：チャレンジ＆合理バランス型，条件付きチャレンジャー型
・低：コミュニケーション重視型，自分らしさ重視型，コンサバ型，高コミット型

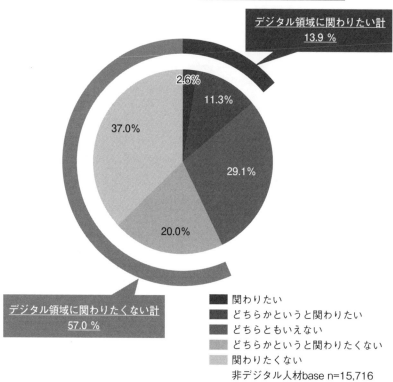

図表3-5-4 非デジタル人材のデジタル領域に関わる意向

デジタル領域に関わりたい計
13.9 %

2.6%
11.3%
37.0%
29.1%
20.0%

デジタル領域に関わりたくない計
57.0 %

■ 関わりたい
■ どちらかというと関わりたい
■ どちらともいえない
■ どちらかというと関わりたくない
■ 関わりたくない
　非デジタル人材base n=15,716

Q　あなたは，職業として，Systems of Engagementに関わってみたいと思いますか？

りたい計」が13.9％であり，「関わりたくない計」（57％）を大きく下回ってい
ることが明らかになった（**図表3-5-4**参照）。

　このように，デジタル領域に従事する意向が低い理由については，いくつか
の理由が考えられる。デジタル領域への関与意向を持つプロセスで大きく整理
すると，認知，自身との関連性，ケイパビリティ，インセンティブの4つの段
階のどこかで歩留まりが悪い・障壁になっている可能性が高いと思われる（**図
表3-5-5**参照）。

　特に，デジタル領域とは無縁の部署や，そもそもDXへの取組みがこれから
の企業にとっては，そもそも社内のデジタル領域が何であるか，社内のデジタ

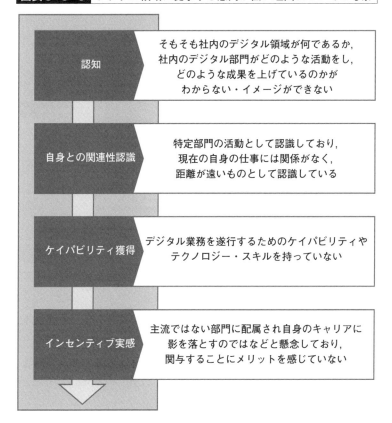

図表3-5-5　デジタル領域に従事する意向が低い理由についての考察

認知
そもそも社内のデジタル領域が何であるか，社内のデジタル部門がどのような活動をし，どのような成果を上げているのかがわからない・イメージができない

自身との関連性認識
特定部門の活動として認識しており，現在の自身の仕事には関係がなく，距離が遠いものとして認識している

ケイパビリティ獲得
デジタル業務を遂行するためのケイパビリティやテクノロジー・スキルを持っていない

インセンティブ実感
主流ではない部門に配属され自身のキャリアに影を落とすのではなどと懸念しており，関与することにメリットを感じていない

ル部門がどのような活動をして，どのような成果を上げているのかがわからない・イメージができない，という認知面での課題が多いように思われる。

　その一方で，デジタル領域で業務を遂行するケイパビリティを持っている，または今後持ったとしても，主流ではない部門に配属されることで自身のキャリアに影を落とすのではないかと懸念し，関与することにメリットを感じない，などのインセンティブ面からハードルになっているケースもあるように思われる。

　新しいことに取り組むための「リ・スキル」を促進していくためには，認知からインセンティブまでの一貫した「リ・スキル」に向けた変革ストーリーを

描くことが重要となる。各段階で抱くであろう不安や不満を払拭し，デジタル領域への関与意向を高めていき，デジタル人材への一歩を踏み出していくことを後押しすることが求められる。

③　教育プログラムに留まらない仕組み・ルール作りが不可欠

　「リ・スキル」に向けた変革ストーリーとは，具体的にどのような取組みになるのであろうか。ここでは，デジタル領域への関与を意識していくプロセスに沿って解説したい。

　まず，認知と自身との関連性認識であるが，「そもそも社内のデジタル領域が何であるか，社内のデジタル部門がどのような活動をし，どのような成果を上げているのかがわからない・イメージができない」または「デジタル領域について大まかな理解はあるものの，特定部門の活動として認識しており，現在の自身の仕事には関係がなく，距離が遠いものとして認識している」，といったことについては，社内外の各種媒体を使ったPR・キャンペーンの実施などの，いわゆる運動論的なアプローチが有効となる。

　トップからのメッセージ発信はもちろんのこと，外部のメディアを活用した外からの取組みメッセージの発信，座学レベルでの関連セミナー・勉強会の実施，また，デジタルの活用・推進をテーマにしたコンテスト形式のイベント開催などの取組みも有効となる。

　ここで，大事なことは，いかに全社的な機運をつくるか，そして他人事ではなく身近なこと（自分事）だと思えるように，五感に訴えかける取組みをあらゆる手段を講じて取組んでいけるかということだ。

　次に，ケイパビリティ獲得とインセンティブ実感についてだが，アメとムチの双方を駆使した取組みが有効となる。具体的には，マスについては，なるべく費用対効果がよいトレーニング，いわゆるeラーニングやWeb講座などを提供する。その中で成果を出している従業員については，外部の専門トレーニング，例えばスクラム・アジャイルの認定資格，アナリティクス養成講座への派遣など，費用は多少かかるがより高度な内容を学習させていく。その際に，注意しないといけないのは，本人の志向性を尊重し，無理強いをさせないことだ。本人の興味・関心に沿うことが学習効果を高めるうえで重要となる。

　また，リ・スキルすることがメリットになるように，短期的には報奨金を出す，または評価上で加点評価を行うなどの運用面の工夫・配慮，また中・長期的には，新しい人材像の定義や既存の人材像の見直し，キャリアパスの新設・見直しによる処遇改善など，制度・ルールの見直しに踏み込むことも必要となる。

　新しいことに挑戦「リ・スキル」していこうとする人材を後押しすることは，単にリ・スキルに向けたトレーニングを作るという話ではなく，デジタル人材が活躍できる体制をいかに作るか，もしくはデジタル人材への第一歩を踏み出せる仕組みをいかに作るのか，ということに他ならない。

（3）デジタルカルチャーの伝播方法

①　プロジェクト型組織によりDigital DNAの実現を目指そう

　デジタルカルチャーをどのように根付かせるのか。1つのアプローチとして，組織の建付けや仕事の仕方をプロジェクト型に変えるという考え方を紹介したい。

　いわゆる，ライン型の静的な組織・チームから，テーマごとに動的にチームを組み替えていく，プロジェクト型の組織・チームに変えていく。

　プロジェクト型組織とは，特定ミッションの実現に向けて，最適なメンバー・業務量を割り当てて，期限付きのチームを組成して対応していく組織である（**図表3-5-6**参照）。

　組織・部門として取り組むべき業務がミッションとして可視化されているため，やるべきことが明確になる，重点的に取り組むべきミッションに優先的にリソースを割り当てることが可能になる，結果として組織・部門としての目標達成が可能になる，などのメリットがある。

　個人としても，やるべきことや期限が明確になる，ゴールが明確になることで自らの裁量で仕事をコントロールしやすくなる，短期的に業務のPDCAが回っていくので内省が繰り返されることにより自身の成長スピードが加速するなどのメリットがある。

　その一方で，実現に向けた課題もいくつか存在する。まず，当然ながら組

図表3-5-6　ライン型組織とプロジェクト型組織

| 組織体制，権限設定 | 業務設計 | 役割設定・評価運用 |

ライン型組織

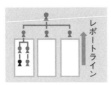

安定的な組織運営
- 「やること軸」と「人材管理軸」は共にライン上の組織が担当

定常業務の遂行
- 業務内容は期初決定
- 期初に決定した業務を通年で遂行

通年の人事評価
- 期首に目標設定を行い，期末に評価を実施
- 期首設定の目標達成度合いにより評価

プロジェクト型組織

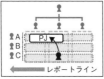

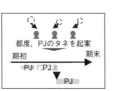

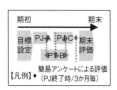

PJごとのチーム組成
- 「やること軸」の横軸でPJ統括・成果コミット
- 「人材管理軸」の縦軸で人材育成・評価責任

PJベースの課題解決
- PJのタネを認識する都度，PJを起案・組成
- PJをフェーズ管理し，柔軟に優先順位を変更

PJ単位の評価
- PJ組成／終了ごとに，役割・目標設定／評価
- PJパフォーマンスを蓄積し，期末に総合的に勘案して評価実施

織・部門として抱えている業務の棚卸が必要となる。さまざまな業務が過去からの経緯でさまざまなメンバーに細切れで振られている状況を可視化する。そのうえで，定常業務なのか企画系業務なのかを識別し，定常業務については見直し・廃止・集約などを行い，企画系業務に振り分けられる工数を捻出する。特に，日本企業は職務領域が明確でない場合が多く，兼務が常態化していることが多いため，兼務を最小限にする，または解消していけるかどうかが実現に

向けた大きなハードルとなる。

　個人としてみた場合は，プロジェクト型の仕事の仕方に必要な作法・共通言語を身に付けていく必要がある。プロジェクト型の組織についてクライアントと会話すると，コンサルのような専門性が高い人材の集団だから実現できるのでは，と言われることが多い。しかし，実現に必要なのは，専門性（アプリ）というよりは，各自の仕事の仕方（OS）がプロジェクト型に適応できているかのほうがはるかに重要である。

　業務の棚卸と同じように，個人のスキル・志向性の棚卸も重要となる。何ができる人材なのか，また何をやっていきたいのかを業務の可視化と同様に個人単位で可視化していく。それによって，どの業務を誰に割り当てていくのか検討することが可能となる。業務と人材の可視化によるマッチングが，プロジェクト型組織を立ち上げる際の鍵となる。

　マネジメントのあり方が変わるため，チームリーダーのスキルも重要となる。特にプロジェクトを計画するスキルや工数の見積りを行えるスキルが重要となる。さらに，チームメンバーが都度変わることもあるため，いかに素早くチームビルディングを行えるか，また各チームメンバーの特性を活かしたプロジェクト運営を行えるのか，が重要になるということはいうまでもない。

②　スプリント方式でプロジェクト型組織にトライしていこう

　プロジェクト型組織を全社に一気呵成に導入できればよいが，これまでとは組織の建付けや仕事の割り振り方・マネジメントのやり方が大きく異なるため，いざ実行しようとすると二の足を踏むケースが多い。特に失敗が許されない保守的な企業風土が多い金融機関であればなおさらであろう。

　取組みの糸口として，スプリント方式による実証実験的なアプローチにより，プロジェクト型の組織に求められるさまざまな取組みを試してみることを推奨したい。その取組みを通して，自社に合った最適な形での導入を目指していく。

　スプリント方式とは，90日などのごく短期間で，条件を絞って，いわばお試しとして検討してきたことを実験・検証するアプローチである（**図表3-5-7**参照）。

　なぜ，このスプリント方式を推奨するか。世の中の変化のスピードが速い中

図表3-5-7 スプリント方式による試行錯誤アプローチの考え方

進め方

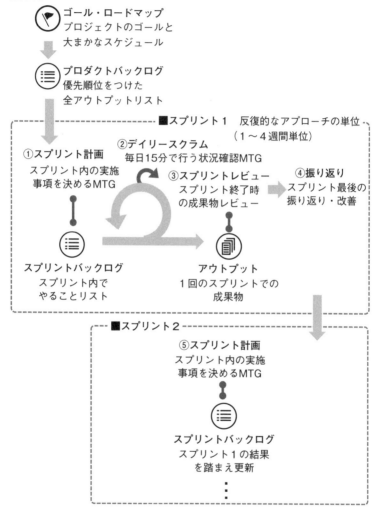

で，悠長に検討に2～3年をかけていると，検討している間に，内容自体が陳
腐化してしまう可能性がある。そのような変化の速い世の中を踏まえると，当
初考えた内容がはたして想定どおりに有効に機能するかどうかも不確実になっ

てくる。であるなら，実際に害がない形で試してみればよいのではないだろうか。

　また，実際に取り組むことで，新たな発見や課題も浮かび上がってくる。このアプローチ自体は，サービスや商品開発の現場，特にアプリケーションなどのデジタル開発関連の現場ではもはや当たり前になっている。

　であるならば，プロジェクト型組織という新しい取組みに適用し，実験しながら最適な状態を目指してみてはどうであろうか。保守的な風土も，実際にやってみた経験と実績を示していけば，耳を傾けざるをえなくなる。

③　デジタルネイティブ企業へ使節団を派遣して次世代のDXリーダーを生み出そう

　デジタルカルチャーを根づかせるためには，プロジェクト型組織の仕組みの整備などの他に，ロールモデルとなるデジタルカルチャーを体現した人材が必要となる。

　ロールモデルとなる人材は，社内にはなかなか存在しないと思われるが，潜在的な候補人材は社内に意外と存在する。ただし，保守的な会社であればあるほど，デジタルカルチャーを体現した人材に変容させるのは困難となる。

　1つの解決策として，デジタルカルチャーを体現した企業やそこで働く人材はどのような価値観や行動が求められるのかを身をもって体験する「留職」という考え方を紹介したい（**図表3-5-8**参照）。

　これは，DXを推進するリーダー候補をデジタルネイティブ企業に出向させたうえで，そこでの就業経験から，デジタルカルチャーとは何なのかを実体験をもって理解させ，習得してもらうことを目的とした取組みだ。

　これまで過ごしてきた自社とのスピード感の違いや，1人のビジネスパーソンとしての価値・存在について，否応なく考えさせられる修羅場体験を通して，頭だけでなく体でデジタル時代の競争環境を理解させる。

　DXをリードするリーダー候補を，さながら明治維新の遣欧使節団のごとくデジタルベンチャーに派遣して，パラダイムシフトを図る。そして，そのような人材が戻ってきて活躍できる環境（例えばプロジェクト型組織）を作っておくことで，ソフト・ハードの両面からDXを推進する体制が初めて整うといえ

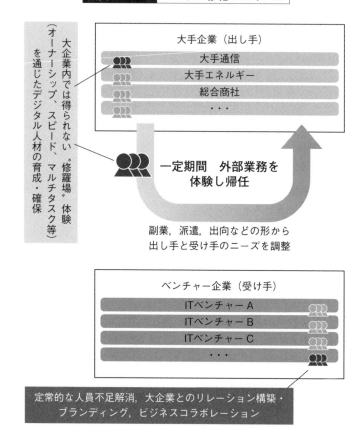

図表3-5-8 レンタル移籍のスキーム

大企業（出し手）

大手通信
大手エネルギー
総合商社
・・・

一定期間　外部業務を
体験し帰任

副業，派遣，出向などの形から
出し手と受け手のニーズを調整

大企業内では得られない〝修羅場〟体験
（オーナーシップ、スピード、マルチタスク等）
を通じたデジタル人材の育成・確保

ベンチャー企業（受け手）

ITベンチャー A
ITベンチャー B
ITベンチャー C
・・・

定常的な人員不足解消，大企業とのリレーション構築・
ブランディング，ビジネスコラボレーション

よう。

（4）コロナ禍におけるデジタルワークの推進方法

①　COVID-19が変えた就労環境

　デジタル組織を含めたDXが実現した世界のワークスタイルは，今後どのよ
うなものになるだろうか。このテーマを語る際には，COVID-19が就労環境に
与えた影響を考慮しなくてはならない。

| 図表3-5-9 | 緊急アンケート：在宅勤務の今後の運用見通し |

特徴的な
数値

	選　択　肢	今回の結果	
		回答数	%
1	週5日の在宅勤務を平時定常化	6	4.1
2	週1日程度の出社と在宅勤務を併用	13	9.0
3	週2日程度の出社と在宅勤務を併用	33	22.8
4	週3日程度の出社と在宅勤務を併用	31	21.4
5	週4日程度の出社と在宅勤務を併用	14	9.7
6	以前同様，週5日の出社に戻す	19	13.1
7	その他	7	4.8
8	わからない	22	15.2
	計	145	100.0

　COVID-19は，金融業界を含むあらゆるビジネスとワークスタイルのターニングポイントになると同時に，従業員に与えるインパクトも大きいものになってきている。

　デロイトがCOVID-19に関する緊急アンケートを実施した結果，実際に就労環境に関する考え方が大きく変わってきたことが明らかになってきた。

　直近の課題であった在宅勤務自体について，大方の予想どおり，大半の企業で実施され定着しつつあることがわかってきた。実際に，63％の企業が出社と在宅を併用すると回答しており，そのうち44％の企業が週2～3日の出社を想定していると回答している。今後は，在宅勤務の可否よりも，在宅勤務の課題に対応しつつ，出社・在宅を併用する働き方のありように検討の論点がシフトしていくことが想定される（**図表3-5-9**参照）。

　在宅勤務の懸念事項としてよく話題に上がる生産性についても，「わからない」を除くと，「生産性が上がった」・「変わらない」という肯定的な回答が多数派を占めており，生産性が下がるという懸念は杞憂であったことが明らかになってきた。特に，企画・事務職は「生産性が上がった」との傾向が見られて

おり，これはペーパーワークが多い金融機関にとっても刮目すべき結果である。

　一方で，コミュニケーションについては，お客様との対面コミュニケーション，業務の進め方へのストレス・コミュニケーションの難しさといったネガティブな変化が生じている。特に，Ｆ２Ｆでの対面接客が多く残る金融機関にとっては，解決すべき課題といえよう。

　しかしながら，全体としては，通勤時間のストレス軽減に加えて，コミュニケーションが必要の高いものに絞られたという回答が増えたなど，ポジティブな変化が生じていることが判明している。この壮大な社会実験は，金融機関も含めたあらゆる産業の企業活動・ワークスタイル全体を変えうるインパクトを持つことになると思われる。

②　DX時代の新しい働き方：デジタルワークスタイルとは

　COVID-19の状況が一定程度落ち着いた後の，With/Afterコロナ時代のワークスタイルは，どのようなものになるのであろうか。前述のデロイトのアンケートからも，企業が抱えている課題や取組み方針が明らかになってきた。

　直近の対応として，在宅勤務を今後も日常的に行っていくために，業務プロセス・仕事の仕方を見直すことが社内の取組みとして重要だと考えている企業が約半数（48％）にのぼることが明らかになった。

　特に，ペーパーレス化の推進と回答している企業は46％にのぼり，紙書類・印鑑などで出社せざるを得なかった実態を反映しているといえよう。

　出退勤・労働時間の柔軟な設定対応の声も多く上がっている。オフィスへの出社を前提とした労務管理のあり方について企業が悩みを抱えており，対応を迫られていることの裏返しでもあるといえる。

　中長期的には，組織風土改革や事業構造の転換に対する回答も多く上がっている。COVID-19が単なる一過性の天災などではなく，事業環境を変えうる大きな社会的な変化と捉えている企業が多いことを示している。評価制度の見直し，顧客接点のデジタル化，ペーパーレス化の声などは，これまでの業務や付随する仕組みの見直しにも着手せざるを得ないという危機感の裏返しとも取れる。

　With/Afterコロナに対応した新しい働き方のコンセプトを検討する際には，

DX推進の観点からのデジタルテクノロジー活用，働く人の就労に関する価値観・意識の変化に配慮した働く人目線の観点（いわゆるEmployee Experience），という2つの要素を取り入れたデジタルワークスタイルという考え方を提唱したい（**図表3-5-10参照**）。

　在宅勤務の前提となるリモートワークを推進するにあたっては，デジタルテクノロジーなくしてもはや語れない状況になっている。業務変革や生産性を高める，もしくはデジタル化を加速的に進める取組みも，デジタルテクノジーの活用によってこそ実現できる。

　従業員目線で働きがいを低下させる要素（ペインポイント）の解消施策や効率化施策を検討するために，Employee Experienceの考え方に基づいたペルソナ・ジャーニー手法を用いることも有効となる。ペインポイントを改善するWith/After COVID-19に対応した新しい働き方（ニューノーマルの働き方）を包括的にデザインし，一貫性をもって検討していくことで，働く人の就労に関する価値観・意識への配慮と生産性向上の両立の実現を目指す。

　また，新しいデジタルワークを検討するに際しては，業界・業種・職種別に検討していくことや，ベストプラクティスをもとに，経営陣と新しいデジタルワークの絵姿を合意するための検討会を行うことも有効であることを書き添えておく。

③　DX組織が推進役・ロールモデルとなろう

　デジタルワークスタイルを検討する際に，全社一律で行うには，業務特性上，保守的な風土が多い金融機関にとって高いハードルがあることは想像に難くない。DX推進組織が旗振り役となって，自ら実験的にデジタルワークスタイルをトライアルするとともに，協力部門を募って，段階的に試行錯誤しながら導入していくことを推奨したい。

　その際に，まずは大きな変革を入念な計画をもって目指すのではなく，粗削りでもいいので試しながら自社にとって最適な形に作り上げていくことを意識することが重要だ。ややもすると，失敗することが忌避されがちな風潮が強い金融業界であるため，大きな失敗を招くようなことはせずに，小さな成功体験をスピード感をもって加速度的に積み重ねていくことを推奨したい。幸いにし

図表3-5-10 デジタルワークスタイルが実現する新しい1日の行動イメージ

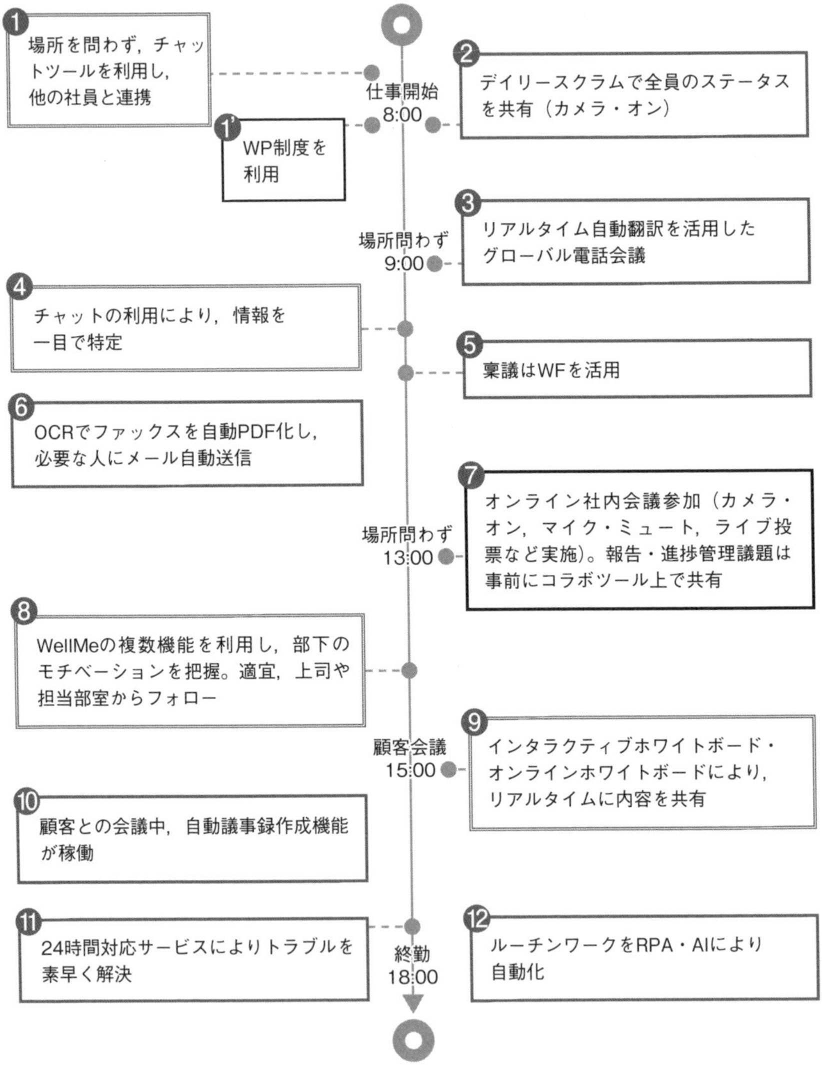

❶ 場所を問わず，チャットツールを利用し，他の社員と連携

❶' WP制度を利用

仕事開始
8:00

❷ デイリースクラムで全員のステータスを共有（カメラ・オン）

場所問わず
9:00

❸ リアルタイム自動翻訳を活用したグローバル電話会議

❹ チャットの利用により，情報を一目で特定

❺ 稟議はWFを活用

❻ OCRでファックスを自動PDF化し，必要な人にメール自動送信

場所問わず
13:00

❼ オンライン社内会議参加（カメラ・オン，マイク・ミュート，ライブ投票など実施）。報告・進捗管理議題は事前にコラボツール上で共有

❽ WellMeの複数機能を利用し，部下のモチベーションを把握。適宜，上司や担当部室からフォロー

顧客会議
15:00

❾ インタラクティブホワイトボード・オンラインホワイトボードにより，リアルタイムに内容を共有

❿ 顧客との会議中，自動議事録作成機能が稼働

⓫ 24時間対応サービスによりトラブルを素早く解決

終勤
18:00

⓬ ルーチンワークをRPA・AIにより自動化

て，COVID-19によって，テクノロジー導入の障壁やリモートワークなどの新しい働き方への忌避感は，一時的に薄れている。このモメンタムを逃さずに，一気呵成に取組みを開始し，小さな成功の既成事実を雪だるま式に積み重ねて

いくことが成功の鍵となる。金融業界の保守的な文化のなかで，働き方をデジタルワークスタイル化することは，DX推進の観点からも多いにインパクトがある取組みとなるであろう。

（5）HR Techの活用事例（AI異動など）

①　組織・人事領域でもデジタルテクノロジーの活用が進み出した

　デジタルテクノジーを組織・人事領域に活用していく取組み，いわゆるHR Techといわれるジャンルについては，世の中で話題になって久しい。一方で，いろいろなサービスやソリューションが乱立しており，なかばカオス状態になっているのも事実である。本書のテーマであるDX推進の観点から，デロイトが開発・提供または実践しているHR Tech活用事例について，いくつか紹介したい。

ⓐ　パフォーマンスマネジメントの高度化事例：WellMeによる高頻度化と可視化

　今回のCOVID-19でデロイトも在宅勤務を余儀なくされた。その際に，COVID-19への不安やコミュニケーションが希薄化したことへの孤立感などにより，従業員のモチベーションやエンゲージメントが低下しているなどの懸念が聞かれ始めた。

　そのため，年1回の従業員満足度調査などではなく，リアルタイムに従業員のモチベーションを可視化し，対応を迅速に打つ必要に迫られた。

　デロイトが開発して社内で展開準備中であったクラウドベースの従業員コミュニケーションツールであるWellMeを活用し，対応にあたることにした（**図表3-5-11参照**）。

　具体的には，クイックアンケートの実施，上司・部下間の1on1の実施徹底および実施状況の可視化，経営層からの従業員への対応メッセージ発信，およびこれら一連の取組みサイクルの高頻度での実施を通して，従業員のモチベーションやエンゲージメントのリアルタイムでの可視化および維持・向上に向けた対応を迅速に行うことができた。

図表3-5-11	デロイトのWellMeソリューションのイメージ

施策実施・管理
・データに基づいた施策・
　目標のコミュニケーション
・リアルタイム進捗管理

経営ダッシュボード

施策・目標設定
・部門単位で改善
　施策や目標を
　決定

可視化・効果分析
・KPIを設定し，自社／
　自部署の現状・課題を
　把握
・施策の実施状況・
　効果を分析

施策浸透度の調査
・従業員の意識
　を簡易調査

社員アプリ

**コミュニケーションの
促進・徹底**
・コミュニケーションを
　促し，変革に向けた
　取組みを徹底

(b) マネジメントの高度化：Chatツール活用によるリアルタイムマネジメント

　在宅勤務によりリモートワークを余儀なくされたことにより，メールベース
で業務上のコミュニケーションを行っていくことの非効率が明らかになってき
た。

　具体的には，些細な相談・確認事項もメールで送らないといけない，ただで
さえ多いメールが膨大になり，重要なメールへの返信がさらに遅れる（メール

の洪水），高頻度でやり取りした内容の文脈が追いにくい（そもそもの内容がわからなくなる），情報を柔軟に共有できない，などの懸念が聞かれ始めた。

　そのため，在宅勤務・リモートワークに適したメールを代替するクラウドベースの業務コミュニケーションツールを本格的に活用し始めることにした。また，その活用方法についても，原則として部門内の業務上のやり取りについてはメールを禁止する，各チームは業務コミュニケーションツール上で業務上のやり取りを行うなどの統一方針を明確に定めて，経営層の了解のもと一気呵成に移行することで，在宅勤務・リモートワークにおける生産性の維持・向上を図ることを可能とした。

②　業務別の自動化・リモート化領域の算出: FOTOによるマクロ数値の算出

　在宅勤務・リモートワークへの対応はもとより，今後のCOVID-19を踏まえた世界において，業務をどこまで自動化・非対面化することができるのか。その点について，相談を受けることが多くなってきた。

　デロイトがグローバルで研究し，実際に活用が始まっているソリューションであるFOTOを活用することにより，理論的に算出することが可能になってきた（**図表3-5-12**参照）。

　具体的には，自動化できる作業はどれくらいあるのか，フリーランス，アウトソーサーなどの外部に委託できそうな業務はどれくらいあるのか，オフショア，オンショア，リモートなど物理的に異なる場所で実行できる業務はどれくらいありそうか，などをマクロ的に把握することができる。また，これらの結果は，マシンラーニングやビッグデータを活用することで，算出精度が飛躍的に高まることが期待されている。

　これからは，対症療法的に業務の自動化やリモート化を進めるのではなく，科学的な手法・分析アプローチにより，俯瞰した目線で精査していくことで固定概念や聖域に縛られないデジタルワークの実現を図っていくことが求められる。

③　推奨異動プランの作成：AIを活用したマッチングサービス

　今後の世界においては，非対面の割合が増え，これまでのように日常での密

図表3-5-12 デロイト トーマツ コンサルティングのFOTO分析ツールのイメージ

デロイトの専門的知見
デロイト独自のAIアルゴリズムを
活用（データサイエンティスト
によるブラッシュアップと
クロス検証）

内部
従業員データ,
役職と職務定義書,
事業成長予測

外部
O*Netおよび
デロイト独自の
データによる
ベンチマーク

FOTO分析

FOTO インサイト

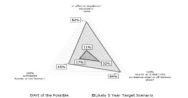

自動化，外部化，リモートワークに関
するジョブの再設計の機会を特定する

統合，削減または変更しない役割を特
定する

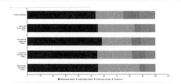

タスクおよびスキル・レベルでの重要
なジョブの再設計を深く掘り下げる

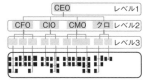

効率的な目指す企業機能の設計を助け
る

な対面コミュニケーションを通して把握した情報をもとに，上司や人事部が目配りしながら人事異動計画を作っていくことは困難になっていくと思われる。

　このような課題に対応すべく，デロイトが研究し，実際に開発を進めているソリューションとして，AIを活用したマッチングサービスがある。配属部署が求める人材要件と本人のスキル・志向性についてマッチングをかけることで，理論的に異動計画案を策定することが可能になってきている。定期的な人事異動計画の素案作成時における活用はもとより，前述したプロジェクト型組織における業務割当て計画を策定する際に活用するなど，幅広い活用方法が期待されている。

　データの収集整理やロジックの高度化などの課題もあるが，前述したFOTOと同様に，マシンラーニングやビッグデータを活用することで，算出精度が飛躍的に高まることが期待されている。手間がかかる素案作成を自動化し，本質的な議論に時間を費やせる状況まで，あと一歩のところまで来ている。

④　HR Techを活用してDXを加速させよう

　あえていうまでもなく，デジタルテクノロジーの活用領域は幅広く，また可能性も無限大であるといえる。その一方で，実際業務への応用となるとハードルが高く，なかなか進みにくいというのが実態ではなかろうか。

　DX推進組織としては，既存業務の困り事をデジタルテクノジーを活用して，いかに解決していくのか，その点にこだわっていろいろと取り組んでほしい。先ほど紹介した事例も，テクノロジーありきではなく，現場の困り事ベースで案出されたものだ。

　概念的な話や理屈だけでなく，手触り感のある解決策やソリューションをデジタルテクノロジーも活用しながら作り出し，小さくても確実な実績を積み重ねていくことこそが，DX推進成功の鍵であり，DX組織のミッションであるといえる。

おわりに

　2020年に世界的な蔓延を見せた，新型コロナウイルス感染症（COVID-19）はいまだ収束する目途が立っておらず，目に見えないウイルスとの闘いは，企業・消費者のありようにも大きな影響を与えている。金融機関に対するその影響も非常に大きいものであり，「リモートを前提としたワークスタイルの確立」およびそれに伴う「情報セキュリティ態勢の一層の整備」，「非対面・非接触での顧客接点の確立」や「一層のキャッシュレスニーズへの対応」，「緊急融資ニーズへの機動的な対応」など，金融機関が応えなければならない課題や要求を挙げると枚挙に暇がない。

　かねてより，フィンテック企業の台頭や，GAFAやBATH等の「デジタル・ジャイアント／プラットフォーマー」の金融分野への進出等を背景に，金融ビジネスにおける「DX（デジタルトランスフォーメーション）」は声高に叫ばれてきており，その点は金融機関経営において否定できないものとなってきている。その中でのCOVID-19の影響により，金融機関が対応すべき課題や要求を捉えると，「DX」なしには成しえない事項ばかりである。どのように「DX」を用いてビジネスモデルを変革できるかが，今後の金融機関の成否を分ける分水嶺になることは間違いない。

　このような環境下において，「DX時代」というキーワードにて論考を記載したが，読者の皆さんには，「DX」は目的ではなくあくまで手段であることをご理解いただけたと思う。デロイト トーマツ グループではデジタルを梃子とした経営モデルや企業全体の変革であるという点を改めて明確にするために，「DX」を「dX：Business Transformation with Digital」と定義をしている。ビジネストランスフォーメーションを成し遂げるための「dX」では，特に「時間差による差別化」，つまりは競合他社より先を走ることによる差別化という面で大きな格差を生むと考える。変化が速く，しかもどの方向に進んでいるの

かが見えにくい今の時代では，行動を決断しにくい。しかし「残り物に福があ
る」などということはない。「dX」推進においては，ビジネスを大局に捉える
（Think Big）ことに加えて，小さいことでもスピーディーに取り組み（Start
Small），軌道修正を重ねながら迅速に成果を拡大する（Scale Fast）ことが肝
要である。

　COVID-19後も継続する「dX」による変革においては，異業種企業間の連
携が加速し，企業間で情報を相互に利用し合い，より利便性の高いサービスを
提供するビジネスモデル変革はますます進み，金融機関はこのゲームチェンジ
に対応することが必須である。このビジネスモデル変革において，金融機関が
有する「膨大な保有データ」・「信頼・安心のブランド力」・「リアル・バーチャ
ルの独自チャネル」などを基軸に，真の顧客志向に向けて，金融機関の役割を
再定義し，継続的な価値創出をしていただきたいと思う。本書の論考が，デジ
タル時代において，金融ビジネスの変革を担われている読者の方々にとって，
道筋を定めるための処方箋として，お役に立てれば幸いである。

　また，本書出版にあたっては，株式会社中央経済社 取締役常務 坂部秀治氏
には，温かいアドバイスなど多大なご支援をいただいた。厚く御礼申し上げた
い。

デロイト トーマツ コンサルティング合同会社
金融インダストリー部門リーダー　執行役員　パートナー
田邊　愛貴

《執筆者一覧》

武元　亮｜Akira Takemoto
担当：全体監修｜はじめに，第1章第1節
執行役員　パートナー

メガバンク，外資系金融，コンサルティングファームを経て現職。長年の金融実務経験とコンサルティング経験を通じて広範な金融バリューチェーンに精通している。新規ビジネスモデル構築，競争戦略，コアバンキングおよびビジネストランスフォーメーションに係る構想策定から実装支援まで多数のプロジェクトをリード。

梅津　翔太｜Shota Umezu
担当：全体監修｜第1章第2節，第2章第1節，第2章第2節
シニアマネジャー

外資系戦略コンサルティング会社を経て現職。金融業界を中心に，中期経営計画，新規事業立案，営業戦略立案，デジタルトランスフォーメーション支援，デジタルを活用した業務改革等，幅広いテーマのプロジェクトに従事している。FISCの「金融機関等のRPAに関するワーキンググループ」委員を務める。

上原　隆太郎 | Ryutaro Uehara
担当：第1章第3節
アソシエイトディレクター
外資系および日系証券会社，香港資産運用事業，コンサルティングファームを経て現職。証券資産運用業界を中心にフロント，オペレーション，コンプライアンス，テクノロジー等に関わる多くのプロジェクトを手掛ける。

池尻　雄督 | Yusuke Ikejiri
担当：第1章第4節
マネジャー
日系クレジットカード会社を経て現職。ペイメントおよびフィンテック領域の実務経験とコンサルティング経験により，金融業界に加えて多様な業界（自動車，通信キャリア，不動産等）における決済関連ビジネスの事業構想策定から実行まで幅広いテーマのプロジェクトに従事。

今奈良　一真 | Kazuma Imanara
担当：第1章第4節
マネジャー
日系クレジットカード会社を経て現職。ペイメント領域を中心に，決済関連の新ビジネスモデルの構想策定や，データを活用した金融事業企画といった新規金融事業参入をテーマとしたプロジェクトに従事。

白鳥　聡 | Satoshi Shiratori
担当：第2章第2節
アソシエイトディレクター
大手IT企業を経て現職。環境急変に直面する企業に向けた，協業を活用した新事業開発や市場参入，Startup投資，提携・M&Aの推進，事業リモデリングなどの支援により，クライアント企業の変革を支える。

赤星　弘樹｜Hiroki Akahoshi

担当：第2章第2節

アソシエイトディレクター

IT系コンサルティングファームを経て現職。ブロックチェーンおよびペイメント領域のリーダーとして，グローバル動向把握，フィンテックや決済を活用した事業企画，ブロックチェーン実証支援等に従事。

坂本　圭吾｜Keigo Sakamoto

担当：第2章第3節

シニアマネジャー

外資系コンサルティングファーム等を経て現職。金融機関を含む多くの企業に対して，デジタルを活用した業務改革や，経営管理の高度化などを手掛ける。関西および西日本地域の担当として活動。

中原　守勇｜Morio Nakahara

担当：第2章第3節

マネジャー

大手SIerを経て現職。銀行など金融機関を中心とした業務改革やシステム構築，IFRS導入支援に強みを持つ。また，構想策定から業務・システム導入までの全てのプロジェクト工程における経験を有する。特にオペレーション領域においては，RPAやコグニティブを活用したビジネスモデル変革に従事している。

原　真一郎｜Shinichiro Hara

担当：第2章第3節

マネジャー

民間事業会社，コンサルティング会社等を経て現職。民間事業会社や医療機関，官公庁等の幅広い業種で，コスト削減や業務改革等による経営効率の向上に係るプロジェクトを手掛ける。

岩濵 数宏｜Kazuhiro Iwahama

担当：第3章第1節

アソシエイトディレクター

複数のコンサルティングファームを経て現職。金融業界を中心にIT戦略立案などITマネジメント全般に加えて，最近はDX推進やモード2組織の立ち上げ，アジャイル組織への変革といったテーマを多く手掛ける。

伊東 俊平｜Shumpei Ito

担当：第3章第2節

シニアコンサルタント

メガバンク，中央官庁（出向）を経て現職。銀行などの金融業界を中心に，中期経営計画・営業戦略の立案・遂行，業務プロセス改革やロボティクス導入などを支援。最近は異業種の金融業参入といったテーマも手掛ける。

寺園 知広｜Tomohiro Terazono

担当：第3章第3節

シニアマネジャー

国内大手SIer，外資系コンサルティング会社等を経て現職。部門戦略や業務改革／システム化構想からシステム導入支援などの幅広い支援に加えて，金融部門のAI／アナリティクス領域リーダーを務め，多くのデータ活用関連プロジェクトを手掛ける。

栗原 祥子｜Shoko Kurihara

担当：第3章第3節

シニアマネジャー

国内大手SIer，外資系コンサルティング会社を経て現職。金融機関を中心に，業務改革やその実現に向けた構想策定，国内外への展開支援などに従事。最近は，AIやデータ利活用領域での案件を手掛ける。

大内　圭介 | Keisuke Ouchi

担当：第3章第4節

シニアマネジャー

外資系コンサルティング会社を経て現職。金融機関に対し，経営計画策定等の戦略立案や業務改革の業務面，実現に向けたシステム化構想策定やクラウド・API・データなどのシステム・アーキテクチャ観点からの支援に従事。

大西　徹 | Toru Onishi

担当：第3章第4節

シニアコンサルタント

監査法人系コンサルティングファーム，日系コンサルティングファームを経て現職。西日本における地方銀行を担当しており，デジタルトランスフォーメーション，ITシステムおよびBPRに強みを持つ。

田中　公康 | Tomoyasu Tanaka

担当：第3章第5節

アソシエイトディレクター

デジタルHRとエンプロイー・エクスペリエンス領域のリーダーとして，デジタル時代に対応した働き方改革や組織・人材マネジメント変革などのプロジェクトを多数手掛ける。直近では，HRテック領域の新規サービス開発にも従事。

田邊　愛貴 | Yoshiki Tanabe

担当：おわりに

執行役員　パートナー

長年にわたり，金融機関における経営改革プロジェクトに従事している。構想策定段階より施策の実行・定着に至るまで，エンドトゥーエンドに及ぶ支援を実施。現在は，デロイト トーマツ コンサルティングにて，金融部門の日本のリーダーを務める。

野地　由希子 | Yukiko Noji
担当：編集
Clients & Industries / Brand Marketingチーフスタッフ
日系メーカー，外資系EC関連企業および金融機関のコーポレートコミュニケーションを経て，現職ではデロイト トーマツ グループにおけるコンサルティングビジネスのマーケティングを担当。

《監修者紹介》

デロイト トーマツ コンサルティング合同会社

デロイト トーマツ コンサルティング合同会社は，戦略立案から実行まで一貫した，end to endのコンサルティングサービスを約3,600名のコンサルタントにより提供しています。デロイト トーマツ グループの主要法人として，グループの多様なプロフェッショナルとのシナジーにより日本企業の複合的課題を解決しながら，経済社会の変革を加速するカタリストの役割を果たすことを目指しています。また，プロフェッショナルのグローバルネットワークであるDeloitte（デロイト）の日本でのコンサルティングサービスを担っており，全世界のデロイトと連携しながら，組織・機能，インダストリー・セクターなどに対応した幅広いサービスを日本はもとより世界各地で最適な形で提供できる体制を有しています。

デジタル起点の金融経営変革

2021年4月1日　第1版第1刷発行
2021年10月15日　第1版第2刷発行

監修者　デロイト トーマツ コンサルティング

編著者　武 元　　　亮
　　　　梅 津 翔 太

発行者　山 本　　　継

発行所　㈱中 央 経 済 社

発売元　㈱中央経済グループ パ ブ リ ッ シ ン グ

〒101-0051　東京都千代田区神田神保町1-31-2
電話　03 (3293) 3371（編集代表）
　　　03 (3293) 3381（営業代表）
https://www.chuokeizai.co.jp
印刷／三 英 印 刷 ㈱
製本／㈲ 井 上 製 本 所

ⓒ 2021
Printed in Japan

2023年からの
バーゼルⅢ Q&A

RWA の
新しい測定手法

金子康則［著］

●A5 判・896 頁・ハードカバー
●ISBN: 978-4-502-34151-9

バーゼルⅢの最終化として、自己資本比率の分母であるリスク・アセット（RWA）の測定手法が大きく変わる "いわゆるバーゼルⅣ"。COVID-19 の影響で当初より１年遅れ、2023 年から適用される。新しい「統合枠組み」に準拠して徹底詳解。

本書の構成

第Ⅰ部　信用リスクの標準的手法

第Ⅱ部　カウンターパーティ信用リスク（CCR）

第Ⅲ部　オペレーショナル・リスク

第Ⅳ部　マーケット・リスク
　　　　（トレーディング勘定の抜本的見直し（FRTB））

第Ⅴ部　CVA リスク

中央経済社